A ma mère, Alice Harrington.
D. H.

La collection *Poker Expert* a pour ambition de proposer les meilleurs auteurs de la spécialité à ses lecteurs passionnés de Poker. Elle entend servir le Poker comme d'autres collections servent les Échecs ou le Bridge. *Poker Expert* comporte des traités, des manuels, des ouvrages stratégiques incontournables qui auront toujours leur place sur les étagères des meilleurs joueurs, auxquels ils pourront se référer avec confiance et qui contribueront à leur excellence.

Doigts de Fée : Tu as osé relancer de dix avec trois petits carreaux ?

L'homme : C'est ce que l'on nomme la glorieuse incertitude du poker. Mal jouer au bon moment, cela paye quelquefois.

Le Kid de Cincinnati (1965)

Les auteurs remercient David Sklansky et Mason Malmuth pour leurs commentaires tout au long de ce manuscrit, le Dr. Alan Schoonmaker pour son aide en anglais, et celle d'Ed Miller dans la conception de l'Index.

Des remerciements tout particuliers sont adressés à Patrick Nguyen des forums de Two Plus Two sur www.twoplustwo.com pour le design de la couverture de l'édition originale. De plus, je souhaite remercier Gary Alstatt de Creel Printing pour son design de la quatrième de couverture de l'édition originale et pour son travail artistique tout au long du livre, ainsi que Christy Creel, Brandon Smeltzer et Tom Lesher, tous de Creel Printing, pour leur aide dans l'accomplissement de ce projet.

D. H.

Dan Harrington & Bill Robertie

POKER HARRINGTON 1

LA TRILOGIE STRATÉGIQUE
DES TOURNOIS NO-LIMIT

tome 1
la stratégie du jeu

traduction Samantha Delmas
adaptation François Montmirel

Poker Expert 5

Fantaisium

Poker Expert

Poker Harrington 1

est le volume n°5 de la collection Poker Expert dirigée par François Montmirel

- n°1 : *Poker de Tournoi* — F. Montmirel & T. McEvoy
- n°2 : *Poker Cadillac* — F. Montmirel
- n°3 : *Poker Code* — F. Montmirel
- n°4 : *Poker : Passer Pro* — M. Bevand
- n°5-6-7 : *Poker Harrington 1, 2, 3* — D. Harrington & B. Robertie
- n°8 : *Poker Théorie* — David Sklansky
- n°9 : *Poker 50/50 : 50 ans de poker, 50 coups d'enfer* — Doyle Brunson
- n°10 : *Poker Super System* — Doyle Brunson
- n°11-12 : *Poker Cash 1, 2* — D. Harrington & B. Robertie
- n°13 : *Poker Sit&Go* — Jean-Paul "Jupiter" Renoux
- n°14 : *Poker de Tournoi Plus* — David Sklansky
- n°15 : *Poker Duel* — François Montmirel
- n°16 : *Poker Power* — Daniel Negreanu
- n°17 : *Poker Tao* — Larry W. Phillips
- n°18 : *Poker Arsenal* — Mike Caro
- n°19 : *Poker Mentor* — Daniel Negreanu
- n°20 : *Poker Cash 3 Online* — D. Harrington & B. Robertie
- n°21 : *Poker Omaha* — Sam Farha
- n°22 : *Poker No Stress* — Pascale & Marc Polizzi

1er tirage : 8.000 (02/2008)
2e tirage : 5.000 (02/2009)
3e tirage : 3.000 (07/2010)
4e tirage : 3.000 (04/2012)

Cette édition tient compte des corrections apportées par l'éditeur d'origine. Relectures de J.-B. Joule et Christophe Allary.

Imprimé en Union Européenne par Printing Corporation Ltd.
Dépôt légal : février 2008.
ISBN 978-2-917425-02-2

DAN HARRINGTON

Dan Harrington a fait ses débuts en tant que joueur de poker professionnel en 1982. Il est connu sur le circuit comme “Action Dan”, référence ironique à son style de jeu conservateur mais efficace. Il a gagné plusieurs tournois majeurs de hold’em no-limit dont le Championnat de Poker Européen (1995), le hold’em no-limit à $2.500 des World Series of Poker (1995), le Four Queens Hold’em no-limit Championship (1996) et le Legends of Poker (2007).

Dan a commencé par jouer aux échecs, devenant rapidement non seulement un maître mais également l’un des joueurs les plus doués de la Nouvelle Angleterre. En 1972, il gagne le championnat d’échecs du Massachusetts, devançant ainsi la plupart des meilleurs joueurs de la région. En 1976, il se met au backgammon, jeu qu’il maîtrise également très vite. Il se classe rapidement parmi les meilleurs joueurs en parties libres de la région de Boston, remportant en 1981 la coupe du monde de backgammon à Washington D.C, battant ainsi certains des plus grands joueurs au monde.

Il participe pour la première fois au championnat de hold’em no-limit à $10.000 des World Series of Poker en 1987. Cette participation au championnat sera suivie de douze autres et il atteindra même la finale à quatre reprises ce qui constitue un véritable record. Outre sa victoire lors du championnat du monde en 1995, il finit sixième en 1987, troisième en 2003 et quatrième en 2004. Dan Harrington, tout en étant largement reconnu comme l’un des joueurs de hold’em no-limit les plus grands et les plus respectés, est également un adversaire redouté dans les parties d’argent de hold’em en limites fixes.

Dan vit à Santa Monica où il est l’un des associés d’Anchor Loans, une société de gestion de biens immobiliers.

BILL ROBERTIE

Bill Robertie a passé la plus grande partie de sa vie à jouer aux échecs, au backgammon et plus récemment au poker, tout en écrivant de nombreux ouvrages sur ses jeux de prédilection. Fasciné par les exploits sur la scène internationale de Bobby Fisher [célèbre champion d'échecs étasunien, NdE], il s'initie aux échecs dès son plus jeune âge. Etudiant à Harvard, il devient un maître dans ce domaine et permet à l'équipe d'échecs d'Harvard de gagner bon nombre de titres intercollégiaux. Une fois diplômé, il remporte de nombreux tournois dont le Championnat des Etats-Unis de speed chess en 1970. Il se fait également une réputation en parties à l'aveugle, allant jusqu'à jouer des parties simultanées en public sur huit échiquiers.

En 1976, il passe des échecs au backgammon et devient l'un des meilleurs joueurs au monde. Parmi ses victoires les plus prestigieuses, on peut retenir le Championnat du monde à Monte-Carlo en 1983 et en 1987, le Black & White Championship à Boston en 1979, les tournois de Las Vegas en 1980 et en 2001, le Bahamas Pro-Am en 1993 et l'Istanbul World Open en 1994.

Bill Robertie a écrit de nombreux ouvrages de référence sur le backgammon, les plus fameux d'entre eux étant *Advanced Backgammon* (1991), qui rassemble 400 problèmes en deux tomes, et *Modern Backgammon* (2002) qui présente un nouveau regard sur les théories sous-jacentes du jeu. Il a également édité une série de trois livres destinée aux joueurs débutants : *Backgammon for Winners* (1994), *Backgammon for Serious Players* (1995) et *501 Essential Backgammon Problems* (1997).

De 1991 à 1998, il a dirigé le magazine *Inside Backgammon* aux côtés de Kent Goulding.

Bill possède une maison d'édition, the Gammon Press (www.thegammonpress.com) et vit avec sa femme Patrice à Arlington dans le Massachusetts.

INTRODUCTION

Le poker est un jeu fascinant à l'histoire longue et pittoresque. Il tire ses origines d'un jeu datant du début du dix-neuvième siècle appelé *poque* qui se pratiquait à la Nouvelle-Orléans et sur les rives du Mississipi. Le poque n'utilisait que 20 cartes et ne permettait qu'un seul tour d'enchères. Ce jeu se répandit peu à peu à travers le pays, générant constamment de nouvelles variantes au fur et à mesure que les anciennes étaient bien comprises. Poker fermé ("draw"), stud à 5 et 7 cartes ("five card stud" et "seven card stud"), nullot ("lowball"), hi-low et, plus récemment, Texas hold'em ainsi qu'Omaha, firent partie des nombreuses formes qui permirent d'étendre le territoire du poker. Au fil du temps, le jeu continua à gagner en popularité. Des parties chez soi entre amis, on passa aux maisons de jeux clandestines, aux casinos publics, aux tournois, aux jeux en ligne pour arriver aujourd'hui aux tournois télévisés.

Ces dernières années, la popularité du poker a explosé grâce à l'introduction de mini-caméras sur les tables qui permettent aux téléspectateurs de regarder les tournois les plus importants en ayant connaissance des cartes cachées des joueurs à chaque moment du jeu. Cela eut pour effet de rendre les tournois, jusque-là ennuyeux comme la pluie, compréhensibles par tous. Un jeu autrefois hermétique est devenu contre toute attente le dernier sport à la mode.

Les tournois télévisés se sont surtout concentrés sur une variante du poker en particulier : le texas hold'em no-limit ("no-limit hold'em"). Depuis le tout premier tournoi en 1970, la variante "no limit" est utilisée pour déterminer le champion du monde de poker. De nos jours, il y a autant de tournois de hold'em no-limit que de tournois de poker toutes autres variantes confondues et dans chaque festival important l'épreuve qui couronne l'évènement est un tournoi de hold'em no-limit avec un montant d'inscription conséquent. A la télévision, on ne compte pas moins de trois soirées par semaine où l'on peut voir un tournoi de hold'em no-limit, sans compter les retransmissions. Sur Internet, des milliers et des milliers de tournois de hold'em no-limit ont lieu *chaque jour*, du tournoi à une table à $1, aux tournois multi-tables dont le montant de l'inscription peut atteindre des centaines de dollars avec à la clé des prix de plus de $100.000.

Le monde du poker souffre cependant d'un manque. Il existe bon nombre de livres à la disposition des joueurs, mais tous vous enseignent à jouer au... *hold'em en limites fixes*. [C'est en tout cas vrai pour les livres en langue anglaise, NdE]. Vous aurez énormément de mal à trouver des ouvrages essentiellement consacrés au dernier jeu à la mode, les tournois de *hold'em no-limit*. Ce qui est compréhensible d'une certaine manière si l'on se réfère à l'histoire du jeu. Pendant longtemps, il n'y avait que très peu de tournois de hold'em no-limit par an. On ne jouait quasiment au hold'em que dans les salles de poker des casinos, qui proposaient des parties en limites fixes à tous les tarifs. Si vous étiez débutant, vous commenciez aux petites tables de hold'em en limites fixes.

Désormais les choses ont radicalement changé, de nombreux débutants s'attaquant directement à de petites tables d'argent ainsi qu'à de petits tournois de hold'em no-limit. La nécessité d'un livre traitant directement de cette forme de poker très passionnante et très complexe se faisait durement ressentir. *Poker Harrington 1 : la trilogie stratégique des tournois no limit,* est ce livre.

Organisation de l'ouvrage

Le hold'em no-limit est un jeu à la fois si vaste et si compliqué que je ne pouvais décemment pas rassembler toutes les informations dans un seul volume. Cela explique pourquoi cet ouvrage se présente sous la forme de trois tomes. Dans le Tome I, je vous enseigne comment jouer les premiers niveaux et les niveaux intermédiaires d'un tournoi de hold'em no-limit.

La première partie de ce Tome I est une introduction au jeu d'une façon très générale. Je vous explique pourquoi le hold'em no-limit est également appelé la "Cadillac du poker" et ce que vous devez prendre en considération lorsque vous essayez d'analyser un coup. Je vous emmène également au cœur d'un coup à la fois intéressant et complexe qui eut lieu à la table de finale des World Series of Poker en 2003. Vous l'avez probablement déjà vu à la télévision mais je vous raconte en détail ce qui se passait réellement dans la tête des joueurs.

La deuxième partie traite des différents styles de jeu. Si vous avez pu regarder une partie de poker à la télévision, vous avez entendu des qualificatifs définissant certains joueurs comme "solides", "agressifs", "très agressifs" et même "capable de jouer avec n'importe quelles cartes en main !" Je vous dévoile ce que signifient réellement ces expressions, sans oublier les différentes manières de jouer selon qu'on adopte l'un ou l'autre de ces styles. Mais, surtout, je vous explique pourquoi il est important que vous passiez d'un style à un autre selon les circonstances.

La troisième partie, "La lecture de la table", montre comment observer l'action à la table en traquant à la fois les tells, signes physiques révélateurs, et les habitudes d'enchères de vos adversaires. Je vous démontre également l'importance qu'il y a à vous observer vous-même.

La quatrième partie, "La cote du pot et l'analyse d'un coup", lève le voile sur les mathématiques que vous devez connaître pour jouer au hold'em no-limit. (Il y en a certes, mais heureusement pas tant que cela.) Le chapitre s'attaque à la cote du pot, les cote explicite et implicite, ainsi qu'à la manière d'analyser un coup par rapport à la cote offerte par le pot.

La cinquième partie couvre la vaste question de "Miser avant le flop". Je vous expose une stratégie globale afin de calibrer vos mises lorsque vous ouvrez un pot et lorsque vous entrez dans un coup.

La sixième partie, "Miser au flop", vous montre comment analyser votre main au moment de l'affichage du flop. Je développe avec vous un échantillon de mains en les comparant à différents flops, en vous expliquant ceux qui vous sont favorables, pourquoi tels autres ne le sont pas et lesquels sont plus dangereux qu'il n'y paraît.

La septième partie traite de l'action à la turn et à la river : comment parvenir à faire grossir le pot, jouer contre des mains à tirage et miser (ou ne pas miser) à la fin d'un coup.

Dans *Poker Harrington 2,* j'aborderai les problèmes plus complexes qu'il vous faut affronter lorsque vous atteignez les derniers niveaux d'un tournoi : des discussions sur les moves et les bluffs, les points d'inflexions, l'influence que peut avoir sur votre jeu la proportion des différents tapis, les variations de votre style, le jeu quand il n'y a plus que peu de joueurs à la table et en tête à tête. Maîtrisez pleinement le contenu de ces deux livres et vous saurez comment gagner un tournoi de no limit hold'em. Le reste ne dépend que de vous. [NdE : *Poker Harrington 3,* enfin, est un livre qui ne contient que des exercices et des problèmes.]

Les coups

La vraie valeur de ces deux livres repose pour beaucoup sur les exemples de coups qui sont proposés à la fin de chaque chapitre. Vous devez traiter chacun de ces coups à la manière d'un petit exercice en essayant de répondre aux questions avant de prendre connaissance des explications. Car ces dernières vous apparaîtraient évidentes et il vous serait facile de vous convaincre que, bien sûr, vous auriez joué exactement de la même manière si vous aviez été à la table. Mais en vérité, vous tirerez un meilleur profit des explications que je vous donne si vous réfléchissez par vous-même aux questions posées avant de lire les réponses.

Les coups décrits proviennent de sources diverses et ont été recueillis au fil des ans. Ils proviennent parfois de mon propre jeu ou de tournois et satellites live ou en ligne auxquels j'ai assisté. Pour chaque coup, je vous donne la position des joueurs à la table ainsi que le montant de leurs tapis, avec en plus des informations sur certains joueurs, pour autant que je les connaisse et que je les trouve pertinentes.

Etudiez les coups, répondez aux questions, suivez le déroulement de l'action et répondez aux questions suivantes. Certains problèmes traitent uniquement de la simple et cruciale décision d'entrer ou non dans un coup, d'autres nécessitent de prendre une succession de décisions difficiles. Considérez ces problèmes sérieusement, étudiez-les avec attention et vous serez largement récompensé.

Le poker à la télévision cherche à s'attirer un large public de joueurs, occasionnels pour la plupart. Il en résulte que les coups diffusés ont tendance à être les plus spectaculaires, les affrontements les plus violents et ceux où les joueurs misent leurs tapis. Mon propos n'est pas de critiquer cette démarche – si j'étais producteur à la télévision, je ferais probablement la même chose. Mais ce n'est pas du poker. Les tournois sont gagnés ou perdus comme dans une guerre de tranchées, où des mains moyennes battent d'autres mains moyennes, mais plus faibles. C'est le quotidien du hold'em no-limit et la plupart des coups présentés dans ce livre relèvent de cette catégorie. Mon but est de vous apprendre à penser comme un joueur de poker. Tout le monde peut gagner un pot s'il touche un jeu énorme au flop. C'est la manière dont vous jouez, quand ce n'est pas le cas, qui décide si vous êtes un gagnant ou un perdant.

J'espère que ce livre vous aidera à devenir l'un de ces gagnants.

Ce livre ne s'adresse pas aux débutants. Je pars du principe que le lecteur a déjà des notions de hold'em no-limit, soit pour avoir déjà joué au poker en live ou sur Internet, soit pour avoir regardé des tournois à la télévision. Il ne s'agit pas pour autant d'un livre compliqué. J'essaie de vous présenter le jeu de la manière dont j'y joue, avec des règles élémentaires faites de bon sens et un minimum de calcul mathématique. Si vous possédez quelques talents mathématiques, ce sera un atout supplémentaire – souvenez-vous qu'il est important de mémoriser certains pourcentages simples. Mais vous n'avez pas besoin d'être un génie des maths pour bien jouer au poker. Concentrer son attention sur la table tout en gardant les idées claires est beaucoup plus important.

Dans de nombreux cas, des arguments pertinents pourraient justifier une manière de jouer différente de celle que je recommande. Le hold'em no-limit n'est pas une science exacte. Mes recommandations sont toujours fondées mais, sous certaines conditions, un jeu différent pourrait être légèrement ou même largement meilleur. Evidemment, Bill Robertie et moi-même ne pouvions pas énumérer tous les changements de situation possibles ainsi que leurs conséquences. Si nous l'avions fait, ce livre ferait plus de 2.000 pages. Mais avec de l'expérience, vous devriez être capable de reconnaître la majorité d'entre eux et de vous y adapter.

Dan Harrington & Bill Robertie, octobre 2004

Glossaire abrégé

Si vous avez regardé certains tournois de poker à la télévision, vous avez probablement retenu l'essentiel de la terminologie dont vous avez besoin pour lire ce livre. Mais au cas où vous auriez vécu coupé du monde ces dernières années, voici l'explication de certains termes-clés. C'est également la langue du poker que je parle. [1]

Antes : L'argent misé dans le pot par tous les joueurs au début d'un coup. Dans un tournoi typique, les joueurs ne misent pas d'ante avant le cinquième ou le sixième niveau des blinds.

Blinds : Les mises initiales obligatoires.

Petit blind, petite blind : Une mise obligatoire du joueur situé juste à la gauche du bouton qui lance l'action.

Gros blind, grosse blind, surblind : Une mise obligatoire faite par le joueur à la gauche de la petite blind, dans le but de générer plus d'action.

Se faire manger par les blinds : Si le joueur avec le plus petit tapis ne joue pas beaucoup de coups, le paiement et l'augmentation progressive des blinds fait qu'il perdra tous ses jetons.

Bouton : Le joueur à la droite de la petite blind qui parle en dernier à la fin de chaque tour d'enchères après le flop. Le bouton est représenté par un gros jeton (généralement blanc) qui tourne autour de la table dans le sens des aiguilles d'une montre, de joueur en joueur.

Chip leader : Le joueur qui a le plus de jetons à son tapis dans un tournoi.

Continuation bet : Une mise faite par le joueur qui a relancé le tour d'enchères précédent, même s'il n'a pas amélioré.

---

[1] Certains termes couramment utilisés au poker ne souffrant pas de traduction acceptable, nous conseillons au lecteur de se reporter au glossaire afin d'en découvrir la signification (NdT).

Couvrir une mise (être couvert) : Votre relance à tapis est couverte si votre adversaire possède plus de jetons que vous. Dans ce cas, vous serez éliminé si vous perdez le coup, lui non.

Domination : Quand deux joueurs ont en main une carte commune, le joueur avec la deuxième carte (le kicker) la plus faible est dit dominé. Quand un joueur a A-K et son adversaire a A-Q, le joueur avec la Dame est dominé.

Flop : Les trois cartes retournées simultanément au centre de la table. Ces cartes sont communes à toutes les mains. Le flop est suivi d'un tour d'enchères.

Jeu max (nuts) : Le joueur possédant le meilleur jeu possible sur un coup a le jeu max.

Large (loose) : Un style de jeu dans lequel on joue une large sélection de mains de départ. Se dit d'un joueur qui adopte ce style.

Main, les cartes en main : Les deux cartes distribuées faces cachées à chaque joueur au début d'un coup. Aucun autre joueur ne voit ces cartes.

Out : Une carte qui vous donnerait une main gagnante si elle venait au tableau.

Pot extérieur, side-pot : Quand plusieurs joueurs sont à tapis, un pot extérieur contiendra les jetons qui ne sont pas couverts par le plus petit tapis. Dans certains cas, il peut y avoir plusieurs extérieurs.

Pot initial : La somme des blinds et des antes (s'il y en a) avant la première enchère.

Probe bet : Une mise faite dans le but d'obtenir des informations sur la main de ses adversaires afin de pouvoir déterminer la valeur de son propre jeu sur le coup.

Rainbow : Un flop dans lequel les trois cartes sont de trois couleurs différentes. Il ne peut pas y avoir de tirage couleur sur un flop "rainbow".

Rapport d'un tapis, M : Le rapport entre le montant de votre tapis divisé par le pot initial. Ce chiffre détermine à quel point vous souhaitez jouer de manière agressive.

River, rivière : La cinquième et dernière carte ouverte au centre de la table, commune à tous les jeux. La cinquième carte est suivie d'un tour d'enchères.

Serré (tight) : Un style de jeu sélectif en matière de mains de départ. Se dit d'un joueur qui adopte ce style.

Turn, tournant : La quatrième carte ouverte au centre de la table, commune à tous les jeux. Elle est suivie d'un tour d'enchères.

Tableau (board) : L'ensemble des cartes communes. Les cartes du tableau combinées avec celles de la main permettent de former une combinaison.

Tapis : La pile de jetons devant chaque joueur. Si le plus gros tapis de la table utilise ses jetons pour s'attaquer aux autres joueurs, il peut être considéré comme le “maître” de la table.

Faire tapis : Ouvrir ou relancer de la totalité des jetons que vous avez devant vous.

Tells : Signes involontaires physiques, des tics, des habitudes, qui donnent aux autres joueurs des indications sur les mains de leurs adversaires.

Value bet : Une mise raisonnable faite avec (ce que vous pensez être) le meilleur jeu dans l'intention d'être payé (contrairement au bluff), afin d'augmenter ainsi la taille du pot.

Un coup de Texas hold'em no-limit

❶ Le donneur distribue deux cartes fermées à chacun, une par une, en commençant par les deux blindeurs assis à sa gauche. Suit un premier tour d'enchères.

❷ Le donneur étale trois cartes ouvertes appelées "flop", qui sont des cartes communes. Suit un deuxième tour d'enchères.

❸ Le donneur pose ensuite une quatrième carte ouverte ("turn"). Suit un troisième tour d'enchères.

❹ Le donneur pose enfin une cinquième carte ouverte ("river") suivie d'un quatrième tour d'enchères.

Les cinq cartes ouvertes forment le "tableau". Elles appartiennent à tous les joueurs, qui peuvent les marier mentalement avec leurs deux cartes privatives pour former des combinaisons de cinq cartes qui peuvent inclure deux, une, voire aucune de leurs cartes privatives.

Un coup peut se terminer de deux façons possibles :

– soit un joueur se retrouve seul en cours de coup – le pot lui est lors remis d'office ;

– soit au moins deux joueurs finissent l'étape 4 – ils abattent alors leurs jeux, et le plus fort s'adjuge le pot.

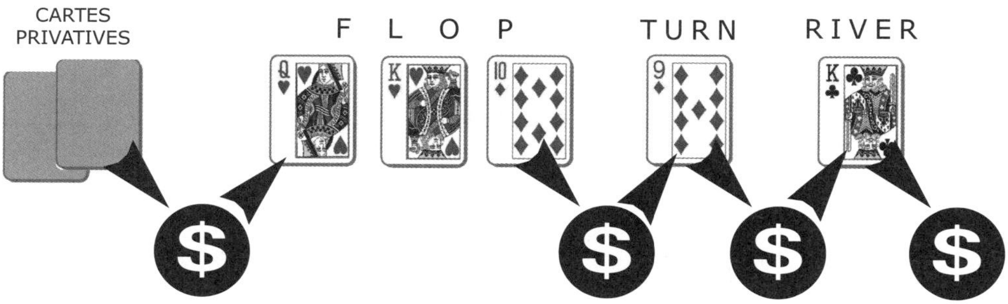

(Le sigle $ indique un tour d'enchères.)

Hiérarchie des combinaisons

De la plus haute à la plus basse :

QUINTE FLUSH (Straight Flush)
5 cartes consécutives appartenant à la même famille.

CARRÉ (Four of a kind, Quads)
4 cartes de même valeur, plus une carte quelconque

FULL (Fullhouse)
Un brelan et une paire. Si deux fulls se rencontrent, le meilleur brelan gagne.

COULEUR (Flush)
5 cartes de la même famille. Si deux couleurs se rencontrent, la plus haute carte gagne.

QUINTE, SUITE (Straight)
5 cartes consécutives. La combinaison A-2-3-4-5 est la plus faible des quintes ("roue").

BRELAN (Three of a kind, set, trips)
3 cartes de même valeur plus 2 cartes quelconques.

DOUBLE-PAIRE (Two pairs)
2 paires avec une carte quelconque. En cas de rencontre, la paire la plus haute l'emporte.

PAIRE (Pair)
2 cartes de même valeur avec 3 cartes quelconques.

CARTE ISOLÉE (High card)
La main prend la valeur de la carte la plus haute (ici, l'As).

En cas d'égalité totale entre deux combinaisons adverses, le pot est partagé entre les deux joueurs.

Tout comme les autres variantes de poker, le hold'em no-limit semble être un jeu de cartes. Ce qu'il n'est pas, en réalité. Le hold'em no-limit est plus exactement un jeu de paris nécessitant de prendre des décisions à partir d'informations incomplètes, les cartes ne servant que de support pour construire des situations où parier.

PREMIÈRE PARTIE

LE JEU DU HOLD'EM NO-LIMIT

INTRODUCTION

Tout comme les autres variantes de poker, le hold'em no-limit semble être un jeu de cartes. Ce qu'il n'est pas, en réalité.

Le hold'em no-limit est plus exactement un jeu de paris nécessitant de prendre des décisions à partir d'informations incomplètes, les cartes ne servant que de support pour construire des situations où parier. Les joueurs misent et payent en se fondant sur l'espoir que leur main – qu'ils peuvent voir – sera à la fin meilleure que celle de leur adversaire – qu'ils ne peuvent pas voir. Pour faire une estimation en toute connaissance de cause, ils doivent prendre en considération quatre facteurs :

1. Les probabilités d'amélioration de leur main au fur et à mesure que les cartes du tableau sont ouvertes, ce qui correspond davantage à un pur exercice mathématique.

2. Une estimation de la main de leur adversaire. Cet exercice exige un raisonnement inductif basé sur les mains que cet adversaire a jouées par le passé, son style de jeu et les mises qu'il a faites jusque-là.

3. Les probabilités d'amélioration de la main de leur adversaire. Il s'agit également d'un exercice mathématique, mais plus compliqué du fait que le joueur ne peut pas savoir avec certitude quelles sont les cartes que son adversaire a en main.

4. La cote offerte par le pot.

Quand un bon joueur de hold'em no-limit joue un coup, il regarde ses cartes, regarde ses adversaires, prend en considération les mises puis décide s'il est préférable de checker, ouvrir, payer, relancer ou passer. Sur de nombreux coups de hold'em, un de ces facteurs devient d'une importance telle que les autres facteurs ne rentrent plus guère en considération. Par exemple :

1. Un joueur a une main si forte qu'il ne se préoccupe pas vraiment de celle de son adversaire.

2. Un joueur a une main si faible qu'il est convaincu de perdre à l'abattage.

3. La cote du pot est si importante qu'il peut jouer le coup avec pratiquement n'importe quelles cartes en main.

Ne faites cependant pas l'erreur de croire que ces mains sont faciles à jouer. *En hold'em no-limit, il n'y a pas de coups anodins*. Comme vous n'êtes pas obligé de montrer vos cartes pour gagner, dans certaines circonstances, n'importe quelle main peut être gagnante.

1

LA CADILLAC DU POKER

Si vous avez regardé le poker à la télévision, vous avez sans doute entendu parler du hold'em no-limit comme la "Cadillac du Poker" [2].

Cette affirmation est très juste mais peu de joueurs comprennent pourquoi ce jeu mérite cette réputation.

Les professionnels classent les variantes de poker selon leur espérance de gain en tournoi. Des experts du stud à 7 cartes ("seven card stud") pensent que le gain moyen dans un tournoi de cette variante est d'environ deux fois le montant de l'inscription. (Payer $1.000 pour s'inscrire dans un tournoi de stud à 7 cartes devrait rapporter sur le long terme environ $2.000 de prix par tournoi.) Une inscription à un tournoi de razz ou d'Omaha rapporterait à peu près autant. Mais les meilleurs joueurs de no limit hold'em pensent qu'une inscription à $1.000 vaut entre $4.000 et $5.000, et dans d'énormes tournois comme ceux des World Series of Poker qui comptent de nombreux débutants, elle pourrait même valoir entre $7.000 et $8.000.

Qu'est-ce qui fait que le poker en hold'em no-limit permette autant aux bons joueurs d'exercer leur habileté et aux meilleurs d'entre eux d'en tirer les plus gros profits ? Beaucoup pensent que cela est lié à la possibilité de faire des relances à tapis ou de mener d'énormes bluffs. Mais en vérité, cela tient à deux facteurs techniques : le nombre d'informations à la disposition des joueurs et la capacité de contrôler la cote du pot offerte aux adversaires. Considérons chacun de ces facteurs l'un après l'autre.

---

[2] L'expression "Cadillac du poker" est apparue pour la première fois dans le livre de Doyle Brunson, *Poker Super System*, même éditeur, même collection.

La disponibilité des informations

Le poker est un jeu d'informations incomplètes, mais tous les jeux d'informations incomplètes ne sont pas bâtis de la même manière. D'un jeu à l'autre, il existe différents degrés d'informations disponibles. Quelle part de l'information est cachée et quelle part est visible ? La réponse à cette question affecte considérablement l'intérêt et la pratique d'un jeu.

Dans un poker fermé classique à cinq cartes, toutes les cartes de vos adversaires sont cachées. En-dehors des habitudes de mises, la seule source d'information dont vous disposez est le nombre de cartes que votre adversaire décide de changer. Avec aussi peu d'informations à votre disposition, vos options stratégiques sont limitées et le jeu se joue très machinalement. De nos jours, le poker fermé se joue uniquement dans des parties privées.

Parmi les différentes variantes de poker, à l'opposé du poker fermé se trouve un autre jeu bien connu, le “Kid” ou stud à 5 cartes (“five card stud”). À ce jeu, les joueurs possèdent une seule carte fermée, les autres cartes étant distribuées ouvertes. Une fois encore la stratégie de base devient machinalement simple (“Ne jouez pas si vous ne battez pas les cartes visibles”). Dans ce jeu, vous avez trop d'informations disponibles sur chaque main.

Les meilleures variantes possèdent le bon équilibre entre cartes ouvertes et cartes fermées. Le Texas Hold'em se situe exactement au milieu de ces deux extrêmes. Deux cartes fermées laissent une large place aux manœuvres trompeuses alors que cinq cartes ouvertes permettent à un bon joueur de faire de nombreuses déductions sur les mains de ses adversaires.

Le contrôle de la cote du pot

Le but de toutes les variantes de poker est d'éviter au maximum de faire des erreurs tout en poussant ses adversaires à en faire le plus possible. A chaque fois que vous en commettez une, vous perdez et vos adversaires gagnent. A chaque fois que vous poussez vos adversaires à faire une erreur, vous gagnez et ils perdent.

Ces gains et ces pertes n'arrivent pas immédiatement. Vous pouvez faire une grosse erreur et gagner un coup qui vous rapporte beaucoup de jetons. Mais sur le très long terme, vos résultats aux tables de poker tendront vers la somme de toutes les erreurs de vos adversaires, moins la somme de vos erreurs. Ce principe gouverne tous les jeux qui demandent à la fois du talent et de la chance.

Les erreurs possibles à une table de poker sont nombreuses. L'une des plus graves consiste à faire une mise ou à payer une mise dont le montant est incorrect par rapport à la cote que vous offre le pot, soit parce que vous n'avez pas fait la bonne déduction du jeu de votre adversaire, soit parce que vous avez plutôt bien lu son jeu mais n'avez absolument pas tenu compte de la cote du pot.

Le mode de relance en no-limit du hold'em est très avantageux pour les bons joueurs, ceci pour une raison très simple : en faisant une meilleure lecture des mains possibles de leurs adversaires, *les bons joueurs ont la possibilité, en choisissant le montant de leurs mises, de pousser ces derniers à commettre des erreurs.* A chaque fois que leur adversaire n'évalue pas correctement la situation, il perd à leur profit.

Exemple n°1

Supposez que vous jouiez en hold'em à limit fixes ("limit hold'em") – les mises sont limitées à un certain montant à chaque tour d'enchères –, et que vous ayez déduit, d'après la manière dont s'est joué le coup, que votre adversaire a un tirage couleur avec quatre piques alors qu'il y a encore une carte à venir. Si votre adversaire touche sa couleur, il vous bat, même si vous parvenez à améliorer votre jeu, mais il perd dans le cas contraire. Il y a pour l'instant $100 dans le pot, la mise limitée est de $10, vous misez ce montant.

C'est maintenant au tour de votre adversaire. Il a vu six cartes jusqu'à présent, les deux dans sa main et les quatre ouvertes au centre de la table. S'il est sur un tirage couleur, quatre de ces cartes sont à pique. Sur les 46 cartes du paquet qu'il n'a pas encore vues, il a besoin d'un des neuf piques restants. Les 37 autres cartes lui font perdre le coup. La probabilité qu'il touche sa couleur est de 9/46, soit 37 contre 9, ou juste un peu plus de 4 contre 1. Comme il y a désormais $110 dans le pot et que cela ne lui coûte que $10 pour suivre, la cote du pot qui lui est offerte est donc de 11 contre 1. Comme le pot lui offre une cote meilleure que celle de toucher sa couleur, il est correct pour votre adversaire de suivre et vous n'avez aucun moyen de le pousser à quitter le coup avec son tirage.

Supposez maintenant que les mains des joueurs et le montant du pot soient exactement les mêmes mais qu'il s'agisse désormais de *hold'em no-limit* ("no-limit hold'em"). Vous pouvez miser le montant que vous voulez, et non pas uniquement $10. Vous misez cette fois $100. Votre adversaire peut toujours décider de payer votre mise, mais il y a désormais $200 dans le pot et il doit payer $100 pour suivre. Le pot lui offre simplement une cote de 2 contre 1, mais ses chances de toucher sa couleur sont toujours de 4 contre 1. Dès lors que sa cote du pot est inférieure à ses chances de toucher son jeu, le choix le plus judicieux est de passer. Le choix du montant de vos mises étant illimité, vous aviez la possibilité de choisir celui qui donnait l'occasion à votre adversaire de faire une erreur s'il voulait rester dans le coup.

En maîtrisant la cote du pot, vous poussez vos adversaires à commettre des erreurs qu'ils n'auraient pas l'occasion de faire à une table de hold'em à limites fixes. Ces erreurs ont pour effet à long terme de remplir vos poches.

2

En quoi consiste un coup ?

Lorsque vous vous rendez à un tournoi de poker, vous constatez que les meilleurs joueurs sont systématiquement sollicités pour donner des conseils. Voici une discussion typique entre un débutant et un champion :

Le débutant : *Puis-je me permettre de vous demander votre avis sur un coup ?*

Le pro : Bien sûr, allez-y.

Le débutant : *OK, merci. J'ai A-K de la même couleur, vous voyez, et il y a un joueur qui a payé avant moi…*

Le pro : Quelle est votre position ?

Le débutant : *Oh, je ne sais pas, je crois que j'étais peut-être le cinquième joueur à parler…*

Le pro : Quelle était la position du joueur qui a payé avant vous ?

Le débutant : *Il me semble qu'il était deuxième à parler… non attendez, il était juste après la grosse blind… Oui, c'est cela… non, il était peut-être deuxième en fait… enfin, quelque chose comme ça.*

Le pro : Quel était le montant de votre tapis ?

Le débutant : *Oh là là, beaucoup, peut-être $4.000 ou $5.000 environ.*

Le pro : Et quel était le montant des blinds ?

Le débutant : *Oh, pas tant que cela, peut-être $50/$100, $100/$200, quelque chose dans ces eaux-là. Mais en tout cas j'ai payé, vous comprenez, et alors ce type après moi a relancé ! Et tous les autres ont passé, je ne savais pas quoi faire…*

Le pro : Quel était le montant de son tapis ?

Le débutant : *Vous voulez dire du type qui m'a relancé ? Je ne sais pas, qui peut se souvenir de tous ces détails ?… Eh, je veux vous parler du coup !*

Aux yeux du débutant, le coup se réduisait aux cartes qu'il avait en main et à l'action des joueurs situés juste avant et après lui, point final. Aux yeux du professionnel, un coup c'est beaucoup plus que cela. C'est une situation dans sa globalité, composée d'une foule d'éléments qui doivent tous être considérés avec attention avant de pouvoir bien jouer le coup.

3

Les composants d'un coup

Un coup de hold'em no-limit comporte de nombreuses facettes. Les cartes que vous avez en main ne sont que l'une d'elles. Un bon joueur prend en considération tous les paramètres d'un coup avant de décider de jouer. Voici les onze composants de base :

1. A quel moment du tournoi en êtes-vous ?

2. Combien y a-t-il de joueurs à votre table ?

3. Quel est le profil des joueurs de votre table ?

4. Quel est le montant de votre tapis par rapport aux blinds et aux antes ?

5. Quel est le montant des autres tapis à votre table ?

6. Quelle est votre position par rapport aux joueurs agressifs et passifs ?

7. Quelles enchères ont été faites avant vous ?

8. Combien de joueurs doivent encore parler après vous ?

9. Quelle est la cote du pot ?

10. Quelle sera votre position au flop ?

11. Quelles sont vos cartes ?

Cela peut vous sembler beaucoup d'éléments à prendre en compte avant d'agir et en vérité, c'est effectivement considérable ! C'est pourquoi bien jouer au hold'em no-limit est difficile mais profitable. Si cette liste était plus courte, le jeu serait beaucoup plus facile, plus nombreux seraient les personnes capables de jouer correctement et cela réduirait d'autant les profits des meilleurs. Alors si votre but est de devenir un grand joueur de hold'em no-limit, soyez heureux des difficultés qu'il vous faut surmonter pour y parvenir et ne regrettez pas que ce ne soit pas une tâche facile. Cela signifie seulement que votre travail assidu sera largement récompensé.

Attardons-nous maintenant sur ces différents composants, l'un après l'autre, et voyons comment ils influencent votre prise de décision.

1. A quel moment du tournoi en êtes-vous ?

Lors de la plupart des tournois, les places payées représentent entre 5 et 10% des participants, même si certains tournois en payent beaucoup moins. (Lors d'un célèbre tournoi en 2003, il y a eu 9 places payées sur 197 participants, ce qui est la structure des prix la plus sévère que j'aie jamais vu !). Tant qu'on est encore loin des places payées, le jeu se déroule normalement. Au fur et à mesure que le nombre de joueurs diminue et que l'on se rapproche des places payées, le jeu change radicalement. La plupart des joueurs adoptent un style de jeu conservateur et essayent ainsi de protéger leurs jetons. Les bons joueurs deviennent plus agressifs et considèrent cette période comme étant la plus propice pour se faire de l'argent facile en volant les pots.

2. Combien y a t il de joueurs à votre table ?

Une table pleine (9-10 joueurs) exige en général un jeu plus solide. Plus il y a de joueurs à devoir parler après vous, plus le danger d'entrer dans un coup avec une main faible est grand. A une table de six joueurs ou moins, vous êtes moins sélectif en ce qui concerne vos mains de départ et les occasions de voler des pots sont plus nombreuses. En fin de tournoi, quand les joueurs de la table ne sont plus que deux, trois ou quatre, vous devez entrer dans beaucoup plus de coups juste pour avoir une chance de survivre.

3. Quel est le profil des joueurs de votre table ?

Sont-ils des joueurs agressifs, des joueurs conservateurs, ou un mélange des deux ? Y a-t-il des joueurs que vous connaissez avec un style de jeu bien à eux, ou vous sont-ils tous totalement inconnus ? Le style de jeu le plus profitable à n'importe quel niveau d'un tournoi est en général le style *opposé* à celui des autres joueurs de la table. Si la table est agressive, soyez conservateur. Entrez uniquement dans les coups avec des mains solides que vous pouvez jouer avec assurance. Si la table joue serré, passez à l'action et tentez de voler quelques pots. Vous les remporterez assez souvent pour être gagnant.

La personnalité des joueurs de votre table doit également influencer votre *niveau d'agressivité*. Une table composée majoritairement de joueurs passifs est une table confortable. Vous pouvez prendre votre temps, voler des pots, accumuler de l'argent lentement mais sûrement. C'est une bonne situation et vous ne voulez pas courir de risques inutiles en misant sans cesse votre tapis. Mais s'il y a de nombreux joueurs agressifs à la table, votre stratégie doit changer. Les joueurs agressifs sont plus difficiles à lire et vous constatez que vos relances sont fréquemment sur-relancées. Vous devez alors doubler votre tapis sur un coup plutôt que de vous laisser manger petit à petit car il vous est difficile de gagner des jetons à une table agressive avec un petit tapis devant vous. Sélectionnez une belle main et poussez-la jusqu'au bout.

4. Quel est le montant de votre tapis par rapport aux blinds et aux antes ?

Vous n'avez pas besoin de vous intéresser réellement au montant exact des blinds et des antes. Ce qui importe, c'est leur montant comparé au nombre de jetons que vous avez devant vous. S'ils sont faibles en comparaison de votre tapis, vous pouvez survivre plusieurs tours sans jouer – rien ne vous oblige à entrer dans les coups. Si toutefois votre tapis n'est que légèrement supérieur aux blinds et aux antes, vous devez agir vite avant que votre tapis ne soit dévoré par les blinds. Dans les tournois de hold'em no-limit, les blinds et les antes augmentent régulièrement. A moins de pouvoir accumuler des jetons de façon régulière, le montant de votre tapis diminuera donc proportionnellement. Pour compenser cela, votre jeu doit devenir plus agressif.

5. Quel est le montant des autres tapis à votre table ?

Si vous avez un gros tapis comparé à ceux des autres joueurs, vous pouvez probablement les intimider. Vous avez le pouvoir de les éliminer du tournoi, ils vous doivent donc le respect. Si votre tapis se situe dans la moyenne, vous pouvez toujours intimider les plus petits tapis, mais vous devez faire attention lorsque vous vous en prenez aux plus gros que vous. Si vous avez le plus petit tapis, votre capacité à voler des pots est limitée. Vous devez choisir un coup pour tenter de doubler ou tripler votre tapis.

6. Quelle est votre position par rapport aux joueurs agressifs et passifs ?

Dès lors que l'action se déroule à la table dans le sens des aiguilles d'une montre, la situation idéale pour vous est d'avoir les joueurs agressifs à votre droite [3] et les joueurs conservateurs à votre gauche. De cette manière, vous pouvez agir tout en sachant ce qu'ont décidé les joueurs agressifs et vos chances de voler les pots sont accrues quand ce sont des joueurs serrés qui parlent après vous. Avec des joueurs agressifs placés après vous, la bonne stratégie est de jouer moins de coups, mais de les jouer avec plus d'assurance.

7. Quelles enchères ont été faites avant vous ?

La seule main vraiment forte dans l'absolu avant le flop est une paire d'As. Toutes les autres mains doivent être évaluées en fonction des mises déjà faites. Une paire de Valet est une bonne main quand plusieurs joueurs assis avant vous ont passé. Mais s'il y a eu une mise suivie d'une relance puis d'une sur-relance, cette main est probablement le deuxième ou le troisième meilleur jeu.

---

[3] A l'exception des joueurs *très* agressifs. La raison ? Vous pouvez checker vos mains les plus fortes avec l'intention de sur-relancer à la fois ce joueur et ceux qui l'auront suivi.

8. Combien de joueurs doivent encore parler après vous ?

Si votre action clôture le tour d'enchères, vous êtes dans une situation plus sécurisante que si des joueurs doivent encore agir après vous quoi que vous fassiez. Par exemple, si vous êtes le dernier à parler et si l'action avant vous se résume à une mise qui a été simplement suivie, vous pouvez terminer l'action en payant. Par contre, si l'action a été une mise suivie d'une relance, vous n'avez aucun moyen de terminer le tour d'enchères. Que vous payiez ou que vous relanciez, le premier joueur pourra toujours sur-relancer. Vous devez jouer beaucoup plus prudemment quand vous ne pouvez pas être certain de ce que les autres joueurs feront après vous. Plus il y a d'actions possibles après vous, plus vous devez être prudent.

9. Quelle est la cote du pot ?

A chaque fois que vous misez, vous devez toujours comparer la cote offerte par le pot à celle d'améliorer votre main. Vous voulez toujours que le pot vous offre une meilleure cote que celle de toucher votre jeu [4]. Vous devez également faire attention à la cote que vous offrez à votre adversaire quand il est à tirage, afin de lui présenter une cote insuffisante à celle dont il a besoin pour suivre. Les meilleurs joueurs calculent les cotes systématiquement lorsqu'ils doivent décider de jouer ou de passer.

10. Quelle sera votre position au flop ?

Il n'est pas bon de parler en premier sur un coup, tout simplement parce que vous devez alors agir sans disposer d'informations précises sur vos adversaires. Il est bon d'agir en dernier car, dans ce cas, vous connaissez les actions de vos adversaires et vous avez ainsi suffisamment d'informations pour prendre votre décision. Votre position à la table, par rapport à celle des autres joueurs,

---

[4] Bien sûr, cela vaut souvent la peine de chercher un tirage, même si vous n'avez pas la cote nécessaire, si vous pensez que la *cote implicite* est bonne (le pot actuel plus les possibles mises futures que vous pouvez potentiellement gagner).

est un facteur extrêmement important sur chaque coup. Certains bons joueurs le comprennent instinctivement alors que d'autres négligent ce facteur.

L'importance de la position justifie à elle seule de tenter certaines manœuvres simplement pour s'assurer une position favorable pour les tours d'enchères suivants. Avant le flop, vous pouvez relancer au lieu de payer, juste pour chasser du coup des joueurs placés après vous. Des mains marginales peuvent être jouées si vous savez que vous avez la position sur les autres joueurs, alors que vous jetez ces mêmes mains dans le cas contraire.

Voici un exemple qui va vous prouver combien la position peut être importante. Si un joueur de niveau mondial devait jouer une session contre un joueur de niveau médiocre, mais que ce dernier puisse parler en dernier sur chaque coup, *le joueur de niveau mondial ne serait pas favori.*

11. Quelles sont vos cartes ?

Oui, vous avez des cartes et elles ont leur importance, tout comme les autres composants d'un coup, mais très souvent ces derniers auront plus d'importance que vos cartes. Vous vous retrouverez parfois à jouer des coups sans vous préoccuper des cartes que vous aurez en main.

Bien jouer au poker est une question d'*équilibre*. Vous devez évaluer la situation, considérer chaque composant, et enfin trouver l'action la plus adéquate. A l'instar d'autres sports de compétition, vous pouvez jouer très bien un certain temps, croire que vous maîtrisez le jeu, et vous retrouver soudainement mal synchronisé pour finir par réaliser que vos résultats se sont détériorés, même si vous pensez à ce moment-là jouer mieux que jamais. Quand cela se produit, il n'y a pas d'autre issue que de faire preuve de la plus féroce détermination doublée d'objectivité pour rassembler les pièces du puzzle.

4

Un exemple de coup

Pour comprendre la manière de raisonner au hold'em no-limit, penchons-nous sur un exemple de coup relativement complexe qui eut lieu lors de la finale des World Series of Poker en 2003, alors qu'il ne restait plus que sept joueurs dans le tournoi. (Ceux d'entre vous qui ont suivi les retransmissions du tournoi sur ESPN devraient se souvenir de ce coup car il se déroule au tout début de la table de finale.)

Au début du coup, les blinds étaient de $10.000/$20.000, avec antes $2000. Avec encore sept joueurs, le pot initial était de $44.000. Voici les joueurs, le montant de leur tapis et les mains de ceux qui entrèrent dans le coup :

Petite Blind	Amir Vahedi	$865.000	T♦8♣
Grosse Blind	Tomer Benvenisti	$645.000	
1	Sam Farha	$1.530.000	9♦9♣
2	Yong Pak	$215.000	
3	Jason Lester	$1.161.000	
4	Dan Harrington	$1.080.000	A♥K♠
5	Chris Moneymaker	$2.894.000	T♠9♥

Sam Farha. Sam était le premier à parler après la grosse blind. Une paire de Neuf est une bonne main à une table de sept joueurs. Sam fit une relance de $60.000, trois fois le montant de la grosse blind. Les professionnels ont une convention pour indiquer le montant de la relance. Avant le flop, les relances sont habituellement exprimées en multiples de la grosse blind. Après le flop, les relances sont exprimées en fractions du pot existant. Les premières mises se situent en général entre deux et cinq fois le montant de la grosse blind.

Yong Pak et Jason Lester jetèrent leur main.

Dan Harrington. Avec A♥K♠, j'avais différentes options. J'aurais certainement pu décider de faire une forte relance entre $150.000 et $200.000. Je pouvais également me contenter de payer tout simplement et d'attendre de voir ce qui allait se passer ensuite. J'aime, dans une situation semblable (avec des mains comme As-Roi ou As-Dame), alterner entre ces deux actions car ainsi mes adversaires ne peuvent pas me “lire”. Mais mon choix ne se fait pas complètement au hasard. Dans ce cas de figure, deux facteurs m'ont poussé à payer plutôt qu'à relancer :

> **1.** J'étais juste à la droite du joueur au bouton, il y avait donc de fortes chances pour que j'aie la position durant les tours suivants. Lorsque j'ai la position, je n'ai pas besoin de jouer ma main de manière si agressive avant le flop, dès lors que ma position favorable me permettra de gagner certains coups après le flop à moindre risque. En d'autres termes, je peux laisser la position, plutôt que le montant d'une mise, faire le travail à ma place.
>
> **2**. Je pensais être l'un des meilleurs joueurs encore à la table. Je voulais donc réduire ma volatilité sur le coup plutôt que de l'augmenter. (La volatilité est le terme mathématique pour exprimer le montant de l'argent joué sur un coup.) Un joueur plus faible dans la même situation pourrait être tenté d'augmenter la volatilité, donc de vouloir relancer.
>
> Après avoir étudié les différents paramètres, je décidai de payer.

Chris Moneymaker. Chris décida de suivre avec T♠9♥. Ce n'est pas une main forte, mais outre ses cartes, deux autres facteurs l'incitaient à suivre : la cote du pot et la position. Les cotes étaient assez favorables, il y avait $164.000 dans le pot et cela ne coûtait que $60.000 à Chris pour suivre. De plus, il parlerait en dernier lors des tours d'enchères suivants.

Un autre facteur a également pu influencer sa décision. Chris avait joué de manière conservatrice depuis le début de la finale. N'ayant eu que des mains injouables durant une période relativement longue, il voulait peut être, pour changer, jouer le coup en pensant que sa récente inactivité lui donnerait une certaine crédibilité s'il décidait de bluffer par la suite. Il ne pouvait pas savoir bien sûr que trois de ses cartes étaient déjà dans les mains d'autres joueurs.

Amir Vahedi. Amir, avec T♦8♣, n'avait pas la position, et il y avait trois autres joueurs dans le coup avant lui. Néanmoins, Vahedi paya. Selon une évaluation traditionnelle de sa main, incontestablement il aurait dû passer. Mais Amir aime faire ce genre de coups et comme c'est l'un des meilleurs joueurs du circuit, on est obligé de le prendre très au sérieux. Notez qu'une de ses motivations pour rester dans le coup était l'excellente cote du pot. Il y avait $224.000, et dès lors que Vahedi était de petite blind (il avait déjà misé $10.000 dans le pot), cela ne lui coûtait que $50.000 de plus pour suivre. Sa cote était de 224 contre 50, ou disons 4.5 contre 1. J'aurais beaucoup plus à vous dire au sujet de la cote et de l'analyse d'un coup dans la quatrième partie de ce volume, mais pour l'instant, je dirais seulement qu'une cote importante est toujours une très bonne raison de tenter sa chance. Vahedi voyait évidemment les choses de la même manière.

Cependant, le jeu de Vahedi était un peu plus risqué qu'il n'y paraît. Il avait un problème supplémentaire : Tomer Benvenisti, de grosse blind, devait encore parler. Si Benvenisti passait ou payait simplement, le tour d'enchères s'arrêterait là et on ouvrirait le flop. Mais si Benvenisti avait une main et décidait de relancer, les joueurs impliqués auraient de nouveau la parole – et si l'un d'eux avait sous-joué sa main jusque-là, il aurait l'occasion d'agir. C'est pourquoi Vahedi ne pouvait pas être sûr que les $50.000 qu'il payait lui permettraient de voir le flop. S'il y avait de nouvelles relances, il allait certainement devoir jeter sa main.

La force du style de Vahedi réside dans le fait qu'il est pratiquement impossible de savoir ce qu'il a en main. Il est également très difficile de savoir si le flop l'a aidé ou non. Vahedi remporte d'énormes pots quand le flop correspond parfaitement à l'une de ses mystérieuses mains et il est même capable de remporter d'autres pots après le flop grâce à d'astucieux bluffs. En contrepartie, il subit une série de petites pertes quand des mains peu prometteuses comme celle-ci ne donnent rien. Le style de Vahedi fonctionne bien pour lui mais les "débutants" devraient être avertis du fait qu'il s'agit d'un style très difficile qui requiert énormément de talent pour être joué correctement. J'en aurai plus à dire concernant les différents styles de jeu dans la deuxième partie de ce volume.

Tomer Benvenisti. Il a passé en position de grosse blind.

Le pot était de $274.000 avant le flop, et il restait quatre joueurs.

Apparition du flop :

Analyse de la texture du flop. L'ouverture du flop est un moment clé dans un coup de hold'em. Chaque joueur doit évaluer le flop suivant ce qu'on appelle sa "texture" : les caractéristiques du flop et la probabilité qu'il puisse aider chacun des différents joueurs de la table. J'examine le flop à la lumière de ces trois questions :

1. Le flop m'a-t-il aidé ?

2. En considérant la manière dont je suis perçu à la table, les autres joueurs pensent-ils que le flop m'a aidé ?

3. En tenant compte de ce que je sais des autres joueurs, est-il probable que le flop ait aidé l'un d'eux ?

A ce moment-là, je raisonnai de la manière suivante. Avec mon A♥K♠ en main, le flop ne m'avait certainement pas aidé. Et de plus, dès lors que je suis perçu comme un joueur conservateur, les autres joueurs vont sûrement penser que je n'ai pas amélioré (car je joue plutôt les grosses cartes). Mes chances de bluffer s'étaient donc envolées. Comme Moneymaker avait joué de manière conservatrice, il n'avait probablement rien touché au flop. Le flop pouvait avoir aidé soit Vahedi soit Farha, car ils jouent un éventail de mains bien plus large. Pour finir, à moins d'un événement inattendu, je n'avais plus rien à faire dans ce coup. Je m'attarderai dans la sixième partie sur la manière de jouer après le flop.

Amir Vahedi. Vahedi savait que le flop ne l'avait pas beaucoup aidé – il avait un tirage quinte ventral (un tirage quinte dont il manque une carte au milieu, ici un Sept). La probabilité de toucher cette quinte était d'environ 8% s'il ne voyait qu'une carte et atteignait 16% environ s'il voyait les deux (turn+river), ce qui était peu probable. S'il touchait cependant sa quinte, il était susceptible de gagner beaucoup vu qu'il serait très difficile pour les autres de le voir avec ce jeu. Il savait également que les autres joueurs devaient s'inquiéter du fait que le flop ait pu l'aider, étant donné qu'il a la réputation de jouer un éventail de mains très large. Il savait enfin que ni Moneymaker ni moi-même n'avions probablement amélioré au flop, mais qu'il était possible que le flop ait aidé Farha.

Si Vahedi n'avait eu qu'un seul adversaire contre lui, je suis absolument certain qu'il aurait misé au moins la moitié du pot. Une mise de la moitié du pot lui aurait donné la meilleure chance de le gagner avec un très bon rapport risque/rentabilité (S'il pensait que sa mise pouvait lui permettre de gagner le pot uniquement une fois sur trois, ce serait au mimum une mise pour finir à jeu [5]. Imaginez que le pot soit de $200 et que vous misiez $100. Si cette situation se reproduit trois fois et que vous gagnez une fois, vous gagnez $200 une fois et perdez $100 deux fois, pour un résultat net de rentabilité zéro. Si vous gagnez plus d'une fois sur trois, votre mise vous rapportera alors un profit.)

Contre deux ou trois adversaires, cette mise devient nettement plus risquée, simplement parce que la probabilité que Vahedi soit en présence d'un joueur qui ait amélioré augmente avec le nombre de joueurs. Je ne

---

[5] C'est mieux que revenir à jeu tant que votre mise peut être simplement payée, puisque vous allez aussi gagner certains de ces coups-là.

peux donc pas lui reprocher d'avoir checké dans ce cas de figure, mais, d'un point de vue théorique, lancer l'action en ouvrant était sa meilleure chance de remporter le coup. (Il ne pouvait pas savoir évidemment, que Farha était assis juste après lui avec un brelan de Neuf.) En tout cas, Vahedi a checké.

Sam Farha. Sam a touché le jackpot en flopant le brelan max : trois Neuf. Avec aucun tirage quinte ou couleur au tableau, sa main était si forte que sa seule préoccupation était de savoir comment gagner le maximum.

Un joueur inexpérimenté dans la position de Sam aurait probablement checké avec l'idée de pousser ainsi les autres joueurs à miser, puis de se rabattre ensuite sur eux en relançant. Pour comprendre pourquoi Sam a choisi une approche différente, faisons la liste de quelques faits qui à ce moment-là étaient évidents pour tous les joueurs de la table :

1. Amir Vahedi a checké premier de parole.

2. Sam Farha est un joueur très agressif qui a ouvert les enchères en relançant la grosse blind avant le flop.

3. Le flop n'a probablement pas aidé Moneymaker ni Harrington.

En tenant compte de ces faits, il était clair que dans sa position, Sam *devait* miser, fût-ce avec une main médiocre. Si on ajoute à sa réputation de joueur agressif une situation favorable à la table, le seul fait de ne pas relancer aurait éveillé les soupçons. D'autre part, une simple mise aurait été considérée comme une action routinière qui n'aurait eu pour but que de remporter un pot qui semblait disponible.

Sam décida donc, avec raison, de miser. Sur un pot de $274.000, il choisit de miser $80.000. C'est ce que l'on appelle un *probe bet.* C'est une mise faible, entre un quart et un tiers du pot, mais c'est généralement une manière d'obtenir des informations à faible coût tout en ayant la possibilité de remporter le pot immédiatement si aucun adversaire ne vous dispute ce pot. De plus, cela ne révélait aucune information sur la main réelle de Sam, dès lors qu'il aurait agi exactement de la même manière avec n'importe quelles cartes en main. Un jeu très brillant.

Dan Harrington. J'avais deux cartes supérieures à celles du flop mais à cet instant mon jeu était simplement hauteur As. Je ne savais pas ce que les autres requins avaient en main mais les eaux étaient devenues beaucoup trop dangereuses pour que je m'y aventure. Même les généreuses cotes ne me tentaient pas. Je décidai de sortir de ce coup.

Chris Moneymaker. Il y avait maintenant $354.000 dans le pot et cela ne coûtait que $80.000 à Chris pour suivre. Il ne pouvait pas pour l'instant jeter son jeu alors qu'il avait la paire max du flop, mais cela restait une petite paire. Et avec Vahedi et Farha encore sur le coup, il avait toutes les raisons d'être prudent.

Chris décida de payer, ce qui était raisonnable. J'aurais probablement relancé avec sa main, mais cela n'aurait été qu'une relance de défense. Dans le cas de figure où ma relance ne m'aurait pas permis de remporter le coup immédiatement, j'aurais renoncé. J'aime jouer d'une manière qui définit ma situation en une seule mise. Avec une action jusque-là des plus obscures, une relance aurait permis de clarifier la situation tout en m'empêchant également de perdre plus d'argent aux tours suivants.

Amir Vahedi. Vahedi n'avait rien mais les actions des autres joueurs ne laissaient pas supposer qu'ils avaient de gros jeux en main. Ils pouvaient être tous deux à tirage. La mise de Sam semblait vouloir dire "suis-je fort ou faible sur le coup ?" Je suis sûr que Vahedi, à ce moment-là, réfléchissait à une action pour remporter le pot. Mais devait-il la faire maintenant ou attendre la quatrième carte ?

Vahedi préféra attendre, ce qui était une bonne idée. (Bonne dans un sens relatif, bien sûr, puisque nous savons que Vahedi était en fait contre un brelan de Neufs.) Avec un peu de chance, la quatrième carte n'aiderait ni Moneymaker ni Farha et une mise de la part de Vahedi pouvait donner l'impression que la carte lui avait permis d'améliorer sa main d'une quelconque manière. Vahedi paya donc simplement la mise de Farha en se préparant à agir au prochain tour. Il y avait désormais $514.000 dans le pot.

La quatrième carte était un 6♥. Il y avait donc une paire de Six au tableau et, sans que les autres joueurs ne le sachent, elle donnait à Sam un full aux Neuf par les Six.

Amir Vahedi. Pour Vahedi, le 6♥ était plutôt une bonne carte. Une carte idéale, outre un Sept parfait, aurait été une carte supérieure au 9♠ du tableau (excepté un As), car en misant il aurait alors fait croire à une paire supérieure aux cartes du tableau. Un As aurait été mauvais car, avec deux autres joueurs à la table, il était possible que l'un ou les deux aient joué avec un As. Le Six n'était pas une carte dangereuse car peu susceptible d'avoir aidé qui que ce soit, et elle lui était utile car elle lui permettait de faire croire qu'il avait un Six dans sa main et qu'il avait donc touché un brelan.

Vahedi décida de passer à l'action, misant $300.000. A la caméra, ce bluff semble stupide puisque nous savons qu'il n'avait rien et qu'il y avait un full contre lui. Mais c'était en fait très bien joué. Etant donné ce que Vahedi avait vu jusque-là (un probe bet de la part de Farha payé par Moneymaker et une carte sans danger à la turn), il était raisonnable pour lui de penser que cette mise lui permettrait de remporter le pot au moins dans 50% des cas, peut-être plus. Sur le court terme, c'est-à-dire sur ce coup, sa mise ne pouvait pas gagner, mais nous seuls le savons.

Sam Farha. Sam était bien sûr enchanté de voir Vahedi miser car il savait qu'il avait le jeu gagnant. Pourrait-il gagner encore plus d'argent aux dépens de Moneymaker ? Probablement pas, mais une relance le chasserait certainement du coup. Sam fit ce qu'il devait faire, il suivit.

Chris Moneymaker. Vahedi déclara qu'il avait une forte main et Farha le paya. Une paire de Neuf ne semblait plus suffire. Chris commenta "Amusez-vous bien les gars" et jeta ses cartes.

Un 3♣ vint à la cinquième, ce qui n'affectait aucun des jeux.

Amir Vahedi. Voir Sam payer sa relance au tour précédent lui prouvait qu'il était battu. Il décida donc de checker.

Sam Farha. Amir ayant checké, Sam réalisa qu'il ne pourrait probablement pas lui prendre plus d'argent sur ce coup mais il misa consciencieusement $300.000 et Amir jeta son jeu.

5 LA PART CACHÉE DE CHANCE AU HOLD'EM NO-LIMIT

Tout le monde sait que le facteur chance est très important au poker. Mais tout le monde ne mesure pas exactement à quel point la chance intervient, ou encore les différentes formes qu'elle peut prendre. Quand on voit un joueur toucher à la river "la" carte sur les 45 restantes du paquet qu'il lui fallait pour rester en vie dans un tournoi, nous disons tous "quelle chance !" Sur le coup précédent, nous pourrions penser que Sam Farha a été très chanceux de toucher son brelan au flop (et il l'a vraiment été), mais certains revirements majeurs dus à la chance pourraient facilement passer inaperçus.

Par exemple, revenons en arrière sur ma décision de payer plutôt que de relancer avec A♥K♠ avant le flop.

J'hésitais à ce moment-là entre deux actions, un certain nombre de facteurs m'ayant poussé à suivre.

Mais supposons maintenant qu'à ce moment précis, une légère impatience et un manque de concentration m'aient poussé à relancer ? Voici ce qui aurait pu arriver :

1. Je relance $150.000.

2. Moneymaker voit désormais une relance suivie d'une sur-relance avant lui et passe avec T♠9♥, économisant ainsi $140.000.

3. Vahedi constate la même chose. Il passe avec T♦8♣ et économise $440.000.

4. Sam paye avec 9♦9♣.

5. Au flop, Sam checke avec son brelan.

6. Je passe à l'action et mise $250.000 ou davantage.

7. Sam me sur-relance avec son brelan de Neufs.

8. Je réalise que je suis battu et je passe, perdant ainsi $400.000.

9. Sam gagne $400.000 sur le coup, environ $160.000 de moins qu'il ne remporta en réalité.

10. Je suis sérieusement handicapé après avoir perdu la moitié de mes jetons, alors que Vahedi est toujours dans la course.

Une autre décision aurait radicalement affecté la situation à la table – un coup extrêmement chanceux (mais invisible) pour tous les joueurs concernés.

Il existe plusieurs styles avec lesquels il est possible de jouer au hold'em no-limit. Dans ce chapitre, nous vous décrirons les différents styles et vous montrerons la manière de jouer dans chacun d'eux. Selon votre personnalité, l'un de ces styles vous correspondra mieux que les autres et vous l'adopterez comme votre approche fondamentale du jeu.

DEUXIÈME PARTIE

DEUXIÈME PART

LES STYLES DE JEU ET LA SÉLECTION DES MAINS DE DÉPART

TYLES DE JEU
ET LA SÉLECTIO
DES MAINS DE DÉPART

INTRODUCTION

Imaginez que vous regardiez un lanceur de baseball de première ligue réputé pour ses balles fulgurantes. Le batteur de l'équipe adverse s'avance jusqu'au marbre. Vlan ! Première balle ratée. Strike. C'était une balle haute et rapide dans le coin intérieur. Vlan ! Deuxième strike. A nouveau une balle rapide au-dessus de la ceinture sur la partie extérieure de la base. En s'accroupissant, le batteur se demande où la prochaine balle va arriver. Oups. Le lancer suivant est une balle courbe. Le batteur se précipite dessus mais avec un mauvais timing. Troisième strike.

Maintenant, imaginez que vous regardiez un match de tennis à Wimbledon. Le serveur frappe une balle forte sur le revers de son adversaire. Celui-ci parvient à la renvoyer avec difficulté. Le serveur frappe une nouvelle balle forte au même endroit. Son adversaire renvoie à nouveau la balle, se rapprochant en même temps de la ligne de service. Le serveur dépose alors une volée amortie de l'autre côté du court. Son adversaire court latéralement et rate la balle de peu. Jeu, set et match.

Tout comme ces deux exemples, le poker est un jeu de fausses pistes.

Il existe plusieurs styles avec lesquels il est possible de jouer au hold'em no-limit. Dans ce chapitre, nous vous décrirons les différents styles et vous montrerons la manière de jouer dans chacun d'eux. Selon votre personnalité, l'un de ces styles vous correspondra mieux que les autres et vous l'adopterez comme votre approche fondamentale du jeu. Cependant, quel que soit le style que vous adopterez, *vous découvrirez que vous remporterez le plus facilement de l'argent en adoptant un style opposé au vôtre*. Comme au baseball et au tennis, c'est votre style habituel qui servira de fondement à vos grandes victoires lorsque vous saurez surprendre en changeant inopinément de style.

Gardez bien cela à l'esprit au fur et à mesure que nous progresserons dans notre analyse des différentes approches du hold'em no-limit.

6

STYLE 1 : L'APPROCHE CONSERVATRICE

Pour un investisseur financier prudent, sa préoccupation première est la protection de son capital en utilisant des instruments à bas risques comme des obligations et des actions à dividendes réguliers. En choisissant une approche conservatrice du hold'em no-limit, vous fonctionnerez de la même manière. L'accent sera mis sur la préservation de votre tapis en utilisant un arsenal de stratégies défensives :

1. Jouer moins de coups mais jouer des mains plus fortes que le joueur moyen.

2. Jouer de telle sorte que vos prises de décisions futures seront plus faciles et plus limpides.

3. Eviter les relances à tapis à moins que votre main ne soit *très* probablement la meilleure en cas d'abattage.

Aux débuts du hold'em no-limit, le jeu était presqu'exclusivement joué en cash-game (également connu sous le nom de *partie d'argent*), d'abord au Texas et en Louisiane pour finir par se déplacer graduellement vers les casinos de Las Vegas. (Le jeu en tournoi ne se développa que plus tard, et très lentement. Pendant des années, les World Series of Poker étaient le seul tournoi de hold'em no-limit au monde.) Les règles du hold'em no-limit en cash-game diffèrent de la version en tournoi sur un seul point : le niveau des blinds, une fois établi, n'augmente plus. Dès lors que les joueurs se cavent presque toujours d'un montant équivalant à plusieurs centaines de fois les blinds, il n'est pas nécessaire de jouer beaucoup de coups ou de faire de grands efforts pour arriver à voler les blinds (sauf dans le but de tendre des pièges). La stratégie optimale en cash-game est de s'installer confortablement et d'attendre de gagner des coups avec les belles mains que vous touchez.

Quand des joueurs d'argent expérimentés passent occasionnellement aux tournois, bien sûr ils emportent avec eux leur stratégie conservatrice. Ce que j'appelle le style conservateur est devenu le style de jeu académique par défaut dans les années 1970 et au début des années 80.

Conditions requises pour ouvrir dans le style conservateur

Les mains de départ suggérées ci-dessous s'appliquent à une table complète de neuf ou dix joueurs, lorsque vous êtes le premier à parler.

En début de parole (première et deuxième positions) : Relancez avec une grosse paire (As, Rois ou Dames). Relancez également avec une paire intermédiaire comme deux Valets ou deux Dix dans le but de réduire le nombre de joueurs dans le coup. Relancez avec As-Roi (assortis ou dépareillés) ou As-Dame (assortis).

En milieu de parole (de la troisième à la sixième position) : Relancez avec toutes les mains précédemment nommées. Relancez également avec une paire de Neufs ou de Huits, ainsi qu'avec As-Dame, As-Valet ou Roi-Dame (assortis ou dépareillés).

En fin de parole (septième et huitième positions) : Relancez avec toutes les mains précédentes ainsi qu'avec une paire de Septs, As-x, ou des connecteurs assortis comme Dame-Valet ou Valet-dix.

Souvenez-vous qu'il y a une grande différence entre ouvrir un pot et entrer dans un pot qui a déjà été ouvert. Si vous décidez d'entrer dans un coup alors qu'un autre joueur l'a déjà ouvert, vous devez avoir une meilleure main que celle qui vous aurait suffi pour ouvrir dans sa position. Si un joueur en milieu de parole a ouvert avant vous, vous avez besoin pour relancer d'avoir une des mains avec lesquelles vous auriez ouvert en étant de début de parole. David Sklansky, dans son excellent livre *Tournament Poker for advanced Players*, appelle cela le "Gap Concept". Nous discuterons des raisons pour lesquelles il lui a donné ce nom dans un prochain chapitre.

Quand vous jouez de manière conservatrice, un certain nombre de choses vont se passer :

1. Vous entrerez dans relativement moins de coups. Des mains bonnes et solides n'arrivent pas si souvent que cela.

2. Quand vous entrerez dans un pot, vous serez en général le favori sur le coup. Les joueurs devront améliorer pour vous battre.

3. Vous aurez des décisions relativement faciles à prendre après le flop. Si vous partez avec une bonne main et si vous touchez votre flop, votre main sera très forte. Si vous ne touchez rien au flop, vous aurez probablement encore la meilleure main, même si un autre joueur a amélioré.

4. Vous gagnerez beaucoup de petits pots, mais moins de gros. A moins que les joueurs à votre table se soient endormis, ils vous catalogueront rapidement comme une "serrure" et ajusteront leur jeu en conséquence.

De nombreux livres recommandent aux débutants d'adopter le style conservateur, au moins jusqu'à ce qu'ils aient acquis une certaine expérience. Je suis d'accord. Jouer de manière conservatrice a le grand mérite de vous tenir à l'écart de beaucoup d'ennuis, et c'est déjà très important. *Chaque coup dans lequel vous entrez peut potentiellement vous faire perdre tous vos jetons.* Cette sinistre réalité engage à faire preuve d'un certain degré de prudence surtout lorsque l'on débute. Lors des World Series of Poker en 2003, un joueur était devenu chip leader au cours de la quatrième journée grâce à de nombreuses, très nombreuses heures d'un jeu solide et patient. En l'espace de deux coups et cinq minutes de jeu, il était éliminé du tournoi. Souvenez-vous toujours que le hold'em no-limit est un jeu très dangereux.

Si vous expérimentez le style conservateur et réalisez qu'il vous convient, très bien, cela peut être votre style naturel. Mais si vous vous y sentez un peu trop à l'étroit, peut-être êtes-vous trop extravagant pour le conservatisme. Dans ce cas, vous pourriez avoir envie de connaître les mérites du style agressif.

7

STYLE 2 : L'APPROCHE AGRESSIVE

Une personne adoptant un style agressif ouvre avec toutes les mains de départ requises par les joueurs conservateurs, en y ajoutant beaucoup d'autres. Les mains suivantes sont toutes des mains d'ouverture possibles pour un joueur agressif :

1. Toutes les paires.

2. Toutes les mains composées de deux figures.

3. Un As accompagné de n'importe quelle carte.

4. Des connecteurs assortis, aussi petits soient-ils, comme 5-4 assortis.

Les joueurs agressifs ne se préoccupent pas vraiment de position. C'est pourquoi toutes ces mains leur permettent d'ouvrir, même en début de parole.

Par rapport au jeu conservateur, le jeu agressif a plusieurs avantages :

1. Un joueur agressif joue beaucoup plus de coups.

2. Un joueur agressif vole beaucoup plus de coups.

3. Un joueur agressif est beaucoup plus difficile à lire.

4. Il est beaucoup plus difficile de dire si un flop a aidé ou non un joueur agressif.

5. Un joueur agressif a beaucoup plus de chance de gagner gros quand il touche un énorme jeu.

Voilà pour ce qui concerne les bons côtés. Voyons maintenant les mauvais côtés :

1. En jouant des mains de moins bonne qualité, un joueur agressif se retrouvera avec des décisions plus difficiles à prendre au flop.

2. En jouant et en misant sur plus de coups, un joueur agressif se heurtera plus souvent à de très bons jeux.

3. Un joueur agressif connaîtra beaucoup plus de fluctuations de son tapis.

Le style agressif n'est pas inférieur au style conservateur en théorie mais il requiert beaucoup plus de talent pour être bien joué. C'est pourquoi les débutants avisés commenceront avec le style conservateur, et dans un deuxième temps ils essaieront des actions agressives. Le jeu agressif exige une très bonne observation de la table. En jouant de cette manière, vous vous retrouverez souvent au flop avec une paire intermédiaire ou une petite paire. Vous devrez alors déceler si votre adversaire a une meilleure main que la vôtre ou s'il tente juste de vous chasser du coup. Les débutants ont tendance à perdre tous leurs jetons dans ces situations mais un joueur expérimenté avec une bonne lecture de ses adversaires parvient à éviter de gros problèmes.

Si cette approche agressive vous semble encore trop timorée, vous êtes alors prêt pour goûter à un mélange plus explosif. Penchons-nous maintenant sur le style super-agressif.

8

STYLE 3 : L'APPROCHE SUPER-AGRESSIVE

"Une sélection des mains ? Nous n'avons pas besoin d'une stupide sélection des mains !"

Nous n'avons pas besoin de perdre du temps en nous attardant sur les mains de départ propres à ce style de jeu puisqu'il n'y en a pas. Un joueur super-agressif est tout à fait capable d'ouvrir avec n'importe quelles cartes en main, à tout moment, en n'importe quelle position. C'est ce qui rend ce style si excitant à regarder, bien que très dangereux à jouer, je vous le rappelle.

Le principe du style super-agressif est de jouer beaucoup de coups afin de voir beaucoup de flops sans payer cher. Compte tenu qu'un joueur super-agressif est capable de jouer toutes les mains possibles dans n'importe quelle position, ses adversaires ne peuvent pas facilement savoir, en regardant le flop, s'il est dangereux pour eux ou non. Quand vous êtes confronté à un joueur conventionnel, un flop comme

est presque certainement inoffensif. Contre un jeu super-agressif, vous pourriez être face à une quinte, deux paires ou un brelan.

Les joueurs super-agressifs décident ou non d'entrer dans un coup selon deux critères. Bien sûr, ils entreront avec des cartes qui représentent une réelle valeur. Mais même si leur main n'a pas grande valeur, ils peuvent toujours entrer dans un coup si les autres paramètres liés à leur position sont favorables. Beaucoup de joueurs ont-ils déjà jeté leur jeu ? Auront-ils la position après le flop ? Les joueurs après eux sont-ils faibles ou intimidés et ont-ils plutôt de petits tapis ? Les joueurs placés après eux jouent-ils de manière conservatrice ?

Si les réponses à ces questions sont majoritairement “oui”, un joueur super-agressif peut décider de passer à l’action avec n’importe quelles cartes en main, en pensant pouvoir gagner de trois manières :

1. Personne ne le paye et il gagne les blinds immédiatement.

2. Il est payé, mais il touche son flop et gagne avec le meilleur jeu.

3. Il est payé et n’améliore pas au flop, mais il remporte de toute façon le coup en bluffant son adversaire.

Pour maîtriser cette approche, vous devez être observateur et imaginatif. C’est un style très difficile mais ses adeptes les plus fameux, comme les joueurs Gus Hansen, Daniel Negreanu et Phil Ivey, ont connu de belles réussites récemment.

Le principal avantage du style super-agressif est que vous jouez beaucoup de coups avec une posssibilité de les gagner. A une table de joueurs faibles, qu’ils soient actifs ou passifs, être simplement dans le coup est un avantage, et le style super-agressif devient probablement optimal dans ces circonstances. Les inconvénients de ce style sont l’énergie requise et les dangers encourus. Vous êtes toujours sur le fil du rasoir, à toujours devoir prendre à tout moment des décisions difficiles, sans compter que vous avez la plupart du temps des cartes médiocres. Les manœuvres délicates que requiert ce style de jeu sont fatigantes, et un joueur fatigué est plus susceptible qu’un autre de commettre une erreur à un moment donné.

9 Les origines des styles agressifs

Lorsque j'ai commencé les tournois de poker dans les années 1980, la plupart des joueurs considéraient que le style conservateur, qui avait fait ses preuves en cash-game, devait également s'appliquer en tournoi. Mais lorsque j'ai acquis une certaine expérience en tournois, j'ai eu des doutes sur cette affirmation. Beaucoup des grands joueurs de cash-game de no-limit n'avaient pas particulièrement de bons résultats en tournoi. Dans le même temps, j'ai vu des joueurs de tournoi s'en sortir très bien alors qu'ils n'étaient pas spécialement redoutés en cash-game.

Avant que je pratique le poker à plein temps, j'ai passé plusieurs années à jouer au backgammon en compétition, et durant ces années j'avais remarqué la même dichotomie. Les bons joueurs d'argent n'avaient pas les résultats qu'ils auraient pu espérer en tournois et les joueurs qui réussissaient en tournois n'étaient pas vraiment respectés aux parties d'argent. Au backgammon, certains de mes amis et moi-même en avons conclu qu'une stratégie plus agressive en tournoi était payante car les joueurs ne sont pas désireux de jouer tout un match sur un coup crucial dans lequel ils ne sont pas favoris – ils préféreront passer un double et recommencer une nouvelle partie. Mais les points auxquels ils devaient renoncer sans combattre leur coûtaient trop cher. Ils avaient les cotes nécessaires pour prendre une mauvaise position, mais ils passaient quand même. La valeur ("*equity*") à laquelle ils renonçaient ne pouvait malheureusement pas être récupérée par un jeu talentueux.

J'ai commencé à observer les joueurs qui avaient de très beaux résultats dans les années 1980. Les meilleurs joueurs de cette époque étaient Stu Ungar, Jack Keller et Bobby Turner. Je ne pouvais que constater la similarité de leurs approches du jeu. Même s'ils débutaient un tournoi dans un style conservateur, comme la plupart des joueurs, au bout d'un certain temps ils devenaient très actifs et jouaient beaucoup de coups.

Au fur et à mesure que les blinds augmentaient et que des joueurs étaient éliminés du tournoi, ils devenaient encore plus agressifs, volant des pots alors que les autres joueurs se terraient, essayant simplement de survivre pour arriver dans les places payées. Paradoxalement, c'était leur acharnement à chercher la bagarre juste avant les places payées qui leur a permis d'y parvenir si souvent. (Un fait immortalisé par la superbe citation d'Amir Vahedi : "Si vous voulez vivre, soyez prêt à mourir".)

Finalement, je compris que pour réussir en tournoi, je devais assimiler leur vision et l'inclure à mon propre style. Un jeu conservateur était excellent, peut-être même optimal, lors des premiers niveaux. Mais quelques variations d'un jeu super-agressif étaient nécessaires en fin de tournoi. Mon approche consistait à utiliser des éléments du style super-agressif d'une manière qui fonctionnait pour moi. Parmi les tous premiers joueurs super-agressifs, beaucoup poussaient leurs jetons au milieu du tapis sans tenir compte de la situation à la table. Même si cette approche se révélait rentable, j'essayais toutefois de sélectionner un peu plus prudemment mes actions. Dès lors que ma réputation de joueur solide était établie, il ne me fut pas difficile de manœuvrer au nez et à la barbe de tous.

10

L'ART DE LA DÉFENSE

Si vous connaissez le style habituel d'un adversaire, quelle est votre défense ?

Contre un joueur au style conservateur, il y a étonnamment peu de choses que vous *puissiez* faire. Ces joueurs jouent principalement des bonnes cartes. S'ils misent alors que vous n'avez pas grand-chose en main, vous ne devez tout simplement pas vous mettre en travers de leur route. Quand ils attaquent, vous devez avoir une vraie main pour les affronter. Bien sûr, ce conseil illustre le pouvoir du style conservateur qui reste le style optimal d'un point de vue théorique, aussi longtemps que les blinds sont faibles par rapport aux tapis. Même les joueurs les plus conservateurs bluffent de temps en temps et leurs bluffs réussiront d'autant mieux que leur image de joueur conservateur aura été bien établie.

Contre un joueur super-agressif, il y a un certain nombre de choses que vous pouvez et *devez* faire. Les deux principales stratégies défensives sont le "Marteau" et le "Rope-a-Dope" (NdT : Allusion à un combat de boxe entre Ali et Foreman).

Le Marteau

Quand vous voyez un joueur super-agressif relancer sur un coup où vous avez une main relativement valable, ne suivez pas simplement, mais relancez. Cela demande du courage certes, mais si vous avez correctement analysé votre adversaire, vous gagnerez très souvent le pot tout de suite. Souvenez-vous de cela, paradoxalement *les joueurs super-agressifs ne recherchent pas les confrontations coûteuses.* Ils veulent simplement continuer de voler les blinds et les pots, en investissant aussi peu que possible de leurs jetons dans l'affaire. De temps en temps, bien sûr, ils ont réellement du jeu et vous aurez de gros problèmes. Mais vous n'avez pas vraiment le choix, si vous et les autres joueurs ne vous révoltez pas, le joueur super-agressif raflera finalement tous les jetons de la table. (Quand vous voyez de célèbres joueurs super-agressifs à une table de finale à la télévision, remarquez le nombre de fois où ils ont le plus gros ou le deuxième plus gros tapis de la table. C'est parce que les joueurs faibles se sont soumis tout au long du tournoi.)

Exemple n°1
Vous êtes en quatrième position avec

Le premier joueur à parler passe. Un joueur super-agressif, deuxième de parole, ouvre en relançant trois fois la grosse blind. Le joueur en troisième position passe. ***Que faites-vous ?***

Réponse : Vous le sur-relancez fortement, disons du pot ou même davantage. Un joueur conservateur a besoin d'une vraie main pour ouvrir en deuxième position, et contre un tel joueur vous pouvez jeter votre K♣Q♥. Mais contre un joueur qui est capable d'ouvrir avec n'importe quelle "poubelle" en main, Roi-Dame est une bonne main. Jouez-là donc de manière agressive.

Le Rope-a-Dope

Avec un gros jeu, vous pouvez vous contenter de suivre un joueur super-agressif plutôt que de faire une relance qu'il serait normal de faire contre un autre. En lui indiquant que vous avez une main quelconque ou un tirage, vous l'encouragez à continuer d'essayer de vous chasser du coup. Dans cette stratégie, vous faites une seule relance, à la fin du coup.

Exemple n°2

Vous vous retrouvez avec A♦K♠ en fin de milieu de parole et vous faites une modeste relance. Un joueur super-agressif assis au bouton vous sur-relance. Vous payez simplement. Le flop est K♥8♣3♠. ***Que faites-vous ?***

Réponse : Checkez, et lorsqu'il mise, payez-le. Faites la même chose à la turn. A la river, soit vous checkez, soit vous misez un montant équivalent à la moitié du pot et attendez de voir si vous êtes payé. Souvenez-vous que *contre un joueur super-agressif, toutes vos mains sont plus fortes qu'elles ne le paraissent* parce qu'il joue avec des mains plus faibles que la plupart des autres joueurs.

11

Montrer ses cartes

Savoir choisir les mains que l'on décide de montrer ou de ne pas montrer est un talent indispensable pour les joueurs, quel que soit leur style. Le conseil le plus répandu et le plus sensé est le suivant : ne jamais montrer sa main à moins d'avoir une bonne raison de le faire. Plus vous montrez vos mains, plus vous levez le voile sur votre style face à un adversaire observateur et sagace. Personnellement, c'est une règle que je ne transgresse jamais.

Mais si vous jouez un style différent, il se peut que dans certaines occasions il y ait des avantages tactiques à montrer volontairement une main. Il m'est arrivé d'observer l'un des plus talentueux joueurs super-agressifs qu'il m'ait été donné de connaître, alors qu'il jouait dans les premiers niveaux d'un tournoi important de hold'em no-limit. Bien que je n'aie pas pu voir ses cartes, je remarquai néanmoins que, durant les premières heures, il entrait dans un tiers des coups. Il était le seul joueur de renom à sa table et les autres joueurs lui vouaient beaucoup de respect. Il arrachait beaucoup de petits coups en relançant à des moments stratégiques, soit avant le flop, soit après. Tout le temps où je l'ai observé, il n'a jamais eu à montrer une de ses mains. Cependant, il lui arrivait de montrer ses cartes quand il relançait et que son adversaire passait, un As-Roi par ici, un As-Dame par là, et quelques paires au milieu de tout ça. Ce qu'il était en train de faire n'était ni plus ni moins que de contrôler la table en montrant les mains avec lesquelles il ne bluffait pas, comme pour dire "Voyez vous-même, je joue beaucoup de coups mais j'ai vraiment du jeu." Bien entendu, il ne montrait pas la majorité de ses mains, dont certaines étaient sans aucun doute les pires poubelles. Mais comme les gens ne se souviennent que de ce qu'ils voient et non de ce qu'ils ne voient pas, il laissait l'impression d'un joueur qu'il ne fallait pas affronter à moins d'avoir de très bonnes cartes en mains.

Dès lors que le style super-agressif se base sur le vol de pots, il est très important pour ceux qui pratiquent ce style de garder leur fréquence de bluff secrète. Une tactique qui marche bien dans ce but consiste à faire une mise à la fin d'un coup *uniquement pour ne pas avoir à montrer sa main.* C'est une action inhabituelle, mais quand elle réussit, vous gagnez le pot et vous empêchez vos adversaires de voir avec quoi vous avez joué.

12

La gestion du tournoi

Quel que soit votre style, vous devez élaborer une stratégie pour le tournoi. Regardons de plus près celle du style conservateur et celle du style super-agressif, et voyons ensemble en quoi elles diffèrent.

La stratégie conservatrice. Le plan conservateur est très simple. Jouez serré, remportez régulièrement de faibles pots et essayez de conserver, voire d'augmenter légèrement votre tapis au fur et à mesure que les blinds et les antes augmentent. Ne mettez pas en danger l'intégralité de votre tapis dans une situation à pile ou face. Continuez simplement d'accumuler des jetons et attendez l'opportunité de doubler votre tapis grâce à un très bon jeu. Doubler une ou deux fois votre tapis par jour vous permettra de rester à flot.

La stratégie super-agressive. Le style super-agressif nécessite un imposant tapis pour fonctionner convenablement. Votre premier objectif est donc d'acquérir ce gros tapis. Vous allez devoir être très actif dès le début du tournoi. Si la table est passive, construisez votre tapis en volant des pots. Si la table est active ou si les joueurs se défendent, battez légèrement en retraite et n'entrez dans des coups qu'à moindre frais, en espérant floper un jeu qui doublera votre tapis. Une fois votre gros tapis acquis, vous deviendrez alors très dangereux, car vous serez capable d'imposer votre personnalité à la table en prenant relativement peu de risques.

Varier son style

Peu importe le style que vous aimez, vous ne devez pas vous limiter à lui. Vos adversaires vous observent continuellement pour essayer de comprendre ce que vous êtes en train de faire. Une fois qu'ils vous ont cerné, vous pourriez tout aussi bien jouer en montrant vos cartes. Dès lors qu'ils connaissent la signification de vos actions, vous ne gagnez plus que de petits coups et en perdez de gros.

Cependant, lorsque vous commencez à varier votre style, vous découvrez l'un des paradoxes du poker les plus amusants : *Vous gagnez le plus facilement de l'argent lorsque vous jouez dans un style opposé à votre style habituel.* Le joueur conservateur rencontrera alors beaucoup de succès en volant des pots et en bluffant parce que les autres joueurs lui accorderont le crédit d'avoir réellement de belles mains. Le joueur super-agressif découvrira que ses plus belles mains seront payées, parce que personne ne saura qu'il a cessé de jouer avec des poubelles.

Quand devez-vous changer de style ? Il n'y a pas de réponse précise. Cela dépend uniquement de la rapidité avec laquelle les joueurs réagissent à votre style habituel. Si vous jouez avec des mains solides et si les joueurs continuent de vous payer, il n'est pas nécessaire de changer de style. De même lorsque vous volez des coups et que personne ne vous en empêche. Continuez de jouer votre style habituel jusqu'à ce que vous sentiez que certains joueurs vous ont cerné. A ce moment-là, changez. Attendez pour revenir à votre style habituel d'avoir pu montrer plusieurs mains révélatrices de votre changement de style. Sur la durée d'un long tournoi, préparez-vous à changer et à changer encore.

Poursuivre une stratégie équilibrée

Peu importe le style que vous déciderez d'adopter comme étant le vôtre, vous devrez apprendre à observer ce que j'appelle une stratégie équilibrée. En deux mots, cela signifie que vous devrez varier les fois où vous relancez et celles où vous payez, ainsi que la valeur de vos mises, afin d'éviter que vos adversaires puissent découvrir une signification quelconque à vos actions. Vous devez agir ainsi, même si vous pensez qu'une certaine mise est clairement correcte. L'argent sacrifié dans une mise visiblement incorrecte est récupéré plus tard, lorsque vos adversaires se trompent en essayant de deviner ce que vous faites réellement.

Voici un exemple simple. Supposez que vous pensiez qu'avec deux As en main en étant premier ou deuxième de parole, le jeu "correct" soit d'ouvrir avec une relance de trois fois la grosse blind – une idée très sensée, soit dit en passant. Si vous jouez toujours de cette manière lorsque vous avez deux As, vos adversaires ne penseront pas qu'une relance de votre part signifie que vous avez deux As en main (parce que vous relancez probablement avec d'autres mains également), mais par déduction ils sauront que lorsque vous ne relancez pas, *vous n'avez pas deux As.* C'est une information dangereuse à donner, c'est pourquoi vous devez mettre en œuvre certaines parades.

La parade la plus simple consiste à varier votre jeu, et cela au hasard, en donnant une proportion plus grande au jeu qui vous semble correct, mais en variant assez fréquemment avec d'autres actions de telle sorte que les joueurs ne vous lisent pas facilement. Dans la cinquième partie, lorsque nous discuterons des mises avant le flop, j'évoquerai une alternance entre 80% du temps où vous relancez et 20% du temps où vous suivez. J'évoquerai également avec vous la manière de varier la valeur de vos mises, en relançant la majorité du temps de trois ou quatre fois le montant de la grosse blind, mais en relançant occasionnellement de seulement deux fois la grosse blind et parfois jusqu'à cinq fois ce montant.

Comment appliquer une stratégie équilibrée ? Vous vous souviendrez difficilement de ce que vous avez fait les quatre ou cinq dernières fois où vous vous êtes retrouvé dans une situation donnée, mais heureusement vous n'avez pas à le faire. Utilisez juste le générateur aléatoire de mises que vous avez à portée de main tout au long de la journée. Vous ne saviez pas que vous en possédiez un ? Il s'agit simplement de l'aiguille des secondes de votre montre. Si vous savez que vous voulez relancer dans 80% des cas avec une forte paire en étant premier de parole et payez le reste du temps, jetez juste un coup d'œil à votre montre et notez la position de l'aiguille des secondes. Dès lors que 80% de 60 est 48, si l'aiguille des secondes est entre 0 et 48 secondes, relancez ; si elle est entre 48 et 60, suivez. Avantage de cette méthode : même si quelqu'un sait exactement ce que vous faites, il ne peut toujours pas vous lire !

13 RAPIDE APERCU DES DIFFÉRENTS TYPES DE TOURNOIS

Il existe des tournois de hold'em no-limit de toutes sortes. Des tournois "live" (par oppostion aux tournois en ligne, NdE) peuvent demander des droits d'inscription substantiels et attirer des centaines de participants. Les tournois en ligne ont typiquement des montants d'inscription beaucoup moins élevés mais peuvent attirer des milliers de joueurs.

Lors des tournois live sont proposés ce que l'on appelle des "satellites" où dix joueurs s'affrontent pour gagner une inscription à un tournoi plus important. Il existe aussi des satellites en ligne, ainsi que des tournois "sit&go" : dix joueurs payent une faible inscription et jouent jusqu'à ce qu'il n'y ait qu'un seul joueur, les trois premières places étant payées.

Bien qu'il s'agisse toujours de tournois de hold'em no-limit, les spécificités de chacun peuvent exiger des changement radicaux de stratégie, quel que soit votre style de jeu habituel. Penchons-nous sur les différents types de tournois et voyons de quelle manière vous devez ajuster votre jeu pour vous adapter aux circonstances.

Les tournois "live" majeurs

Les tournois majeurs ont lieu dans le monde entier, généralement dans des casinos. Les montants d'inscription peuvent varier de $2.000 à $10.000. Certains, comme le HORSE des World Series of Poker, atteignent $50.000, ce qui est énorme même pour un tournoi de poker de niveau mondial. Traditionnellement, ces tournois attirent des participants de très haut niveau avec un petit nombre d'amateurs talentueux et fortunés. Depuis quelques années, les sites de poker organisent un grand nombre de tournois qualificatifs. Il vous est donc possible de participer à ces tournois majeurs grâce à un modeste investissement et beaucoup de chance. Le profil des participants à ces grands tournois a changé du tout au tout et cette nouvelle donne altère quelque peu la stratégie. Voici les principales caractéristiques des tournois majeurs et leur impact sur votre jeu.

1. Le montant de l'inscription. Lorsque ce montant est élevé, les joueurs ont le sentiment d'avoir vraiment investi dans le tournoi, investissement qu'ils entendent protéger. La plupart des joueurs tendent donc à adopter un jeu conservateur. La meilleure stratégie est de vous différencier en adoptant un jeu agressif et en saisissant les occasions de voler des coups. Quand les joueurs jouent serré, un jeu agressif devient encore plus efficace. Une démonstration de force manifeste sera respectée jusqu'à preuve du contraire. Des relances et des check-raises gagneront donc beaucoup de pots.

2. La durée des niveaux. Dans le jargon du poker, un "niveau" est la durée pendant laquelle les blinds n'augmentent pas. Dans les tournois live, la durée d'un niveau peut être d'une heure ou d'une heure et demie. Pour certains tournois, comme les World Series of Poker, elle est de deux heures. En tenant compte du temps occupé par la donne des cartes, un niveau correspond à environ 40-50 coups. De longs niveaux favorisent les bons joueurs, ils ont plus de temps pour exprimer leurs talents et l'urgence d'accumuler rapidement des jetons est moindre. Les longs niveaux des tournois majeurs rendent le jeu conservateur plus optimal lors des premiers niveaux.

3. Le nombre de joueurs dans chaque coup. Dans les tournois majeurs, il n'y aura souvent que deux ou trois joueurs dans la majorité des coups. Et parfois les joueurs passeront tous jusqu'à la grosse blind. Dans ces circonstances, les combinaisons de cartes fortes deviennent plus puissantes alors que les mains à tirage le sont moins, car le pot offrira rarement la cote nécessaire pour pouvoir suivre avec un tirage.

4. L'expérience. Avec de longs niveaux, les joueurs ont le temps d'observer leurs adversaires à la table et de tirer profit de ces observations. Plus un joueur est bon et expérimenté, plus il fera bon usage de ces informations. Des joueurs moins expérimentés doivent jouer de manière plus agressive qu'ils ne le font habituellement afin d'accumuler des jetons avant que les joueurs expérimentés à la table aient récolté trop d'informations sur eux.

5. Les coups de bluff. Le bluff est beaucoup moins présent dans ces parties que vous ne pourriez le penser, excepté de la part du joueur super-agressif. Les débutants sont nerveux et craignent que les joueurs expérimentés parviennent facilement à lire leurs bluffs. Ils cherchent en conséquence à jouer des mains très solides. Vous pouvez généralement considérer que les joueurs ont les mains qu'ils prétendent avoir dans les premiers niveaux du tournoi. Il y a bien sûr un corollaire à cela : un joueur qui a la volonté de bluffer au début du tournoi réussit facilement à remporter quelques pots. Dans le même temps, les stars super-agressives bluffent furieusement, tirant avantage à la fois de leur réputation et de la réticence des nouveaux venus à jouer avec des mains marginales.

6. Les pièges. La progression relativement lente du tournoi vous laisse tout le temps nécessaire pour observer vos adversaires et leur tendre des pièges complexes dont le succès dépend de l'action à la table lors des coups précédents. Un tournoi au rythme plus rapide ne permet pas forcément cela parce que les joueurs sont éliminés trop rapidement et que les tables cassent, les joueurs se retrouvant alors dispersés sur d'autres tables.

Les tournois en ligne à faible enjeu

Les principaux sites de poker organisent ce genre de tournois quotidiennement. Les sites les plus importants peuvent en proposer des douzaines par jour. Le montant de l'inscription allant de $1 à $30. (Les tournois aux montants d'inscriptions plus importants appartiennent à une autre catégorie car ils commencent à attirer les professionnels). Le nombre de joueurs peut atteindre plusieurs milliers. Votre inscription vous permet d'avoir entre $1.000 et $1.500 en jetons de tournois et les blinds commencent aux environs de $5/$10 ou $10/$20. Mais les blinds augmentent vite et les niveaux sont très courts : environ 5, 10, voir 12 minutes au maximum, et ne permettent que 8 à 12 coups par niveau.

La part de chance est évidemment plus importante dans ces tournois que lors des tournois live dont les niveaux sont plus longs. La combinaison d'un grand nombre de joueurs inexpérimentés et d'une structure de blinds qui augmentent rapidement vous oblige à jouer vite et avec agressivité afin de garder simplement une certaine avance par rapport aux blinds. Il reste néanmoins une place pour la stratégie permettant à un joueur talentueux de se démarquer. Voici quelques conseils :

1. N'espérez pas utiliser beaucoup votre pouvoir d'observation. Les joueurs vont constamment faire tapis et être éliminés, les tables ne resteront pas les mêmes assez longtemps pour vous permettre d'acquérir de solides informations sur les autres joueurs.

2. N'envisagez pas de bluffer. Les joueurs sont hyper-agressifs, ils veulent doubler leur tapis rapidement et ils n'ont pas besoin d'avoir grand-chose en main pour suivre. Vous verrez bon nombre de coups à tapis où une paire de Quatre bat A-6 dépareillés. On répondra donc probablement à votre astucieux bluff par une forte sur-relance suivie elle-même d'une relance à tapis ! Ne vous inquiétez pas. Veillez juste à avoir du jeu quand vous misez gros. (Il est intéressant de noter que bien que les bluffs réussissent mal dans ces parties, vous verrez beaucoup de tentatives de bluff.)

3. Les habitudes de mises sont très différentes de celles des tournois live. Il y a très peu de value bets, au moins lors des premiers niveaux. Sous-jouer, tendre des pièges et faire tapis est la norme. Un value bet cher est presque toujours suivi, si ce n'est sur-relancé.

4. Il y a beaucoup de joueurs dans chaque coup. Avant le flop, il arrive qu'il reste encore entre cinq et sept joueurs dans le coup. Une grosse relance ne permet pas de décourager beaucoup de joueurs, rend simplement le pot plus attractif.

5. La meilleure stratégie. Avec autant de joueurs agressifs, une stratégie conservatrice serait censée rapporter de gros dividendes car les mains fortes seraient payées sans problème. Ce serait sûrement vrai si les blinds augmentaient moins rapidement et si les niveaux étaient plus longs. Mais avec des niveaux courts et des blinds qui augmentent vite, une approche strictement conservatrice n'apportera pas de résultats assez rapides pour vous permettre de protéger votre tapis de l'augmentation des blinds. Même si vous êtes plutôt conservateur, vous devez moduler votre jeu de deux manières :

> *A.* Lorsque vous êtes en fin de parole, essayez de voir des flops à moindre frais avec des connecteurs assortis ou encore une petite paire, dans l'espoir de toucher un jeu monstre au flop, ce qui vous permettrait de doubler. Le grand nombre de joueurs dans chaque pot fait que votre cote implicite est énorme quand vous touchez un brelan, une quinte ou une couleur.

> *B.* Relancez vos bonnes mains au maximum (paires max, brelans), avec toujours l'espoir de doubler. Vous serez beaucoup plus souvent payé que dans un tournoi live lorsque vous misez votre tapis. Souvenez-vous que même vos petites paires max au flop, comme une paire de Neuf ou de Huit, augmentent en valeur alors que deux grosses cartes en main (excepté les grosses paires) diminuent en valeur.

Les tournois en ligne multi-tables à enjeu élevé

En plus des petits tournois en ligne multi-tables, il existe des tournois aux inscriptions relativement chères, de $100 ou plus. Ces tournois réunissent en général moins de participants et le niveau du jeu est bien supérieur. Beaucoup de joueurs professionnels de Vegas s'occupent entre deux tournois live en jouant un ou deux de ces tournois chaque jour.

Des tournois aux montants d'inscription moins élevés relèvent aussi de cette catégorie, mais avec recaves et add-ons. Les conditions exactes varient d'un tournoi à un autre, mais un tournoi avec *recaves* vous permet en général de payer une inscription supplémentaire afin de recevoir une cave de départ en plus. Selon le tournoi, vous pouvez vous recaver soit si vous avez perdu tous vos jetons soit si vous avez devant vous moins que la cave de départ. Les recaves sont autorisées jusqu'à une certaine heure, limite de la *période des rebuys*.

Un *add-on* est un achat supplémentaire proposé à la fin de la période des recaves à tous les joueurs, sans condition de tapis. Dans certains tournois, un *bonus add-on* vous permet de payer une autre inscription et d'acheter encore plus de jetons. Si vous êtes un joueur au-dessus de la moyenne et que le montant de votre tapis n'est pas très élevé, il est en général profitable pour vous de prendre des recaves et des add-ons, mais cela a pour conséquence d'augmenter de trois à six fois le montant réel de l'inscription par rapport à son montant initial.

Ces tournois sont similaires à bien des égards aux tournois multitables live. Les niveaux sont longs comparés à la plupart des tournois en ligne, peut-être 15 minutes ou plus. Combiné à la rapidité de l'action, cela signifie que vous jouez beaucoup plus de coups par niveau que dans les tournois moins chers, même si vous en jouez toujours moins que dans les tournois live. Moins de coups par niveau signifie que vous êtes moins contraint d'accumuler les jetons. Votre jeu doit donc être plus agressif et vous devez rentabiliser davantage vos bonnes mains. Mais le jeu s'apparente plus à celui d'un tournoi sérieux. Les joueurs misent les bonnes mains et jettent les mauvaises. Sous-jouer et relancer à tapis sont l'exception plutôt que la règle.

Les tournois en ligne sit&go à une table

Un autre format populaire sur la majorité des sites : les tournois sit&go. Ils sont proposés 24h/24h et la plupart d'entre eux débutent dès qu'il y a dix joueurs d'inscrits. Le montant de l'inscription varie entre $1 et $100, ce qui vous permet en général de débuter avec $1.000 en jetons de tournoi. Vous commencez avec des blinds très faibles mais qui augmentent rapidement, environ tous les dix coups. Les trois premières places sont payées.

La stratégie propre à ces tournois est un peu différente de celle des autres tournois en ligne. Dans les premiers niveaux, les blinds sont très faibles comparés aux tapis, un jeu conservateur est donc recommandé. Dans le même temps, vous pouvez observer les autres joueurs à la table et voir avec quelles cartes ils jouent. Certains des joueurs sont des "serrures" alors que d'autres jouent avec n'importe quels connecteurs ou cartes de la même couleur. Au cours des deux ou trois premiers niveaux, la plupart des pots sont férocement disputés. Soyez donc certain d'avoir une vraie main quand vous entrez dans un coup.

Lorsque vous atteignez le quatrième ou le cinquième niveau de jeu, la situation est la suivante :

1. Deux, trois ou quatre joueurs ont été éliminés.

2. Les blinds atteignent un montant correspondant à 10 ou 20% de votre cave de départ.

3. Les joueurs qui ont encore des tapis substantiels ne veulent pas gâcher leurs chances de finir dans les places payées.

C'est le moment idéal pour voler des coups. La plupart des pots ne sont pas disputés à ce niveau. Vous devez donc miser si les joueurs checkent avant vous. Misez le minimum dès que vous recevez deux cartes jouables. Sauf très bon jeu, passez les quelques fois où vous êtes relancé (ce qui indiquera une main adverse forte, et non un bluff). Vous gagnerez beaucoup plus de coups que vous n'en perdrez.

Lorsqu'il ne reste que trois ou quatre joueurs, les blinds sont si élevés que le jeu se résume à une partie de dés. Si vous avez accumulé assez de jetons lors des niveaux précédents, votre gros tapis fera de vous le favori. Dans le cas contraire, prenez l'initiative, soyez le premier à relancer et ne désespérez pas.

Les satellites à une table "live"

Les tournois satellites ont lieu conjointement à la plupart des tournois majeurs. Un casino organisant un tournoi à $10.000 proposera des satellites à $1.000, le gagnant remportant son inscription pour le tournoi principal. Il y a également des satellites pour les satellites. Pour $100, vous pouvez gagner une place pour le satellite à $1.000, et ainsi de suite.

Ces tournois ressemblent beaucoup aux tournois à une table en ligne dont nous avons parlé précédemment, à deux exceptions près :

1. Il s'agit d'un tournoi live, aussi votre pouvoir d'observation peut être exploité.

2. Un seul gagnant est payé, alors finir deuxième ou troisième ne sert à rien.

Les conseils de stratégie pour les tournois en ligne d'une table s'appliquent également dans ce cas. De plus, sachez que conclure des arrangements (*deals* en anglais) est monnaie courante une fois qu'il ne reste plus que deux ou trois joueurs en lice.

Exemple : s'il ne reste que deux joueurs ayant chacun $5.000, un joueur dit à l'autre : "Partageons, je prends le ticket d'inscription et je vous donne $5.000." C'est une proposition équitable. Chaque joueur reçoit $5.000 en récompense de ses efforts. Si un des joueurs est clairement meilleur que l'autre, l'accord peut être quelque peu différent. Le meilleur joueur peut proposer de prendre le ticket d'inscription et de payer seulement $4.600 en retour, par exemple. Dans ce cas l'arrangement peut être plus ou moins équitable selon la perception qu'ont les joueurs de leur rapport de force.

Une autre manière de s'entendre peut être, pour le joueur qui remporte l'argent, d'avoir également un pourcentage sur les gains éventuels de l'autre joueur. Les joueurs sont créatifs et les arrangements peuvent être très ingénieux. Si on vous en propose un qui ne vous convient pas ou que vous ne comprenez pas, refusez simplement. (Les deals seront discutés de manière plus approfondie dans le Tome II.)

PROBLÈMES

Chaque partie de ce livre – à l'exception de la première – se termine par une série de problèmes illustrant certaines des idées traitées. Chaque problème vous place à une table et vous fait suivre l'action du début à la fin d'un coup. Il vous est demandé ce que vous auriez fait à la place du joueur à chaque fois qu'une décision doit être prise, jusqu'à ce que le joueur dans votre position ne soit plus dans le coup. Dès lors que ces coups ont réellement eu lieu, le joueur dans votre position a pris dans certains cas une décision qui n'était pas forcément la meilleure, ou en tout cas pas celle que vous auriez prise. Considérez ces coups sérieusement et essayez de trouver la décision que vous auriez prise à une vraie table. Vous tirerez le meilleur de chaque coup en vous impliquant réellement dans le processus de prise de décision.

Dans les problèmes 2-1 et 2-2, vous êtes assis à la place d'un joueur qui tente de jouer de manière agressive avec des mains faibles. Auriez-vous décidé de jeter vos cartes ou essayé d'en faire quelque chose ?

Le problème 2-3 illustre la manière dont vous devez adapter votre sélection des mains face à un joueur que vous savez super-agressif.

Le problème 2-4 montre la manière de jouer contre un joueur super-agressif quand vous devez prendre une décision standard après le flop.

Les problèmes 2-5 à 2-7 exposent certains pièges et difficultés qui peuvent advenir lorsque l'on joue contre un joueur super-agressif.

Le problème 2-8 illustre l'efficacité du "Marteau" contre un joueur super-agressif.

Coup 2-1

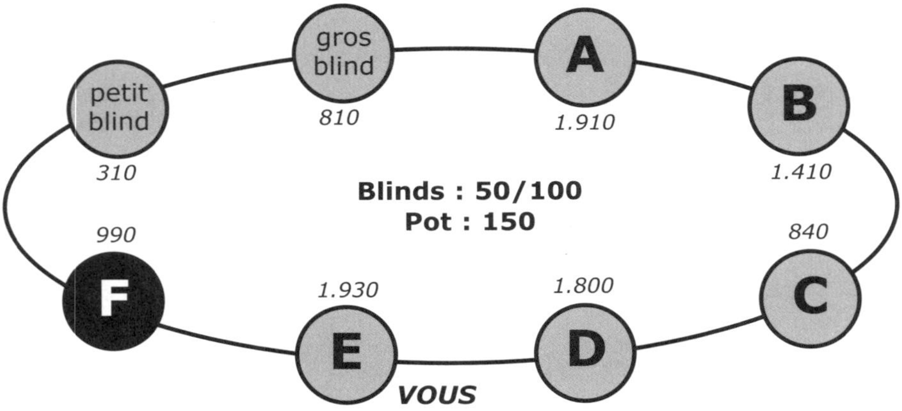

Votre main	Enchères avant vous
	Les joueurs A et B passent. Le joueur C paye $100. Le joueur D passe. Il y a maintenant $250 dans le pot.

La situation : Un tournoi à une table en ligne. Vous êtes le chip leader alors qu'il reste encore huit joueurs. Les joueurs sont plutôt agressifs et la plupart des coups sont âprement disputés.

Question : *Quel est votre jeu ?*

Réponse : Il est possible de suivre avec des connecteurs assortis, s'il s'agit d'une manière de varier la sélection de vos mains afin de déstabiliser vos adversaires. Votre principal objectif avec ce type de mains est de voir le flop à moindre frais. Vous avez l'espoir de flopper un jeu monstre et d'éliminer ainsi un ou deux joueurs. Si le flop ne vous est pas favorable, vous jetez simplement votre main (ce qui, soit dit en passant, sera le cas la plupart du temps).

Dans cet exemple, vous devez cependant passer. Tout d'abord, vos deux cartes sont de la même couleur mais ne se suivent pas. Vos chances sont beaucoup moins grandes de toucher une quinte avec Huit-Six en main qu'avec Huit-Sept ou Sept-Six. De plus, ce sont de petites cartes et non des grosses. Si vous jouez Valet-Dix assortis et si les cartes du flop sont inférieures aux vôtres, cela vous donne une chance supplémentaire de l'emporter.

Mais il y a également un autre problème avec cette main. Les trois joueurs qui doivent encore parler ont respectivement $990, $310 et $810, alors que le joueur déjà dans le coup a $840. Avec les blinds à $50-$100, tous ces joueurs doivent rapidement passer à l'action. Ce n'est pas ce que vous souhaitez quand vous avez des connecteurs assortis en main. Si l'un d'eux décidait qu'il était temps de miser tous ses jetons avec une main marginale, vous devriez jeter la vôtre.

Admettons cependant que le joueur dans votre position décide de jouer.

L'action : Vous payez $100. Le bouton relance à $200. Les blinds passent. Le joueur C paye les $100 supplémentaires. Le pot est maintenant de $650 et cela vous coûte $100 pour suivre. *Que faites-vous ?*

Réponse : Le pot vous offre une cote de 6,5 contre 1, avec des possibilités de quinte et de couleur. Vous décidez évidemment de suivre. Veuillez noter ce qui se produit ici, parce que c'est très important. Vous avez commencé par jouer votre main d'une manière stupide et spéculative, mais en une seconde, le coup est devenu pour vous très intéressant. Vous ne verrez pas ce genre d'action à la bourse très souvent, mais au poker cela arrive tout le temps. Non seulement vous ne devez pas tomber amoureux d'une main, mais vous ne devez surtout pas tomber amoureux de *l'évaluation* que vous avez pu faire d'une main. Les circonstances changent tout le temps et vous devez être prêt à changer également.

L'action : Vous payez les $100 supplémentaires. Le pot est maintenant de $750.

Le flop : 9♠3♣2♣.

L'action : Le joueur C checke. *Que faites-vous ?*

Réponse : C'est un très bon flop pour vous. Deux trèfles et une seule carte supérieure à celles de votre main 8♣6♣. Vous devez agir dès maintenant pour gagner le coup, mais dans la mesure du possible, ne relancez pas d'un montant trop important. Les joueurs C et F ont respectivement $640 et $790 devant eux. Une mise de $100 serait insuffisante mais miser $200 ou $300 devrait vous permettre de chasser les mains à tirage qui commettraient une erreur en suivant à cause de la petite cote du pot que vous leur imposez.

L'action : Vous misez $200. Le joueur F paye. Le pot est maintenant de $1.150.

La turn : 7♣

Question : *Que faites-vous ?*

Réponse : Maintenant, la seule main qui peut vous battre est une couleur supérieure à la vôtre, ce qui est un risque quand vous avez l'habitude de suivre avec de petits connecteurs assortis. Cependant, lors d'un tournoi en ligne, avec des blinds augmentant tous les dix coups environ, vous avez si peu de temps pour gagner des jetons que vous devez tout simplement oublier cette possibilité et jouer vos bonnes mains jusqu'au bout.

Vous devez admettre que vous avez un très bon jeu et tout faire pour gagner les $590 qu'il reste au joueur F. Je miserais entre $200 et $250 dans ce cas, en espérant que la cote du pot le poussera à suivre, et miserais le reste à la cinquième. (Ce jeu ne s'applique pas si vous pensez que votre adversaire vous payerait uniquement avec un brelan ou un plus gros trèfle. Dans ce cas, il vous faudrait miser davantage pour lui offrir une moins bonne cote.)

L'action : Vous décidez de miser votre tapis et le joueur F vous paye. Il abat Q♣T♣ et remporte le pot avec une couleur supérieure à la vôtre.

Coup 2-2

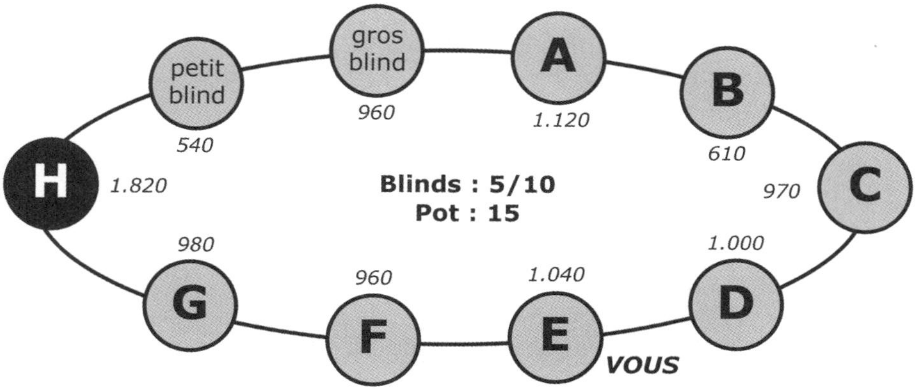

Votre main

Enchères avant vous

Les joueurs A, B, C et D passent tous.

La situation : Au tout début d'un satellite à une table.

Question : *Devriez-vous tenter de voler le pot ? Si oui, quel devrait être alors le montant de votre relance ?*

Réponse : Vous ne devriez pas tenter ici de voler le pot, même si vous essayez juste de jouer consciencieusement un jeu agressif ou super-agressif. Il est vrai que quatre joueurs ont passé avant vous, ce qui est bon signe, et vous êtes encore six joueurs dans le coup. Le problème est que vous n'êtes qu'au début d'un tournoi, il n'y a pas beaucoup à gagner dans le pot et encore cinq joueurs doivent parler après vous. A cela s'ajoute un faible rapport risque / rentabilité. Si vous faites une faible relance (disons trois ou quatre fois la grosse blind), vous pourriez être payé par plusieurs joueurs parce que le montant ne serait pas assez élevé pour chasser qui que ce soit. Si vous misez plus gros, vous chasserez tous les joueurs qui n'ont pas une bonne main mais vous aurez misé beaucoup trop d'argent pour remporter le faible pot et les fortes mains pourront toujours vous suivre.

Quand les blinds sont très petites par rapport à votre tapis et à ceux de vos adversaires, votre stratégie par défaut doit être un jeu conservateur, sauf certaines circonstances inhabituelles. Vous avez Huit-Six dépareillés, il n'y a donc rien d'inhabituel. Jetez simplement votre jeu.

L'action : Vous misez $30, avec pour objectif de voler le pot. Le joueur F passe. Le joueur G paye. Le joueur H paye. La petite blind ajoute $25 pour suivre. La grosse blind passe. Le pot est maintenant de $130.

Catastrophe. Trois joueurs vous ont payé. Vous serez le deuxième à parler sur les quatre joueurs encore dans le coup, et selon toute vraisemblance vous avez le quatrième jeu pour l'instant.

Le flop : 9♥8♠7♠

L'action : La petite blind checke.

Question : *Que faites-vous ?*

Réponse : Pas si mauvais que cela. Vous avez la deuxième paire du flop et le tirage à quinte par le bas (le tirage à quinte par le bas est qualifié d'imbécile car seul un imbécile aurait joué avec la main lui donnant ce tirage.)

Vous devriez miser. Vous avez maintenant du jeu et la texture du flop est bonne. Les joueurs ayant payé avec des figures n'auront pas amélioré au flop. Je miserais environ la moitié du pot, disons $70.

L'action : Vous checkez, le joueur G mise $10, le joueur H relance à $80. La petite blind passe.

Question : *Et maintenant ?*

Réponse : Passez. Le bouton dit qu'il a du jeu et ce doit être également le cas du joueur G. Bien que vous ayez quelque chose, vous êtes en sandwich entre deux joueurs, l'un d'eux peut tout à fait avoir déjà touché son jeu. C'est le moment d'arrêter les frais.

L'action : Vous passez. En fait, vous étiez contre une paire de Neufs et une paire de Dix, un troisième Dix est venu à la quatrième. Le joueur H a remporté le coup avec son brelan de Dix, bien sûr vous auriez touché votre quinte si vous étiez resté dans le coup, mais...

En ne misant pas après le flop, le joueur dans votre position fait deux erreurs sur ce coup. Un jeu stupidement agressif avant le flop suivi d'un jeu craintif après le flop. Vous aurez souvent l'occasion de voir ce type d'action en ligne – un joueur fait une relance avant le flop en espérant ainsi voler le pot sans rencontrer de résistance, puis s'enfuit dès qu'un autre joueur semble vouloir l'affronter. C'est le plus sûr moyen de perdre beaucoup de jetons.

Coup 2-3

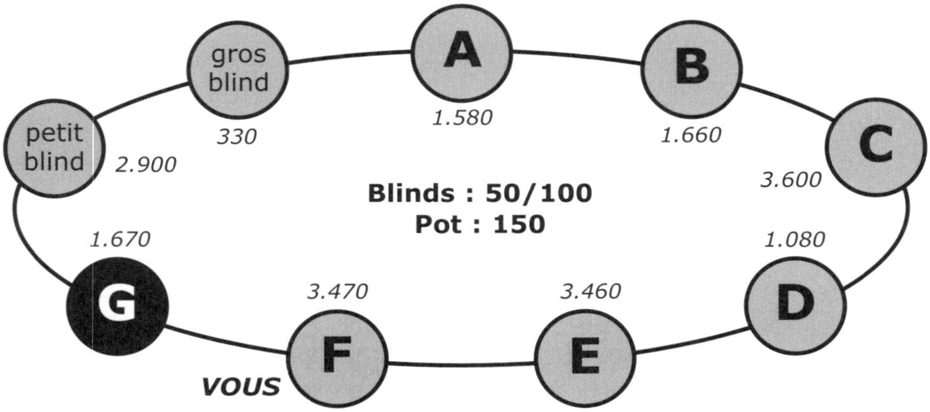

Votre main	Enchères avant vous
	Les joueurs A, B, C et D passent. Le joueur E relance à $300. Le pot est maintenant de $450.

La situation : Un tournoi majeur, après plusieurs heures de jeu. Le joueur E est un joueur agressif qui entre dans beaucoup de coups. Il a montré plusieurs mains pour le moins marginales, mais a touché ses flops. Le joueur G joue très serré. La petite et la grosse blinds semblent être des joueurs solides.

Question : *Que faites-vous ?*

Réponse : Si l'on se réfère au Gap Concept de Sklansky, vous avez besoin d'une main plus forte pour payer une relance que celle avec laquelle vous auriez relancé en premier. Vous devriez certainement ouvrir le pot avec une relance, en dernière position avec As-Valet assortis, mais dans le cas présent vous êtes placé juste après le relanceur qui a misé l'équivalent de trois fois la grosse blind. Contre un joueur serré vous devriez passer dans cette situation. Mais nous savons que le joueur E est un joueur agressif. Vous pouvez donc être un peu moins exigeant quant à la sélection de vos mains, tout particulièrement si les joueurs après vous sont connus pour être des joueurs solides. Vous devriez payer. (A une table de limites fixes, vous auriez sur-relancé. Vous auriez également pu sur-relancer en tournoi si vous et votre adversaire n'aviez pas eu de si gros tapis.)

L'action : Vous payez. Le bouton et la petite blind passent mais la grosse blind fait tapis en ajoutant $230. Le joueur E paye les $30 supplémentaires. Le pot est maintenant de $1.010.

Question : *Est-ce que vous suivez ?*

Réponse : Bien sûr, c'est une évidence.

L'action : Vous payez. Le pot principal est maintenant de $1.040.

Le flop : K♣T♣3♠

L'action : Le joueur E checke.

Question : *Est-ce que vous checkez également, ou misez-vous $600 dans l'intention de chasser le joueur E du pot ?*

Réponse : Checkez. Une mise n'aurait eu de sens que dans le cas où vous auriez été seul contre le joueur E dans ce coup. Mais ici, le joueur de grosse blind ne peut pas être éliminé et il n'y a pas encore de pot extérieur à gagner. Le rapport risque / rentabilité d'une mise n'est pas bon du tout dans ce cas. Checker jusqu'à la fin serait une bonne stratégie dans l'hypothèse où vous ne toucheriez pas votre jeu.

L'action : Vous checkez. La quatrième et la cinquième carte sont le 5♣ et le 5♦. Le coup est checké jusqu'au bout et la grosse blind remporte le pot avec une paire de Huit en main.

Coup 2-4

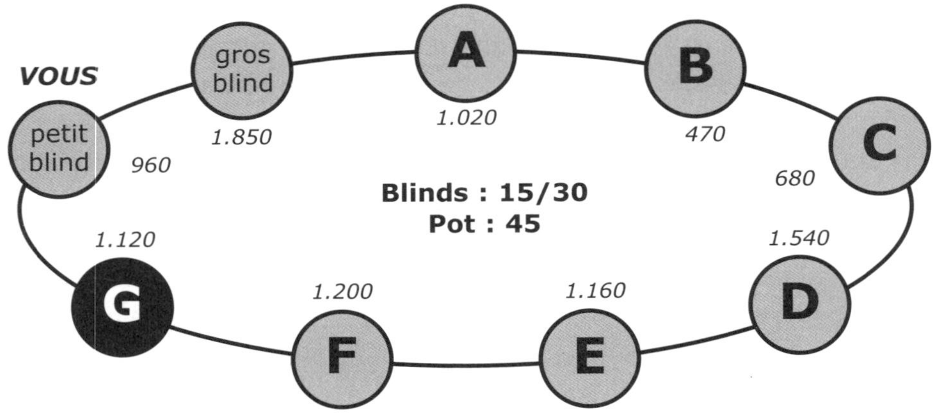

Votre main	Enchères avant vous
	Tous les joueurs de A jusqu'à G passent.

La situation : Au début d'un satellite à une table. La grosse blind est un joueur très agressif qui attaque sur la majorité des coups et en a déjà gagné plusieurs.

Question : *Payez-vous ou relancez-vous ?*

Réponse : Votre main est bien entendu assez bonne pour relancer. Le joueur de grosse blind étant un joueur agressif, il est donc très probable que vous serez payé comme vous le souhaitez. Trois fois la grosse blind est une bonne relance.

L'action : Vous misez $100. La grosse blind vous suit en ajoutant $85. Le pot est maintenant de $230.

Le flop : 5♦3♣2♣

Question : *Que faites-vous ?*

Réponse : C'est un flop acceptable pour vous, avec trois petites cartes qui ne vous ont pas permis d'améliorer mais qui n'ont probablement pas permis à votre adversaire d'améliorer non plus.

Il y a deux manières de jouer le coup maintenant : d'une manière simplement agressive ou d'une manière hyper-agressive.

Le jeu simplement agressif consiste à faire un continuation bet standard de la moitié du pot. Vous avez probablement la meilleure main pour l'instant, si vous êtes payé vous aurez encore plusieurs outs dans le paquet (trois Rois, trois Dames et deux carreaux consécutifs). Cela vous donne une bonne chance de remporter le pot à un prix raisonnable. Personnellement c'est le jeu que j'adopterais.

Le jeu hyper-agressif consiste à checker en espérant que le style agressif de votre adversaire le poussera à miser pour tenter de gagner le pot, vous permettant alors de le sur-relancer et de remporter ainsi sa mise. Bon nombre de très bons joueurs aiment procéder de cette manière. Elle est tout particulièrement adaptée si vous avez donné une image de joueur solide à la table et avez montré plusieurs belles mains.

L'action : Vous checkez, il mise $240, vous sur-relancez à tapis. Il jette son jeu et vous gagnez le pot.

La relance à tapis était-elle nécessaire ? Si les deux joueurs avaient eu plus de jetons, la réponse aurait été non. Une relance de $400-$500 aurait pu suffire. Mais ici, si vous misiez $500 et que d'une manière ou d'une autre vous perdiez le coup, vous n'auriez plus que $350 devant vous et seriez alors trop vulnérable. C'est pourquoi une relance à tapis vous donnait la meilleure des chances de remporter le pot.

Un critique conservateur vous rappellerait que ce genre de relance à tapis marche à tous les coups à l'exception d'un, celui qui vous élimine du tournoi. Mais cet argument dénote une certaine étroitesse d'esprit. La fulgurance des satellites à une table vous pousse à tenter de telles actions de temps en temps pour préserver vos chances de gagner.

Coup 2-5

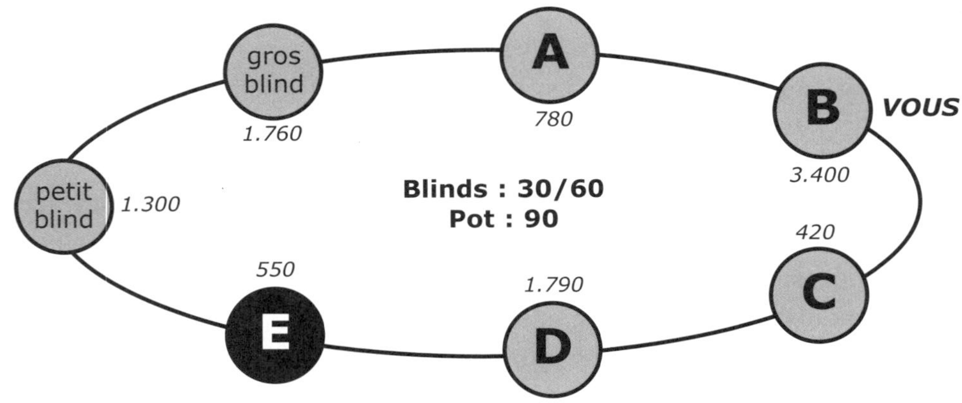

Votre main

Enchères avant vous

Le joueur A passe.

La situation : Au milieu d'un tournoi en ligne à une table. La grosse blind et le joueur D sont très agressifs. Tous deux ont fait des check-raises à maintes reprises.

Question : *Est-ce que vous passez, payez ou relancez ?*

Réponse : Même à une table et avec peu de joueurs, Q♣J♦ n'est pas une bonne main quand vous êtes en début de parole. Vous pourriez envisager de payer voire de relancer à une table passive, mais ici vous savez que deux joueurs agressifs doivent encore parler. Et bien sûr, un des autres joueurs peut avoir touché une vraie main. Vous devriez donc passer.

L'action : Vous décidez en fait de suivre. Le joueur C passe et le joueur D paye. Le joueur E et la petite blind passent et la grosse blind checke. Le pot est maintenant de $210. Vous serez le deuxième joueur à parler après le flop, entre les deux joueurs agressifs.

Le flop : K♠J♥3♠

L'action : La grosse blind checke. *Que faites-vous ?*

> **Réponse :** De nombreux joueurs durcissent leur jeu quand ils se retrouvent dans un coup contre des joueurs très agressifs. C'est une tendance naturelle mais vous devez y résister pour essayer de bien jouer au poker. Votre principal objectif contre de tels joueurs doit être de jouer moins de coups contre eux mais de les jouer de manière plus agressive.
>
> Sur ce coup, vous avez touché la deuxième paire du flop et il n'y a pas de raison, du moins pas encore, de vous croire battu. Il y a un tirage couleur au tableau, vous ne pouvez donc pas vous permettre de donner une carte gratuite à vos adversaires et permettre ainsi à l'un d'eux de toucher la couleur. Misez simplement la moitié du pot et attendez de voir ce qui se passera ensuite.

L'action : En fait vous checkez et le joueur D checke. Le pot est toujours de $210.

La turn : K♠J♥3♠4♦

L'action : La grosse blind checke de nouveau. *Que devriez-vous faire ?*

> **Réponse :** Le Quatre est une très bonne carte pour vous. Il n'y a toujours pas de couleur ni de quinte possible au tableau et cette carte ne devrait pas avoir permis à quiconque d'améliorer. Corrigez votre erreur du tour d'enchères précédent en misant soit la moitié, soit les trois quarts du pot. Le fait qu'aucun joueur n'ait misé après le flop indique que personne n'a de Roi. Vos adversaires doivent être sur des tirages ou avoir As-x (x étant une petite carte). Une des pires erreurs que vous puissiez faire au poker est de donner à un joueur qui est à tirage une carte gratuite pour vous battre. Misez et laissez-

les commettre l'erreur de vous suivre avec des tirages alors qu'ils n'ont pas la cote nécessaire pour le faire.

L'action : Vous checkez, et le joueur D checke. Le pot est toujours de $210.

La river : K♠J♥3♠4♦6♠

L'action : La grosse blind checke. *Devriez-vous miser à la fin ?*

Réponse : Il y a maintenant une couleur possible au tableau, vous n'avez donc plus de raison de miser. Si le joueur D n'a rien il jettera ses cartes, s'il a touché sa couleur il vous relancera. Checkez simplement et vous verrez si vous avez la meilleure main.

Dénouement : Vous misez $100 et le joueur D relance à $200. La grosse blind passe et vous payez. Le joueur D a une couleur avec Q♠2♠ en main.

Ce coup montre une des forces du jeu très agressif. Comme il y avait des joueurs agressifs à la table, le joueur dans votre position a eu peur de jouer son jeu habituel. En agissant ainsi, il a non seulement commis le péché cardinal de donner des cartes gratuites à un adversaire qui était sur un tirage couleur, mais il a aggravé son erreur en misant à la fin. Le jeu agressif permet d'exercer une pression supplémentaire sur ses adversaires, ce qui n'est pas le cas du jeu conservateur. N'oubliez jamais que cette pression peut vous faire gagner beaucoup de jetons.

Coup 2-6

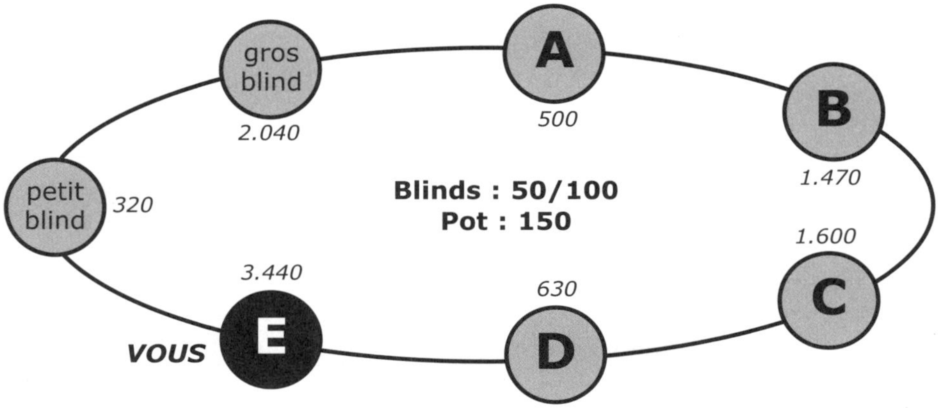

Votre main

Enchères avant vous

Les joueurs A et B passent. Le joueur C paye. Le joueur D paye.
Le pot est maintenant de $350.

La situation : Au milieu d'un tournoi en ligne d'une table. La grosse blind et le joueur C sont très agressifs. Le joueur D s'est montré conservateur.

Question : *Est-ce que vous passez, payez ou relancez ?*

Réponse : Vous avez probablement la meilleure main pour l'instant. Le fait que les joueurs précédents aient simplement payé, surtout le joueur C, n'indique aucune force particulière. Vous devriez non seulement relancer, mais relancer fortement, environ $400. Vous aimeriez gagner le pot dés maintenant, surtout que son montant est déjà appréciable, ou tout au moins chasser le maximum de joueurs du coup afin de vous retrouver contre un seul adversaire.

L'action : Vous relancez, mais à seulement $200. La petite blind fait tapis à $270. Les joueurs C et D payent tous deux les $220 supplémentaires. Le pot est maintenant de $1.260. Cela vous coûte $120 pour suivre. *Que devriez-vous faire ?*

Réponse : La petite blind joue désormais pour le pot central. Les joueurs C et D ont eu deux opportunités de relancer mais aucun des deux ne l'a fait. Peu de joueurs ont la patience et le sang froid nécessaires pour sous-jouer une grosse paire alors qu'il y a déjà eu deux relances à la table. Vous devez en déduire que tous les deux ont soit des petites paires, soit des mains à tirage.

Le moment est venu d'attaquer en allant à tapis pour chasser le joueur C. Ce n'est pas parce que vous avez catalogué un joueur comme agressif qu'il a pour autant envie de mourir. Vous le forcez à jouer l'intégralité de son tapis sur un coup hasardeux contre un joueur qui l'a déjà relancé deux fois : il est peu probable qu'il suive. Le joueur D peut vous payer car il ne lui restera plus que $300 devant lui s'il passe. Mais tout va bien, vous êtes favori s'il a une main à tirage, et au pire s'il a une petite paire, il n'est que légèrement favori.

Avec cette action, vous pouvez chasser du coup les joueurs C et D. Vous avez investi $325 pour un pot de $1.275 où vous êtes très probablement favori.

L'action : Vous misez votre tapis. Les joueurs C et D passent. La petite blind montre A♦9♥ et vous gagnez le pot avec A♠Q♣.

Contrairement au coup précédent, vous avez correctement endossé le rôle du joueur agressif. Les joueurs agressifs de la table peuvent uniquement vous forcer à diminuer le nombre de coups que vous jouez, mais lorsque vous touchez de belles mains, vous devez les jouer d'une manière décidée. Sans quoi, les joueurs agressifs vont tout simplement vous plumer.

Coup 2-7

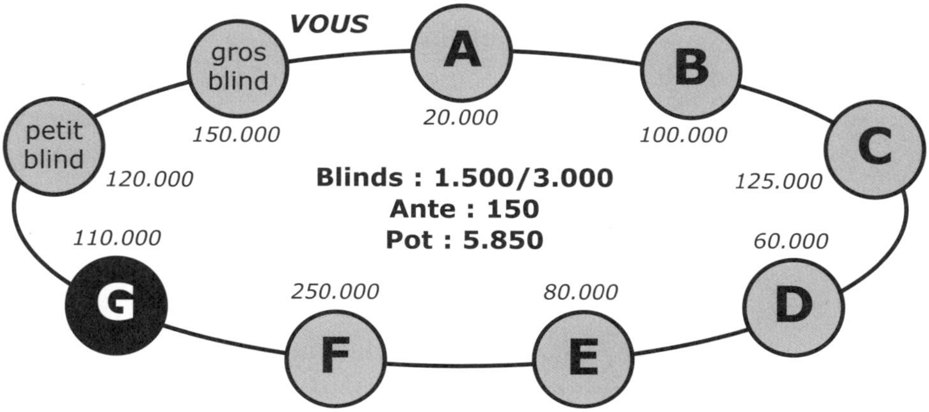

Votre main	**Enchères avant vous**
	Les joueurs de A jusqu'à E passent tous. Le joueur F relance à $6.000. Le joueur G et la grosse blind passent. Le pot est maintenant de $11.850. Cela vous coûte $3.000 pour suivre.

La situation : Dans les derniers niveaux d'un tournoi majeur. Le joueur F est un très bon jeune joueur au style super-agressif, capable de jouer avec n'importe quelles cartes en main.

Question : *Est-ce que vous passez, payez ou relancez ?*

Réponse : Vous devez relancer. Je recommanderais une relance significative par rapport au montant du pot, disons entre $12.000 et $15.000. Il y a plusieurs raisons de faire une forte relance ici, certaines d'ordre technique et d'autres d'ordre psychologique.

1. Vous avez une main légitime. Il n'y a aucun tort à relancer à la hauteur du pot quand vos cartes sont fortes.

2. Vous n'avez pas la position. Si le joueur F et vous-même restez dans le coup, vous parlerez en premier lors des tours d'enchères suivants et c'est un énorme désavantage. Voilà pourquoi vous devez au moins faire quelques efforts pour essayer de gagner le coup rapidement.

3. Vous devez établir une domination psychologique. Vous voulez que les adversaires vous craignent, ou, à défaut, qu'ils vous respectent. En étant de grosse blind, c'est votre pot. Défendez-le. Montrez-leur qu'on ne vous marche pas sur les pieds aussi facilement.

4. Le joueur F est un joueur solide au style super-agressif. *De tels joueurs sont extrêmement dangereux.* Comme ils sont tout à fait capables de jouer avec n'importe quelles cartes en main, vous ne pouvez jamais savoir, même après le flop, où vous en êtes exactement. Pour le moment, vous savez que vous avez une bonne main, alors agissez.

L'action : Vous payez simplement. Le pot est maintenant de $14.850.

Le flop : 9♣6♥5♦

Question : *Que faites-vous ?*

Réponse : C'est un mauvais flop pour vous. Est-ce un mauvais flop pour votre adversaire ? Contre un joueur qui a l'habitude de jouer avec n'importe quoi, comment savoir ? Il peut tout aussi bien ne pas avoir amélioré sa main tout comme il peut avoir touché une ou deux paires.

Le meilleur moyen pour vous de savoir où vous en êtes est de miser et de voir ce qui se passera. Parfois, votre mise suffira pour remporter le pot, d'autre fois vous serez relancé et vous n'aurez plus qu'à jeter vos cartes. Si vous êtes payé, c'en sera fini pour vous sur ce coup à moins d'avoir beaucoup de chance à la quatrième carte.

Vous avez intérêt à jouer de façon à obtenir des informations sur le jeu de votre adversaire, et cela à moindre frais. Si vous devez parler en premier, le seul moyen pour vous d'obtenir des informations est de miser. Si vous checkez et s'il mise, que faites-vous ? Pas grand-chose. Dites-vous bien qu'en checkant, vous le mettez dans une situation où il est pratiquement obligé d'ouvrir, quelle que soit sa main.

Votre dilemme prouve combien la relance avant le flop était importante. Vous n'avez absolument rien touché au flop, mais miser reste votre seule solution. En relançant avant le flop, vous auriez pu pousser le joueur F à jeter tout un éventail de mains qui, malheureusement pour vous, pourraient fort bien s'être transformées en mains gagnantes avec le flop.

L'action : Vous checkez. Le joueur F checke également. Le pot est toujours de $14.850.

Un joueur agressif a checké alors qu'il aurait pu miser. Vous avez de bonnes raisons de devenir suspicieux.

La turn : 9♣6♥5♦8♣

Question : *Que faites-vous maintenant ?*

Réponse : Vous n'avez toujours rien, et il est de plus en plus probable que le joueur F ait touché quelque chose. Comme vous avez simplement suivi avant le flop et checké au flop, votre adversaire ne peut pas croire que vous ayez soudainement touché votre jeu. Il ne vous reste plus qu'a checker en espérant rester dans le coup pour une somme modique.

L'action : Vous checkez. Le joueur F checke également.

La river : 9♣6♥5♦8♣2♣

Question : *Et maintenant ?*

Réponse : Continuez de checker et priez pour que votre adversaire checke également.

L'action : Vous checkez et le joueur F mise $5.000. *Que faites-vous ?*

Réponse : Cela vous coûte $5.000 pour tenter de gagner un pot de près de $20.000. Cette cote est excellente. Bien sûr, le joueur F le sait, et pourtant il vous offre cette cote. Cela signifie que vous êtes probablement battu. Cependant, juste au cas où, je payerais quand même.

L'action : Vous payez. Le joueur F vous montre A♦8♠ et gagne le pot avec une paire de Huit.

Rétrospectivement, nous aurions pu comprendre ce que le joueur F était en train de faire. Quand vous avez payé et non relancé avant le flop, il vous a probablement vu avec deux grosses cartes. Quand vous n'avez pas misé au flop, il a certainement pensé que vos grosses cartes ne comprenaient pas d'As et que vous aviez donc en main quelque chose comme Roi-Dame ou Roi-Valet, éventuellement assortis. A la quatrième, il savait que sa paire de Huit était gagnante, mais que malgré cela, il avait peu de chances de gagner beaucoup sur ce coup. A ce moment-là, il a probablement décidé qu'une petite mise à la fin serait interprétée comme une tentative de vol du pot et serait donc suivie. Cette décision était sa meilleure chance de gagner un peu d'argent sur ce coup.

Notez que le jeu passif du joueur dans votre position lui a coûté un pot qu'il aurait pu facilement gagner.

Coup 2-8

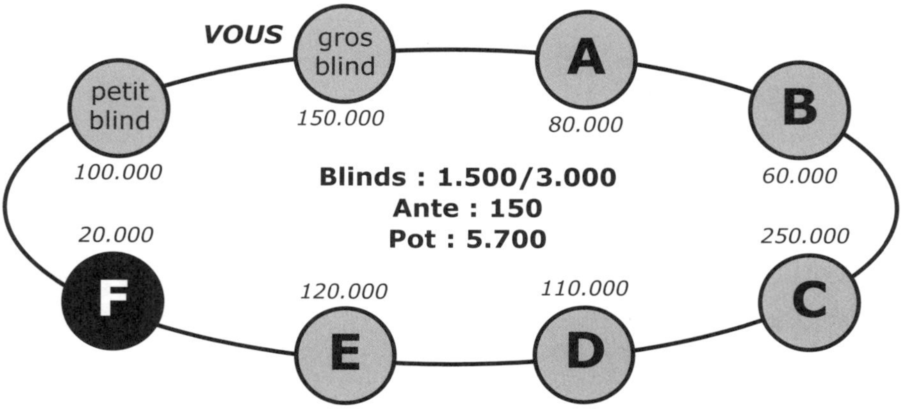

Votre main	Enchères avant vous
	Les joueurs A et B passent. Le joueur C relance à $8.000. Les joueurs D, E et F passent. La petite blind passe. Le pot est maintenant de $13.700 et cela vous coûte $5.000 pour suivre.

La situation : Un tournoi majeur, à la fin de la deuxième journée. Le joueur C est un joueur très agressif qui a été un certain temps le “capitaine de la table”.

Question : *Est-ce que vous passez, payez ou relancez ?*

Réponse : Vous devriez payer, même si vous pouvez également choisir de relancer. Dans tous les cas, votre objectif est de défendre votre grosse blind contre un agresseur. Relancer pourrait vous faire gagner le pot tout de suite au risque de vous coûter cher si le joueur C a réellement une main. Payer, puis décider ensuite au flop de votre action est une alternative à moindre coût. En tournoi, vous serez forcé de défendre vos blinds en de multiples occasions. Le meilleur moyen d'y parvenir est de varier votre jeu, parfois en suivant et parfois en relançant.

L'action : Vous décidez de payer. Le pot est maintenant de $18.700.

Le flop : K♦9♠2♣

Question : *Quelle est votre action maintenant ?*

Réponse : C'est un flop parfait pour vous, et contre cet adversaire, l'action la plus appropriée est de checker afin de lui permettre de continuer de miser. Vous allez vous servir de la défense du Marteau contre un jeu super-agressif.

L'action : Vous checkez et il mise $20.000. Le pot est maintenant de $38.700. *Que faites-vous ?*

Réponse : Il pense probablement que vous avez payé avec un As et que vous n'avez rien touché au flop. Soit dit entre nous, sa mise est trop importante. Si vous n'aviez effectivement rien touché au flop, une mise d'environ $12.000 aurait suffi à vous chasser du coup. Contre un joueur en embuscade, c'est de l'argent jeté par les fenêtres. En faisant une trop forte mise, son rapport risque/rentabilité est particulièrement médiocre.

Vous devez bien sûr relancer. Dès lors que vous avez la quasi-certitude d'avoir le meilleur jeu (la paire max avec le deuxième meilleur kicker), vous devez faire une forte relance, disons d'environ le montant du pot.

L'action : Vous misez $50.000 et il passe.

Le Marteau vous permet de gagner un joli pot.

Quand vous jouez au poker, vous n'essayez pas de jouer d'une manière "objectivement bonne". Vous voulez également cacher à vos adversaires la nature de votre jeu, tout en cherchant à découvrir ce qu'ils sont en train de faire, afin de pouvoir les neutraliser. Poursuivre tous ces objectifs n'est pas une mince affaire.

TROISIÈME PARTIE

TROISIÈME PAR

LA LECTURE DE LA TABLE

ECTURE DE

LA TABLE

INTRODUCTION

Certains jeux peuvent se pratiquer sans porter une grande attention ni à son adversaire ni à ce qu'il fait. Si vous êtes un maître aux échecs et si vous affrontez un amateur, vous n'avez nul besoin de chercher à savoir ce qu'il pense ou projette de faire. La position des pièces sur l'échiquier vous donne toutes les informations requises pour le battre à plate couture. Vous faites simplement les bons gestes techniques les uns après les autres, il fera inévitablement des erreurs, et au final vous lui porterez l'estocade.

Le backgammon est un jeu similaire, mais qui offre un peu plus de marge de manœuvre pour exploiter des faiblesses. Si vous êtes un bon joueur et si vous affrontez un joueur plus faible, il vous suffit de jouer votre jeu habituel et de l'avoir à l'usure. Mais vous pouvez également améliorer vos résultats et gagner davantage si vous constatez des erreurs dans le jeu de votre adversaire. Vous pouvez par exemple envoyer un videau [6] douteux (qui serait un *take* facile pour un bon joueur) parce que vous supposez que votre adversaire médiocre peut abandonner la partie. Saisir une telle opportunité vous permet de gagner de l'argent grâce à un jeu qui n'aurait pas été pertinent contre un adversaire plus fort.

Le poker, quant à lui, est un jeu fort différent. Quand vous jouez au poker, vous n'essayez pas de jouer d'une manière "objectivement bonne". Vous voulez également cacher à vos adversaires la nature de votre jeu, tout en cherchant à découvrir ce qu'ils sont en train de faire, afin de pou-

[6] Le videau est un dé dont les faces sont marquées 2, 4, 8, 16, 32 et 64, indiquant le taux auquel le joueur souhaite multiplier l'enjeu en cours de partie (NdE).

voir les neutraliser. Poursuivre tous ces objectifs n'est pas une mince affaire, et le faire correctement nécessite d'avoir une exacte appréciation de ce qui se passe à la table. J'appelle cela la "lecture de la table" et cela nécessite d'observer les tells, les habitudes de mises, sans oublier votre propre image à la table.

14

Les "Tells" physiques

Dans ce formidable film sur le poker, "Les joueurs" ("*Rounders*"), Teddy-KGB est percé à jour quand le personnage interprété par Matt Damon découvre le tell qui le trahit. Si Teddy porte un biscuit à son oreille puis le mange, il a une bombe. (Comprenez : il "dévore" psychologiquement son adversaire.) S'il l'écoute se casser distraitement puis le repose dans sa boîte, il bluffe. En ayant déchiffré ce *tell*, le héros est capable de battre Teddy et d'empocher le pactole.

Si seulement cela pouvait être aussi facile dans la vraie vie ! Cette manie étrange de Teddy est un exemple de ce qu'est un tell, un tic, une expression du visage, une émotion ou une habitude qui, d'une certaine manière, donne de vraies informations sur votre main. Cataloguer les tells ferait l'objet d'un livre à part entière, et heureusement, ce livre a déjà été écrit. Procurez-vous un exemplaire du classique de Mike Caro *Book of tells* et lisez le avec beaucoup d'attention. C'est un ouvrage qui traite efficacement d'un sujet pourtant difficile.[7]

Plutôt que de recopier le contenu du livre de Caro, je vais plutôt vous présenter mon point de vue sur la manière de détecter et d'utiliser les tells.

---

[7] Le lecteur lira aussi avec profit *Poker Code* (même éditeur, même collection), plus récent et en français. Ce traité monumental sur les tells signé François Montmirel (500 pages, 400 photos), présente également les manipulations mentales de joueur à joueur (NdE).

Je classe les tells physiques en trois catégories :

1. Les expressions faciales

2. Le langage général du corps

3. Le mouvement des mains

Le mouvement des mains est selon moi le plus fiable et le plus révélateur des trois. La majorité des joueurs prennent bien garde à ne pas trahir leurs émotions en contrôlant leurs expressions faciales mais ils n'accordent pas autant d'attention à ce que font leurs mains, tout particulièrement la manière dont ils manipulent leurs jetons. Alors que les autres joueurs observent les visages, j'aime regarder les mains de mes adversaires. Je cherche principalement à voir s'il y a des différences dans la manière dont un joueur avance ses jetons selon qu'il a un bon ou un mauvais jeu. Si je remarque quelque chose, j'accorde à ce détail une grande importance, du moins jusqu'à preuve du contraire.

D'après mon expérience, les expressions du visage et le langage du corps sont moins fiables. Je les observe, et vous devriez le faire également, mais j'ai besoin de preuves supplémentaires avant de pouvoir déclarer que j'ai vraiment remarqué un signe involontaire. J'ai cependant deux règles utiles que j'applique dans ce domaine. Les voici :

1. Si un joueur semble médiocre, je me fie davantage à un possible tell que je pourrais observer. Il s'agit juste de bon sens. Un bon joueur se sera naturellement penché plus longuement sur le sujet afin d'éviter tout signe involontaire alors qu'un joueur faible fera preuve de moins de maîtrise. Si je remarque ce qui semble être un tell chez un joueur qui s'avère néanmoins solide, je deviens suspicieux. Si au contraire le joueur s'avère être un parfait débutant, je m'y fie plus facilement.

2. Faible veut dire fort et fort veut dire faible. Cette pensée est tirée du livre de Caro, et c'est le seul et véritable critère d'évaluation des tells d'un joueur que vous ne connaissez pas. Quand les hommes veulent cacher leurs vraies intentions, ils ont tendance à agir de la manière *opposée* à ce qu'ils ressentent réellement. Dissimuler ses intentions est une pulsion innée très puissante. Il vous suffit de regarder n'importe quelle table de finale télévisée et vous verrez que lorsque les joueurs semblent jouer la comédie, ils jouent de la manière opposée à la force réelle de leur main, et cela dans presque tous les cas.

Savoir déceler ces tells est important si vous participez à une partie d'argent où les mêmes joueurs se retrouvent régulièrement, ou si vous fréquentez une salle de poker dont la clientèle est essentiellement constituée d'habitués. Dans ces conditions, vous rencontrerez les mêmes joueurs encore et encore, et vous aurez de nombreuses occasions de prendre des notes sur chacun d'eux.

En revanche, si vous prenez part essentiellement à des tournois de poker, la situation est quelque peu différente car vous affronterez rarement les mêmes joueurs. Avec l'explosion du nombre de nouveaux joueurs faisant leur apparition dans les tournois, vous pouvez tout à fait vous retrouver dans un tournoi et ne pas reconnaître un seul visage. Et bien sûr, si vous jouez en ligne, il n'y pas de tells physiques que vous puissiez observer. La meilleure chose à faire est d'essayer d'obtenir des indices en observant le temps que met un joueur à prendre une décision, mais cela reste facile à contrôler et peut être aussi lié à la latence de la connexion.

Evidemment, tous les joueurs de poker sérieux essayent de minimiser leurs tells. Il y a plusieurs manières d'y parvenir. L'une d'elles est l'approche robotique : votre visage est impassible et votre voix reste monocorde, tout du moins pendant les coups. Avec une certaine pratique, cette approche est à la portée de la plupart des joueurs. Vous pouvez également décider de jouer les cinglés et d'afficher bons nombres de tics et de mouvements convulsifs en alliant tout cela à un bavardage incessant. L'idée est de submerger vos adversaires de signes, de telle sorte qu'ils ne puissent en détecter aucun. Cette approche peut être efficace mais elle est très difficile à réaliser pour toute personne normalement constituée. (Si vous avez passé une partie de votre vie dans une institution psychiatrique, cette attitude peut vous venir naturellement.)

15 Les modèles de mises

Afin d'obtenir des informations sur vos adversaires, il existe un moyen encore plus fiable qui consiste à étudier leurs modèles de mises *(betting patterns).* Combien de coups jouent-ils ? Font-ils de fortes ou de petites mises lorsqu'ils ont du jeu ? Comment jouent-ils avec des mains faibles ? Quand vous les sur-relancez, ont-ils tendance à jeter leurs mains où à vous disputer le pot ?

Pourquoi est-il, d'après-moi, plus fiable de se concentrer sur les modèles de mises ? La raison en est simple : tout le monde ne tremble pas en poussant ses jetons… mais tout le monde mise !

Certains pourraient le résumer ainsi : *un joueur n'est rien d'autre que la somme de ses modèles de mises.* Ces habitudes sont à votre disposition juste sous vos yeux. A chaque fois qu'un joueur mise, il vous renseigne sur la manière dont il joue au poker. Vous devez observer ses habitudes, en déduire le maximum de choses et surtout vous en souvenir pour un usage futur. En l'espace d'une heure ou deux, un très bon joueur peut recueillir une foule d'informations sur un nombre impressionnant d'étrangers à une table de tournoi. Votre objectif est d'arriver à faire la même chose. Cela vous paraîtra difficile au début, mais avec de la pratique et de l'expérience, cela deviendra rapidement plus facile. Voici mes recommandations sur le sujet en commençant par des conseils particuliers destinés aux débutants.

Quelques règles générales à l'attention des débutants

Si vous êtes vraiment débutant, sur le point de jouer votre tout premier tournoi de hold'em no-limit, ne cherchez pas à observer la table. Lors de leur première participation à un tournoi, les débutants arrivent avec les meilleures intentions du monde et le désir d'observer attentivement leurs adversaires, pour finalement réaliser qu'ils sont submergés d'informations : les jetons, les cartes, les tapis, le remue-ménage général. Au moment où vous réalisez que le joueur après la grosse blind a relancé trois coups de suite, le croupier vous rappelle impatiemment que c'est à vous de parler. Le poker dans la vraie vie ça va très vite ! Vous avez donc besoin d'avoir participé à un tournoi ou deux avant de vous être simplement acclimaté aux conditions de jeu.

Quand tout cela sera devenu pour vous une seconde nature, vous serez fin prêt pour commencer l'observation de vos adversaires. Avancez par étapes. Si vous jouez à une table pleine, vous avez neuf adversaires à observer. N'essayez pas de les surveiller tous. Au début, vous ne serez simplement pas capable de le faire. Concentrez-vous plutôt sur les joueurs dont les habitudes auront le plus d'influence sur votre jeu, les joueurs assis immédiatement à côté de vous. Observez les deux joueurs à votre gauche (car ils parleront toujours après vous à chaque tour) ainsi que le joueur à votre droite. S'il y a toujours à peu près les mêmes joueurs à votre table pendant plusieurs heures, élargissez légèrement votre champ d'observation en ajoutant le troisième joueur à votre gauche et le deuxième joueur à votre droite. Vous observez désormais la moitié de la table, ce qui vous donne déjà suffisamment à faire.

A quoi devez-vous prêter le plus d'attention ? Voici quelques points-clés à observer en tout premier lieu.

1. Combien de coups jouent-ils ? Suivant le nombre de coups dans lesquelles ils entrent, vous aurez une idée de la force de leurs mains de départ. S'ils jouent seulement un ou deux coups par tour, ce sont des joueurs conservateurs. S'il entrent dans trois ou quatre coups par tour, ils jouent probablement un style de jeu agressif ou super-agressif. S'ils jouent davantage de coups, ils vous donnent tout bonnement leur argent.

2. Quelles mains ont-ils montré ? Une main est une mine d'information. Il ne s'agit pas seulement d'observer les mains avec lesquelles ils sont entrés dans un coup, mais la manière dont ils ont agi avec ces mains tout au long du coup. Ont-ils relancé ou suivi avant le flop ? S'ils ont relancé, de combien ? Quelle était la valeur de leurs mains après le flop et comment ont-ils réagi ? Ont-ils sous-joué une main énorme ou ont-ils misé agressivement avec une main faible ? Plus vous vous souviendrez de ces informations, mieux cela vaudra.

3. Sont-ils plutôt des suiveurs ou des relanceurs ? Aiment-ils entrer dans un coup en relançant ou s'y faufiler en payant simplement ? Un joueur qui suit plus qu'il ne relance est susceptible d'être un joueur faible. Un joueur qui relance beaucoup est probablement un joueur solide et dangereux – en tout cas, il a le taux requis d'agressivité.

4. Comment réagissent-ils quand ils sont sur-relancés ? Sont-ils capables de résister face à une forte sur-relance ou ont-ils tendance à se retirer docilement ? Cette information pourrait vous permettre de remporter un gros pot par la suite.

Toutes ces informations sont à votre disposition à la table... gratuitement. Quand vous n'êtes pas dans un coup, ce qui est le cas la majorité du temps, observez la table et prenez des notes. Vous ne pouvez pas savoir sur quel coup vous obtiendrez une information qui vous sauvera la mise un peu plus tard, alors essayez d'observer tous les coups.

Voici un autre conseil pour ceux qui débutent. Lorsque vous commencez à observer les joueurs et à noter leurs habitudes, vous découvrez que certains sont plus faciles à décrypter que d'autres. Au bout de quelques heures, vous faites de l'auto-satisfaction, vous réalisez que vous arrivez à vous mettre dans la tête de ces joueurs et à déduire leurs mains de leurs actions. Mais vous êtes vite découragé lorsque vous réalisez que lorsque vous avez réussi à cerner un joueur, *pouf !* – il est parti ! Les autres joueurs de la table étaient en train de le cerner.

Exemple n°1

Bien cerner les autres joueurs nécessite souvent d'observer leurs tells ainsi que leurs habitudes de mises, puis de faire les bonnes déductions afin de combler les zones d'ombre. Voici un coup qui s'est réellement produit et qui illustre le processus en action.

Discussion : Je participais à un tournoi majeur en 2003 et nous étions dans la première journée. Nous jouions déjà depuis quelques heures lorsque le coup suivant se produisit. J'étais de grosse blind et j'avais $10.200 de tapis, une fois payée la grosse blind. Nous avions tous commencé avec $10.000 en jetons, je n'étais donc pas particulièrement dans une situation confortable. Les blinds étaient de $100-$200 et il n'y avait pas d'ante.

Le premier joueur à parler paya la grosse blind. J'avais deux indications sur ce joueur qui pouvaient me laisser croire qu'il avait une main marginale. Je tenais la première de ses habitudes de mises. Au cours des deux premières heures de jeu, il relançait avec une bonne main lorsqu'il était en début de parole, mais suivait avec une main marginale. Il n'avait jamais montré de gros jeu à la fin d'un coup alors qu'il n'avait fait que suivre. C'était déjà une bonne indication en soi, mais j'obtins une information supplémentaire grâce au mouvement de ses mains. Lorsqu'il misait avec une belle main, son geste était légèrement différent de celui qu'il faisait lorsqu'il payait avec une main faible. La combinaison de ces deux indications me laissait entendre qu'il avait une main marginale à 90%.

Après que le premier joueur eut parlé, quatre autres joueurs suivirent. Même si je n'avais pas d'indications sur ces autres joueurs, ils ne m'inquiétaient pas vraiment. Selon toute vraisemblance, ces joueurs étaient sur des tirages et étaient entrés dans le coup attirés par la cote du pot. (N'oubliez pas que chaque nouveau suiveur grossit le pot, mais comme la mise pour y entrer reste la même, la cote du pot du joueur suivant est meilleure.) Pour ainsi dire, aucun joueur, même le plus inexpérimenté, ne serait assez stupide pour entrer dans un coup contre plusieurs joueurs avec une grosse paire (à moins d'espérer une relance). La bonne manière de jouer est de relancer pour chasser le maximum de joueurs du coup – c'est une action que pratiquement tout le monde comprend.

Quand ce fut mon tour de parler, le pot était de $1.300. Ma main était :

Pas une main fantastique, mais pas misérable non plus. Si je n'avais eu aucune information sur le joueur qui avait ouvert le pot, j'aurais pu être tenté de checker pour voir ce qui viendrait ensuite au flop. Mais pressentir que le premier suiveur avait une main marginale me donnait l'avantage nécessaire pour faire une relance forte. Les autres joueurs ne représentaient pas une menace réelle car vu le nombre de suiveurs, un joueur avec une bonne main aurait été tenté de relancer. J'optai donc pour une relance de $2.000.

Il y a des joueurs, particulièrement les super-agressifs, qui auraient fait cette relance avec n'importe quelles cartes en main, estimant que les chances de remporter le pot tout de suite compensaient largement le risque d'être ensuite dans une position défavorable si quelqu'un les payait. Mon approche est un peu différente. Je préfère avoir un minimum de jeu en main pour pouvoir jouer le coup au cas où je serais payé ou relancé. Roi-Valet assortis représente le jeu minimum dont j'ai besoin dans cette situation, je me sentais donc en confiance pour relancer.

Comme prévu, le premier joueur jeta ses cartes, ainsi que le deuxième, le troisième et le quatrième. Le seul problème est venu du joueur au bouton, qui relança du montant de son tapis. Son tapis étant supérieur au mien, le montant de sa relance représentait donc mon tapis, qui était de $8.200. Le montant total du pot à ce moment-là était de $14.000. ($300 des blinds, plus $1.500 des cinq suiveurs, plus ma mise de $2.000, plus les $2.000 payés par mon adversaire, plus sa relance de $8.200.) Je devais pousser mes derniers $8.200 pour espérer gagner les $14.000, ce qui correspondait à une cote du pot d'environ 7 contre 4 (soit 1,75 contre 1).

J'avais quelques informations sur le joueur au bouton. Il avait déjà fait tapis à plusieurs reprises sur des coups précédents. Cela pouvait être des bluffs car à chaque fois l'adversaire a jeté son jeu. Je l'ai également vu faire des mises standard et montrer des mains acceptables quand il était payé. Dès lors qu'on ne touche pas autant de belles mains qu'il voulait le laisser croire sur plusieurs heures de tournoi, il était tout à fait possible que sa relance fût juste une tentative pour remporter le pot plutôt qu'une relance légitime. J'avais également remarqué qu'il avait commencé par avancer ses cartes vers le milieu de la table pendant que se jouait le coup, puis les avait ramenées vers lui lorsqu'il réalisa que tout le monde passait. C'est le genre de gestes involontaires révélateurs : le joueur s'attendait à ce que quelqu'un d'autre relance, mais réalisant que ce n'est pas le cas, il décida d'essayer de voler le pot en faisant tapis.

Après réflexion, je conclus que je me trouvais probablement face à l'une des trois mains suivantes :

1. As-x

2. Une petite paire

3. Un bluff total (deux cartes inférieures aux miennes).

Il était peu probable que j'affrontasse une grosse paire puisque ce genre de mains entraîne obligatoirement une relance avant le flop. Si j'étais contre A-x, j'étais perdant à 6 contre 5 sur le coup (à moins que x ne fut un Roi, une Dame ou un Valet). Si j'étais contre une petite paire, j'étais perdant à 11 contre 10. Et contre un bluff total j'étais favori à 1 contre 2. Dans chacun de ces cas, le pot m'offrait une meilleure cote que celles dont j'avais besoin pour payer. Je décidai donc de suivre.

Mon adversaire montra

et j'avais donc bien lu son action. Mais le flop me rendit nerveux :

J'eus cependant la chance de toucher un Roi à la river, ce qui me permit de rester en vie dans le tournoi.

Exemple n°2

Mon prochain exemple montre trois joueurs dans un coup s'observant les uns les autres. Remarquez combien il est important que chaque joueur voie la table à travers les yeux des autres joueurs afin de tirer les bonnes conclusions.

Discussion : Vous observez un tournoi majeur, à la fin de la première journée. Les blinds sont de $600 et $1.200 avec $75 d'ante. Le montant du pot initial est de $2.550. Les joueurs de la table ont entre $6.000 et $29.000 devant eux, la majorité des tapis se situant au milieu de ces deux extrêmes.

Les deux premiers joueurs passent. Le joueur A, le troisième à parler, possède le plus petit tapis de $6.000. D'après les observations que vous avez faites jusque-là, A est un joueur fort et solide qui a subi plusieurs mauvais coups. Avec le montant de la grosse blind à $1.200, il a fait la relance minimum, soit $2.400. Il y a désormais $4.950 dans le pot. Les deux joueurs suivants passent.

Le joueur B, le sixième à parler, a en main :

Que doit -il penser de ce qui s'est passé à la table jusqu'à présent, et que doit-il faire ?

Avant que le joueur B ne regarde sa main, il doit réfléchir à l'action du joueur A. *Comment la table voit-elle le joueur A, et pourquoi a-t-il fait ce qu'il a fait ?* A n'avait plus que $6.000, juste deux fois et demi le pot. Il ne lui restait plus que quelques coups à jouer avant que ses jetons ne soient mangés par les blinds. Avec n'importe quelle main raisonnable, il aurait été justifié que le joueur A mise tous ses jetons. Mais il ne l'a pas fait. Au lieu de cela il a fait la relance minimum. C'est ce qu'un joueur fait quand il veut être suivi par le maximum de joueurs. Il veut être sûr qu'il y aura un peu d'action avant de miser tous ses jetons. Conclusion ? Le joueur A a une très belle main.

Le joueur B peut ensuite regarder sa main et décider quoi faire. As-dix dépareillés est une main très limite. Vous devez jeter ce jeu lorsque vous êtes en début de parole à une table pleine. En revanche, si tous les joueurs placés avant le joueur B avaient jeté leurs jeux, cela aurait été une main tout à fait jouable pour ouvrir le pot en milieu de parole. Mais si vous avez conclu que le joueur A a relancé avec un très bon jeu, vous devez jeter A♣T♠. Le joueur B, s'il a été observateur, doit jeter son jeu.

Mais le joueur B n'a pas été observateur, il ne passe pas. Au lieu de cela il relance à 5.000$. Le joueur suivant et celui au bouton passent, ainsi que le joueur de petite blind.

C'est maintenant au tour du joueur C, surblindeur, de parler. Son tapis est de $11.000 et il a très bien joué tout au long du tournoi. Il sur-relance à tapis ! Que penser de sa main ? Bluffe-t-il ?

De nouveau, mettons-nous à la place du joueur C et voyons la manière dont il analyse la situation. Le joueur A a fait une mise qui indique une main très forte. Nous savons que le joueur B sommeillait à ce moment-là et qu'il n'a pas suivi ce qui se passait. Mais le joueur C ne peut pas savoir cela. Il pense donc que la sur-relance du joueur B indique également une forte main. Le joueur C mise désormais ses $11.000, une action qui sera très probablement suivie par le joueur A, à qui il ne reste plus beaucoup de tapis, et probablement par le joueur B, qui aura une excellente cote du pot sur ce coup. Il n'y a aucune chance que le joueur C soit en train d'essayer de voler ce coup avec cette sur-relance à tapis – il doit vraiment avoir une très belle main.

Maintenant, le joueur A paye, misant ainsi les $3.600 qui lui restent. (Ce à quoi nous nous attendions d'après sa relance précédente.)

A ce moment-là, nous en avons fini avec le travail de lecture de la table. Un joueur B plus perspicace saurait maintenant tout ce qu'il peut savoir d'après une simple observation de l'action à la table. Il est face à deux très fortes mains. Passons maintenant au domaine de l'analyse de la cote du pot.

Le joueur B, à cet instant, doit avoir réalisé son erreur précédente et doit regretter d'avoir relancé. Bien trop souvent, ce sentiment va conduire à jeter une main qui est soudainement devenue payable en vertu de l'énorme cote du pot. Ne tombez jamais dans ce piège. *Si la cote du pot est suffisante, n'importe quelle main pourrait valoir la peine de suivre.* Nous discuterons de la théorie de la cote du pot dans le prochain chapitre. Passons rapidement au calcul.

Nous devons tout d'abord calculer le pot. Le pot initial était de $2.550. Le joueur A a misé la totalité de son tapis, soit $6.000, le joueur B a misé $5.000 jusque-là et le joueur C a misé $11.000. Ce qui fait un total de $24.550. Cela coûte $6.000 au joueur C pour suivre. Le pot lui offre donc un rapport supérieur à 4 contre 1, et c'est une énorme cote. Contre un seul joueur, vous devriez payer même si vous pensez être probablement contre une grosse paire.

Cependant, avec deux autres joueurs dans le coup, votre situation change radicalement. Bien que vous ne passiez pratiquement jamais contre un seul adversaire avec une cote du pot à 4 contre 1, ce n'est plus le cas contre deux joueurs. Imaginons ce que peuvent avoir ces adversaires et que vaut A♣T♠ dans ces cas.

Si l'un des deux joueurs, soit A soit C, a deux As en main, le joueur B est pratiquement certain de perdre. Contre deux As et deux Dames, par exemple, le joueur C a 6% de chances de gagner, ou disons qu'il est perdant à 15 contre 1. Même contre un seul As, le joueur B n'a pas la cote minimale dont il a besoin. Contre As-Roi assortis et une paire de Dames, il a 9% de chances de gagner. Dans le cas peu probable où un joueur aurait relancé avec une paire inférieure à son Dix, disons une paire de Neuf, le joueur B possède juste la cote dont il a besoin. Contre As-Roi assortis et une paire de Neuf il a 18% de chance de gagner, il est juste perdant à 4.5 contre 1.

S'il n'y a pas d'autre As en jeu, le joueur B a certaines chances réelles. Par exemple, contre deux Rois et deux Dames, il est à 24%, seulement perdant à 3 contre 1. (Son As fait qu'il est second favori sur ce coup, les Dames sont justes à 19%.) Mais il n'y a pas beaucoup de combinaisons de mains qui entrent dans cette catégorie. Le tour d'enchères sur ce coup rend presque impossible qu'un joueur possède Roi-Dame assortis. Il devrait être contre une paire de Rois et une paire de Dames, ou une paire de Rois et une paire de Valets, ou encore une paire de Dames et une paire de Valets, mais c'est tout.

Tout compte fait, le joueur B devrait passer. Même une cote du pot à 4,5 contre 1 n'est pas suffisante s'il y a un As dans la main de l'un des ses adversaires, et il n'y a pas assez de main fortes sans un As pour contrebalancer la cote.

En fait, le joueur B a payé. Le joueur A a montré

et le joueur C avait :

Les deux Dames ont remporté le coup.

16

L'AUTO-OBSERVATION

Tout en observant attentivement les autres joueurs de votre table, en notant le nombre de coups qu'ils ont joués, les mains qu'ils ont montrées, leurs habitudes de mises et tout autre information que vous pourriez glaner, prenez garde à ne pas oublier d'observer le joueur le plus important de la table : *vous-même.*

Le joueur X, assis à votre droite, peut n'entrer que dans 10% des coups que vous décidez de jouer. Mais vous êtes impliqué dans 100 % des coups que vous jouez, et ce que vos adversaires font sur ces coups sera partiellement déterminé par la manière dont ils vous perçoivent. (Meilleurs ils sont, plus leur jeu sera guidé par votre jeu.) Posez-vous donc constamment ces questions :

1. Combien de coups ai-je joués ?

2. Quelles mains ai-je réellement montré ?

3. Quelle image a de moi, à cet instant, un observateur perspicace ?

Ce n'est pas parce que vous essayez consciencieusement de jouer selon un certain style que cela implique d'être perçu de cette manière. La perception qu'ont de vous les joueurs autour de la table peut être très différente. Analysons quelques coups dont le but est de comprendre la manière dont la table vous perçoit plutôt que la manière dont vous percevez la table.

Exemple n°1

C'est la première table de votre premier tournoi majeur. Vous avez décidé de commencer par jouer un jeu serré, conservateur, puis peu à peu plus large en utilisant votre image conservatrice pour voler quelques pots au fur et mesure que les blinds augmentent. (Une approche parfaitement sensée, tellement sensée que la majorité des débutants jouent exactement de cette façon.) Au cours des 15 premiers coups, vous touchez beaucoup de jeux : une paire de Rois, une paire de Dames et deux fois As-Roi. Vous relancez avec ces mains, touchez certains bons flops et gagnez ces quatre coups sans jamais avoir eu à montrer vos mains. A la fin de ces 15 premiers coups, vous avez doublé votre tapis.

Discussion : Et maintenant ? De votre point de vue, vous n'avez rien fait d'autre que de jouer votre jeu serré habituel. Ce n'est pas de votre faute si vous avez touché de bonnes cartes. Mais du point de vue des autres joueurs, vous êtes un casse-cou un peu fou qui tyrannise sans pitié la table. Ils n'ont pas vu une seule de vos mains, ils ont juste remarqué que vous étiez dans presque tous les coups, à relancer et sur-relancer.

Si vous vous en tenez à votre stratégie initiale et commencez à jouer plus large, cela ne marchera pas. Vous commencerez à jouer avec des mains plus faibles juste au moment où vos adversaires penseront qu'il est temps de vous arrêter. Quand vous relancerez avec vos connecteurs assortis, le joueur suivant vous relancera à tapis avec n'importe quelle main convenable. Vous avez beau avoir commencé par jouer un jeu serré, votre image à la table est celle d'un joueur large agressif. Adaptez-vous. La bonne attitude maintenant est de continuer à jouer serré, peut-être même encore plus serré, parce que vos bonnes mains vont être payées.

Exemple n°2

Vous êtes un joueur bien connu pour être super-agressif, tout à fait capable de jouer avec n'importe quelles cartes en main pour voler un pot. Vous êtes de grosse blind à une table de finale de six joueurs, Vous touchez :

Les quatre premiers joueurs passent, le joueur de petite blind (un joueur agressif lui-même, et qui vous connaît bien) fait une modeste relance. *Que devriez-vous faire ?*

Discussion : Bien que je ne recommande pas habituellement de sous-jouer une grosse paire, voici une situation où vous pourriez raisonnablement penser le faire. Vous n'avez qu'un seul adversaire, il fait une relance qui pourrait être une tentative de vol flagrante, et si vous vous contentez de payer, il est fort possible qu'il flope juste ce dont il a besoin pour vous suivre et perde encore plus d'argent contre vous.

Cette approche pourrait convenir à la plupart des joueurs, mais pas à vous. Le principe d'un bon piège est de jouer le jeu qui *semble être votre jeu habituel* afin de leurrer votre adversaire. Si vous avez une image à la table de joueur super-agressif, suivre simplement dans votre position ne ressemblera pas du tout à votre jeu habituel. Une *sur-relance* vous ressemblerait davantage. Les joueurs sont habitués à vous voir relancer constamment, avec toute sortes de cartes en main. Voici une situation où vous pourriez gagner le coup tout de suite en relançant et vous ne relancez pas ? Qu'est-ce que cela signifie ? Quand les joueurs deviennent soupçonneux, il est trop tard pour les faire tomber dans votre piège. Faites donc votre sur-relance habituelle et attendez de voir ce qui se passe.

Exemple n°3

Dans les premiers niveaux d'un tournoi majeur. Vous avez $23.000. Les autres joueurs à votre table ont des tapis entre $5.000 et $28.000. La grosse blind a $19.000. Les blinds sont de $300/$600, avec antes $25, le pot initial est donc de $1.150.

Au cours de la dernière heure, vous avez joué de manière agressive. Vous êtes entré dans des coups en relançant à $2.000 à quatre reprises, et à chaque fois vous avez remporté le pot sans qu'on vous le

dispute. A chaque fois vous aviez des mains qui, même avec un certain potentiel, n'en étaient pas pour autant des mains de première catégorie : 4-4, A-5, K-J, etc. Maintenant, en cinquième position à une table pleine, vous touchez

... la meilleure main que vous ayez vue depuis longtemps. Les quatre premiers joueurs passent. Vous faites votre relance standard de $2.000. Tout le monde passe jusqu'à la grosse blind qui fait tapis à $19.000. Si vous le payez et si vous perdez le coup, il ne vous restera alors plus que $4.000. ***Que faites-vous ?***

Discussion : S'il n'y avait pas un contexte lié à ce problème, vous jetteriez probablement votre paire de Dix. Vous avez fait une relance équivalente à trois fois la grosse blind, vous avez été sur-relancé à tapis, et maintenant vous vous demandez : "Avec quelle main a-t-il pu faire tapis ?" Vous êtes probablement face à une paire supérieure à la vôtre ou à deux grosses cartes, et bien que vous soyez légèrement favori face à deux grosses cartes, vous êtes loin de l'être contre une plus grosse paire. Il est possible que vous soyez face à un bluff mais les probabilités ne sont pas suffisantes pour que vous risquiez la majorité de vos jetons. C'est ainsi que vous devriez raisonner en l'absence de tout autre information.

Cependant, dés lors que vous connaissez le contexte, votre raisonnement doit être radicalement différent. Le joueur de grosse blind vous a vu voler quatre coups récemment et vous êtes maintenant en train d'essayer d'en voler un cinquième. Personne à la table ne vous a tenu tête, peut-être a-t-il décidé qu'il était temps pour lui de jouer au shérif. Quand un joueur pense que vous essayez d'intimider la table et qu'il veut y mettre un terme, il attend d'avoir un jeu relativement correct et vous sur-relance à tapis.

Notez également qu'une trop forte relance indique en général que le joueur ne souhaite pas être suivi. Les joueurs avec de gros jeux ont plus tendance à vouloir que vous restiez dans le coup. Qu'est-ce que cela signifie ? Simplement que vous ne pouvez plus supposer que ses mains possibles sont uniquement une grosse paire ou deux grosses cartes. Il s'agit maintenant d'un éventail de mains plus vaste, incluant les petites paires, les connecteurs assortis, As-x, et peut-être encore d'autres. Vous êtes maintenant légèrement ou très favori contre la majorité des mains qu'il pourrait montrer, sauf une paire supérieure à la vôtre. A cause de l'image que vous vous êtes créée à la table, vous êtes maintenant obligé de payer sa relance.

Exemple n°4
Imaginons à titre d'exemple que vous décidiez de jeter votre main, plutôt que de payer cette mise. Nous sommes maintenant à la même table, exactement un tour plus tard que le coup précédent. Vous êtes de nouveau le cinquième à parler. Entre ce que vous avez perdu sur le coup et ce que vous a coûté le tour de blinds et d'antes, votre tapis est maintenant de $20.000. Les autres joueurs sont à peu près dans les mêmes positions que précédemment.

Vous détenez

Les quatre joueurs assis avant vous passent. Vous relancez une fois de plus à $2.000. Les trois joueurs après vous passent, mais la petite blind, avec son tapis de $18.000 en jetons et sa réputation de faire des relances et des sur-relances agressives, vous sur-relance à $5.000. La grosse blind passe. ***Que devriez-vous faire ?***

Discussion : De nouveau, dans l'absolu cela ressemble à une mise solide. Vous avez relancé de trois fois la grosse blind, et un joueur qui n'a pas la position vous sur-relance. Mais regardons maintenant la table avec les yeux du joueur de petite blind. Il vous a vu voler plusieurs pots sur une courte période. (Bien sûr, il ne sait pas réellement que vous les avez volés, vous avez pu relancer avec de belles cartes en main. Mais il semble que vous les ayez volées, et c'est ce qui compte réellement.) Quelques coups plus tôt, il vous a vu relancer, puis passer quand la grosse blind vous a sur-relancé. Vous êtes donc probablement en train d'essayer de voler le coup une fois de plus.

Quel type de main peut-il avoir ? Dans ces circonstances, il peut avoir n'importe quoi. Votre main A♠Q♥ pourrait même être la meilleure main pour l'instant ! Je ne pense pas que vous devriez passer, et je ne payerais pas non plus. Au lieu de cela, je sur-relancerais ! Dès lors que toute relance impliquerait au moins la moitié de vos jetons, vous devriez faire tapis et voir ce qui se passera ensuite. La plupart du temps, votre adversaire jettera sa main. S'il vous paye vous pourrez toujours gagner le pot à l'abattage.

Toutes les décisions prises sur ce coup découlent de votre image à la table ainsi que de celle de la petite blind. Si vous aviez présenté une image de joueur solide et serré, n'ayant joué que peu de coups et si la petite blind avait eu une image similaire, vous auriez dû jeter votre A♠Q♥. Votre relance aurait signifié une main forte, au moins aussi forte que celle que vous avez, et sa sur-relance aurait indiqué avec quasi certitude une meilleure main que la vôtre. Dans ce cas, vous auriez dû battre en retraite.

Si vous décidez de passer dans cette position, vous devez être conscient du fait que votre stratégie à cette table devra alors changer radicalement. Vos adversaires ont maintenant vu que vous avez volé plusieurs pots mais que vous passez quand un joueur se met en travers de votre route et vous sur-relance. Les prochaines fois où vous serez dans un coup, vous pouvez être certain qu'il y aura de l'action. Passez donc immédiatement à un style conservateur, et lorsque vous déciderez d'entrer dans un coup, soyez certain d'être prêt à jouer un gros pot. Vous ne volerez plus de petits pots pendant un moment mais vous pourrez trouver des occasions de doubler votre tapis.

PROBLÈMES

Votre capacité d'observation des joueurs est une compétence-clé à la table de poker. Le problème 3-1 est un exemple du processus d'observation sur un coup qui se révèle banal par ailleurs.

Les problèmes 3-2 et 3-3 traitent de ce qu'il faut faire et de ce qu'il ne faut pas faire lorsque vous essayez de voler des coups.

Le problème 3-4 illustre l'importance qu'il y a à vous observer vous-même.

Le problème 3-5 montre les risques encourus lorsque vous ne prêtez pas une attention suffisante aux autres joueurs ni à leurs particularités.

Coup 3-1

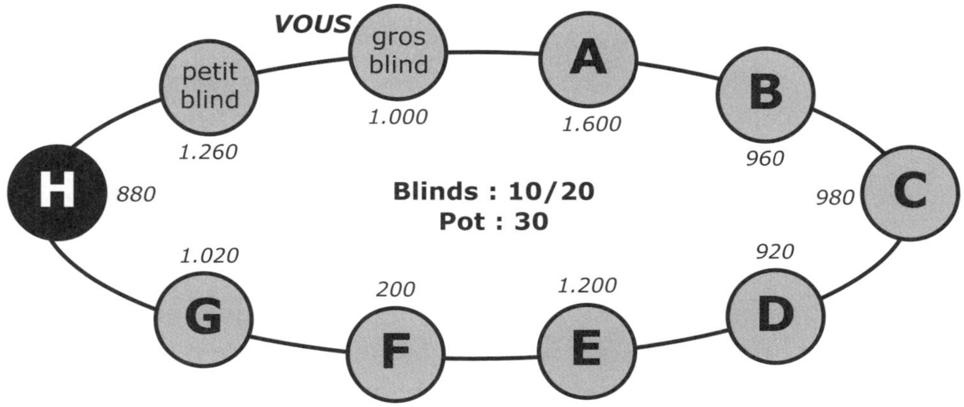

Votre main	Enchères avant vous
	Le joueur A et le joueur B payent tous deux $20. Les joueurs C et D passent. Le joueur E relance à $80. Les joueurs F, G, H et la petite blind passent tous.

La situation : Au début d'un tournoi satellite à une table. Le joueur A entre dans beaucoup de coups. Deux coups plus tôt, il est entré dans le coup en payant simplement, puis a suivi une petite relance de deux fois le montant de la grosse blind. Le joueur E a joué un seul coup, qu'il a gagné.

Question : *Est-ce que vous passez, suivez ou relancez ?*

Réponse : Vous passez bien sûr. Roi-sept, assortis ou dépareillés, reste une main faible, et vous êtes en mauvaise position pour affronter un adversaire qui a fait une forte relance. Sortez de ce coup.

L'action : Vous passez. Les joueurs A et B passent à leur tour. Le joueur E ramasse le pot.

Question : *Quelle leçon tirer de ce coup ? Qu'avez-vous appris ?*

Réponse : Pour le joueur occasionnel, il ne s'est rien passé de particulier sur ce coup. Deux joueurs ont payé, un joueur a relancé, puis tout le monde a passé. Rien de plus ennuyeux.

Un joueur sérieux aura cependant appris quelque chose d'important. Le joueur A, le joueur directement à ma gauche, avait précédemment payé la grosse blind, pour ensuite suivre une modeste relance. Sur ce coup, il payait la grosse blind puis passait face à une relance de quatre fois la grosse blind. Il joue beaucoup de coups, j'en déduis donc qu'il doit souvent entrer dans les coups avec des mains faibles. Si cette situation se reproduit et qu'il n'y a pas de fortes relances avant moi, je sais qu'il y a de grandes chances pour que je puisse lui prendre le pot en faisant une forte relance.

Demandez à un joueur occasionnel ce qui le différencie des plus grands joueurs, il aura probablement des difficultés à vous donner une bonne réponse. Certains pensent que les bons joueurs sont naturellement chanceux. D'autres pensent qu'ils sont simplement de meilleurs bluffeurs. D'autres encore pensent qu'ils ont la faculté de lire le jeu de leurs adversaires en décelant leur moindre battement de cils.

En vérité, les bons joueurs ont la grande faculté de se souvenir de tout ce qui se passe autour de la table. Et surtout, ils savent se servir de ces informations de manière logique. J'ai juste noté mentalement la tendance que semble avoir le joueur A. Il est particulièrement important pour moi parce qu'il est le joueur assis juste à ma gauche. Toutes mes tentatives de vols passent par lui, j'ai donc besoin d'en savoir le plus possible sur son comportement. Ces informations m'aideront-elles à voler un pot plus tard ? Peut-être.

N'est-ce pas beaucoup de travail et beaucoup d'efforts dans l'espoir de voler juste un coup ou deux ? Oui, je vous l'accorde. Mais c'est l'essence même d'un bon poker. Continuez à prendre mentalement des notes sur les joueurs de votre table. Au bout de deux heures vous en saurez beaucoup sur eux, et vous verrez, vos résultats s'amélioreront de manière significative.

Coup 3-2

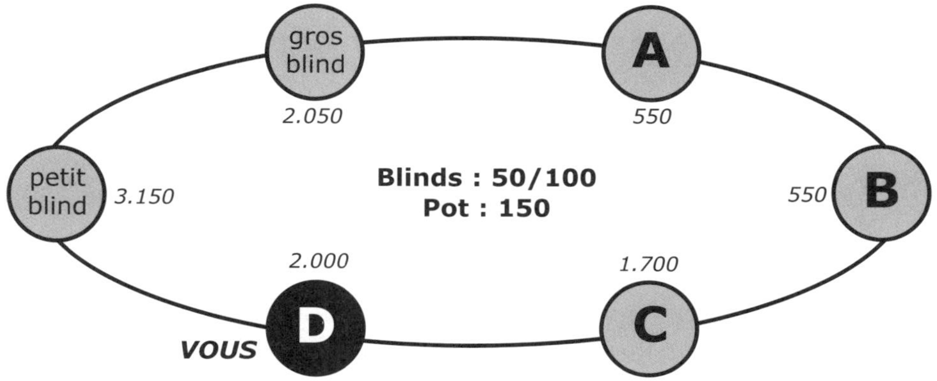

Votre main

Enchères avant vous

Les joueurs A, B, et C passent.

La situation : Un satellite à une table pour un tournoi majeur. Quatre joueurs ont été éliminés, il ne reste plus que six joueurs. La petite et la grosse blind sont des joueurs agressifs qui aiment entrer dans beaucoup de coups. Les joueurs A et C semblent jouer très serré. Le joueur B, un peu moins.

Question : *Est-ce que vous passez, suivez ou relancez ?*

Réponse : De nombreux joueurs qui ont appris le poker en regardant les tournois à la télévision pensent qu'il est possible de voler un pot quand on veut, en poussant simplement quelques jetons et en gloussant pendant que les autres joueurs jettent leurs mains. En réalité, ce n'est pas aussi facile. Vous devez choisir les bons moments, trouver les bonnes occasions, varier vos habitudes de mises, et ne pas le faire trop souvent.

Sur ce coup, si je n'avais pas eu d'informations sur mes adversaires, j'aurais jeté mon jeu. Quand j'essaie de voler un pot, j'aime avoir un semblant de jeu pour pouvoir me défendre si besoin est. Avec une main comme 9-10 dépareillés, j'ai toujours un tirage potentiel à quinte. En position favorable, je déciderais probablement d'agir avec cette main. Ma main Q♠4♠, m'ouvre il est vrai un tirage à couleur. Mais sans le Roi ni l'As de pique en main, il se peut aussi que je touche ma couleur mais que je perde quand même tous mes jetons, battu par une couleur supérieure.

Si je savais que les joueurs après moi jouent serré et si je les avais vu passer face à de faibles relances dans des circonstances similaires, alors je relancerais. Je relancerais de n'importe quel montant qui les aurait poussés à jeter leur jeu auparavant. Si une relance de deux fois la grosse blind les avait précédemment chassés d'un coup, j'aurai misé ce montant. S'ils avaient payé des relances de deux fois la grosse blind mais passé des relances de trois fois la grosse blind, je miserais donc $300 dans ce cas. C'est juste un exemple de l'importance qu'il y a à observer le jeu à votre table, même lorsque vous n'êtes pas dans le coup. L'information est généralement disponible à la table, vous n'avez qu'à la collecter.

Dans ce cas précis vous avez des informations mais elles ne sont pas favorables. Les deux joueurs après vous jouent large et agressif, ils aiment entrer dans beaucoup de coups. C'est précisément le genre d'adversaires à qui vous ne voulez pas essayer de voler des pots ! C'est tout ce que vous avez besoin de savoir pour jeter cette main faible, même au bouton.

Dans la réalité, le joueur au bouton a tenté de voler le coup. Voyons ce qui s'est passé.

L'action : Le bouton mise $200. La petite et la grosse blind paient, ajoutant respectivement $150 et $100. Le pot est maintenant de $600.

Le flop : J♠J♣9♠

L'action : La petite blind mise $200 et la grosse blind suit. Le pot est maintenant de $1.000.

Question : *Que faites-vous ?*

Réponse : Il y a de mauvaises et de bonnes nouvelles. Les blinds ont payé votre tentative de vol maladroite mais le flop vous a donné un tirage à couleur. Il y a maintenant $1.000 dans le pot et cela vous coûte $200 pour suivre.

La première chose à considérer est qu'il s'agit d'un très bon flop pour vous. Si aucun des deux joueurs n'a de Valet, ce qui est fort possible (il ne reste que deux Valets dans le paquet), ils n'ont probablement pas amélioré leurs mains au flop. Dès lors qu'aucun d'eux n'a relancé avant le flop, ils n'ont sûrement pas de grosses paires. Et comme ils sont connus pour être des joueurs agressifs, le fait que le premier joueur ait misé et que le deuxième l'ait suivi ne signifie pas grand-chose.

Il est maintenant temps d'oublier votre tentative de vol et de commencer à calculer la cote du pot. Une couleur devrait probablement vous faire remporter le coup. Votre cote pour la la couleur à la quatrième est d'environ 4 contre 1. Et si vous pouvez rester dans le coup à la quatrième et à la cinquième, cette cote passe à 2 contre 1.

D'autres séquences qui peuvent affecter l'issue du coup : que deux Dames consécutives ou deux Quatre viennent au tableau, ou encore que l'un des autres joueurs ait un meilleur tirage couleur. Toutes ces hypothèses étant peu probables, restez donc concentré sur le cas le plus plausible. Le pot vous offre maintenant une cote de 5 contre 1, il est donc justifié pour vous de suivre, même si vous ne pouvez voir qu'une carte. N'envisagez même pas une éventuelle sur-relance. Il n'y a absolument rien qui puisse vous laisser croire que vous arriveriez à chasser l'un des joueurs du coup.

L'action : Vous payez $200. La quatrième carte amène le tableau J♠J♣9♠2♣. La petite blind mise de nouveau $200 et la grosse blind paye. Le pot est maintenant de $1.600.

Question : *Que faites-vous ?*

Réponse : Votre cote pour toucher la couleur à la dernière carte est de 4 contre 1 et le pot vous offre une cote de 8 contre 1. Vous suivez donc sans hésiter, même s'il existe une possibilité que vous ne remportiez pas le pot avec une couleur.

L'action : Vous payez $200. Le pot est maintenant de $1.800. La cinquième carte amène le tableau J♠J♣9♠2♣J♥. Il y a maintenant trois Valets au tableau. Les deux joueurs qui vous précèdent checkent.

Question : *Que faites-vous ?*

Réponse : Checkez et soyez prêts à jeter vos cartes quand l'un des joueurs montrera un As ou un Roi. Miser serait une pure perte de temps et mettrait encore davantage de jetons en péril.

Dénouement : Vous checkez et les deux premiers joueurs montrent respectivement K♦7♦ et K♣T♠. C'est K♣T♠ qui remporte le pot.

Le bouton a perdu $600 dans ce coup, une juste punition pour ne pas avoir observé plus attentivement l'action pendant les tours précédents. Ses deux adversaires jouaient assez large pour payer tout au long du coup avec rien de mieux qu'hauteur Roi. En aucun cas ils n'auraient pu cacher cette tendance pendant la première demi-heure du tournoi.

Coup 3-3

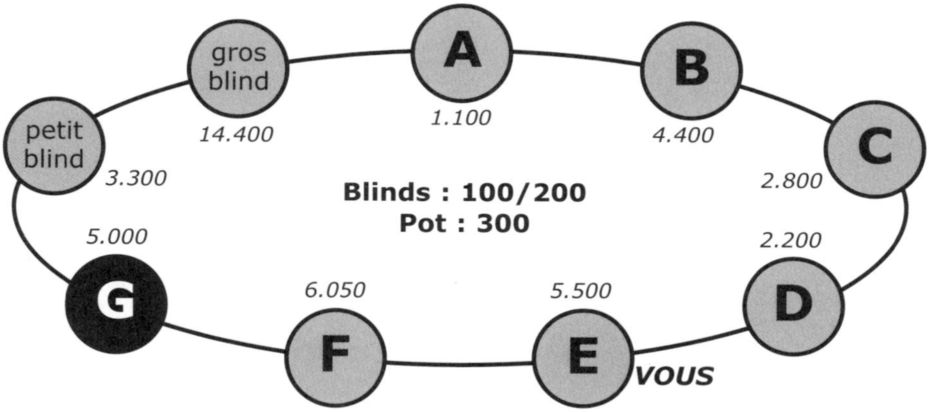

Votre main	Enchères avant vous
	Les joueurs A, B, C et D passent.

La situation : Un tournoi majeur, à la fin de la première journée. Vous avez gagné deux des trois derniers pots sans avoir montré votre main. Le joueur F est très agressif, relançant et sur-relançant fréquemment. Le joueur G, au bouton, est également un joueur actif. On ne sait rien de la grosse blind qui vient de rejoindre la table.

Question : *Que faites-vous ?*

Réponse : Les connecteurs assortis sont des mains dont la valeur est variable. Selon les circonstances, je peux soit relancer, payer, ou encore passer. Essayons de lire la table dans cette situation et de voir ce que vous devriez faire.

1. Quatre joueurs ont passé avant vous. C'est une raison suffisante pour relancer. S'il y avait eu plusieurs entrants et si vous étiez en fin de parole, vous auriez pu décider de suivre simplement, voir le flop à moindre frais et espérer toucher un jeu monstre au flop. Mais dans ce cas, quatre joueurs sur les neuf ne sont plus dans le coup, une modeste relance devrait permettre de remporter le pot immédiatement. Et si vous êtes payé, vous pourrez toujours espérer gagner avec les cartes que vous avez en main.

2. Vos connecteurs assortis sont plutôt petits. Avoir Huit-Sept n'est pas aussi prometteur que d'avoir Valet-Dix ou Dix-Neuf. C'est un argument pour passer.

3. Vous avez gagné deux coups récemment, *sans avoir montré vos cartes.* C'est une raison pour passer. Quand vous remportez des coups en montrant de beaux jeux, les joueurs sont intimidés. "Je ne veux pas me frotter à ce type, il joue uniquement quand il a le jeu max." Mais quand vous gagnez des coups sans montrer vos mains, ils deviennent curieux. "Avait-il vraiment quelque chose ? Je ferais mieux de le suivre et je verrai bien. Il ne me sortira pas de ce coup." Ici, vous voudriez relancer et gagner le pot *sans qu'on vous le conteste.* Mais vos récentes victoires rendent cette issue bien moins probable.

4. Il y a des joueurs actifs après vous. C'est un solide argument pour passer. Idéalement, vous auriez aimé relancer avec des joueurs passifs et serrés assis après vous, pour des raisons évidentes. Mais ici, les deux types juste après vous ont de gros tapis et ils aiment entrer dans beaucoup de coups. Alors que le dernier joueur à parler, la grosse blind, est à la fois inconnue de vous et l'un des plus gros tapis du tournoi. Cette situation est bien peu engageante.

Tout un faisceau d'indices vous incite à "passer". C'est ce que vous faites.

Coup 3-4

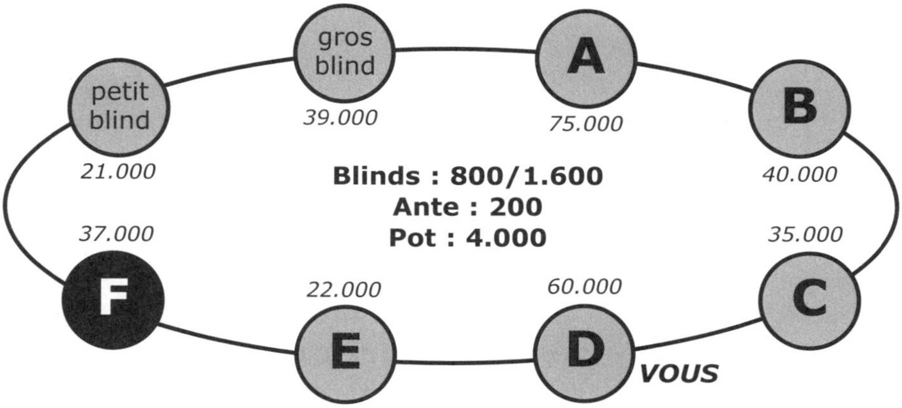

Votre main	**Enchères avant vous**
	Les joueurs A, B et C passent.

La situation : Dans les trois dernières tables d'un tournoi majeur, avec encore 28 joueurs en compétition. La table a joué plutôt serré de manière générale. Vous avez joué de manière plus agressive que la plupart des autres joueurs. Le joueur F est un joueur solide et serré.

Question : *Est-ce que vous relancez, et si oui, de combien ?*

Réponse : La relance standard avec cette main est de trois ou quatre fois la grosse blind. Vous ne voulez pas que des joueurs avec des mains à tirage entrent dans le coup à moindre frais. Mais avec vos Dames, vous ne désirez pas non plus décourager toute action adverse comme vous le feriez si vous déteniez la paire de Valets ou de Dix. $4.000 semble ici être un bon montant pour relancer.

L'action : Vous relancez à $4.000. Le joueur E passe. Le joueur F relance à $10.000. Les blinds passent. Le pot est maintenant de $18.000. Cela vous coûte $6.000 pour suivre.

Question : *Que faites-vous ?*

Réponse : Votre première préoccupation est de découvrir ce que cette mise signifie. Votre deuxième pensée sera de décider si vous souhaitez le mettre à tapis ou non.

Vous ne pouvez jamais deviner, d'après la relance d'un joueur avant le flop, ce qu'il possède exactement. La seule chose que vous puissiez faire est de le mettre sur un éventail de mains possibles, puis d'apprécier vos chances contre chaque main envisagée. A partir de cette analyse, vous devriez être capable de sentir quelle est la bonne manière de jouer. Soyez très sceptique à l'encontre des joueurs qui prétendent être capables de lire dans l'âme de leurs adversaires – ils essayent simplement de vous intimider.

Que peut-il donc avoir dans ce coup ? La première possibilité, évidemment, est deux As ou deux Rois. S'il a l'un de ces jeux en main, vous êtes perdant à 4,5 contre 1 et ô combien mécontent !

La deuxième possibilité est qu'il ait As-Roi. (As-Dame est moins probable dès lors que vous avez déjà deux Dames en main ; de plus il ne jouerait probablement pas de cette manière avec As-Dame.) Vous êtes léger favori dans ce cas. D'un point de vue purement statistique, il y a plus de combinaisons d'As-Roi que de paires d'As ou de Rois. (Il y a seize façons de sortir un As-Roi du paquet contre juste six paires d'As possibles et six paires de Rois possibles. Dans ce scénario, As-Dame a huit combinaisons possibles, mais je le répète, ce n'est pas un jeu avec lequel il aurait sur-relancé. Ici, As-Dame assortis a seulement deux combinaisons possibles).

La troisième possibilité est une paire intermédiaire, disons toutes les paires entre les Valets et les Huit ou même les Sept. Ici, vous devez vous demander quelle est la probabilité qu'il ait une de ces paires en main ou qu'il ait décidé de relancer avec une telle main. Avec deux As ou deux Rois, il déciderait avec quasi-certitude de relancer. Avec une paire de Valets ou de Dix, ce serait possible, mais pas certain du tout. C'est cependant une possibilité car vous avez été jusque-là le joueur agressif de la table. Il a pu penser que votre relance était un bluff et qu'une main de ce type était parfaite pour tenter de vous contrer.

Entre parenthèses, il est important de ne pas oublier qu'en plus de noter la manière dont vos adversaires jouent à la table, vous devez également garder à l'esprit quelle image vous donnez de vous-même. Cela vous procurera parfois un indice pour interpréter leurs mises. Si vous avez été très actif, beaucoup de joueurs décideront de vous relancer dès qu'ils auront une paire en main.

La dernière possibilité est que le joueur F ait une main différente de celles que nous avons envisagées jusque-là. C'est peu probable, mais ce n'est en aucun cas impossible. Quand le montant des tapis a tendance à devenir petit par rapport aux blinds, des joueurs vont commencer à tenter des actions et vous devez en tenir compte. Dans votre carrière de joueur de poker, vous allez à de nombreuses reprises vous torturer les méninges, ne sachant pas si vous devez payer ou non une forte relance d'un adversaire pour constater en fait qu'il n'a absolument rien ! Il est peu probable que ce soit le cas ici, mais c'est une probabilité que vous devez envisager, peut-être dans 10% des cas.

Tout compte fait, il me semble que vous êtes bon favori. Vous êtes perdant contre les deux paires supérieures et grand favori contre une paire inférieure. Il y a plus de paires inférieures possibles que de paires supérieures. L'existence d'une paire inférieure chez l'adversaire est à une cote de 2,5 ou 3 contre 1. Vous êtes légèrement favori contre As-Roi et grand favori face à n'importe quel bluff.

Il vous appartient maintenant de vous pencher sur la cote du pot, qui s'avère excellente. Il y a actuellement $18.000 dans le pot, et votre adversaire a encore $27.000 devant lui. Si vous le relancez à tapis et s'il paye, vous risquerez $27.000 de votre tapis pour tenter d'en gagner $45.000 (les $18.000 actuellement dans le pot plus les $27.000 qu'il devra ajouter pour suivre). C'est une très belle cote dans une situation où vous pensez être un solide favori. Vous ne serez pas dans une situation confortable si vous perdez, mais c'est ce genre de décisions qui permettent de gagner les tournois.

Misez donc votre tapis.

Dénouement : Vous faites tapis et l'adversaire vous paye en montrant K♠K♣. Le flop révèle 8♠7♠3♠. Les quatrième et cinquième cartes sont le J♠ et le 4♣. Sa couleur au Roi bat votre couleur à la Dame.

Notez bien que vous ne pouviez que perdre beaucoup d'argent sur ce coup. Si vous ne l'aviez pas relancé à tapis avant le flop et si vous l'aviez simplement suivi, le tirage couleur vous aurait poussé à le relancer à tapis au flop.

Coup 3-5

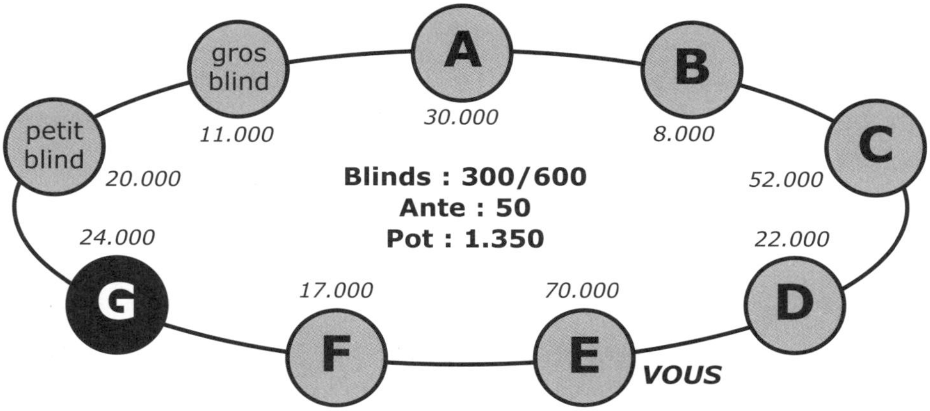

Votre main	Enchères avant vous
	Le joueur A relance à $3.000. Le joueur B passe. Le joueur C paye. Le joueur D passe. Le pot est maintenant de $7.350.

La situation : Au beau milieu de la première journée d'un tournoi majeur. Les joueurs A et C sont des professionnels qui sont tous deux très agressifs et jouent beaucoup de coups. Chacun d'eux est capable de bluffer tout au long d'un coup. Après avoir gagné votre qualification sur Internet, vous jouez votre premier tournoi majeur

Question : *Est-ce que vous payez ou relancez ?*

Réponse : Vous devez relancer avec vos Rois. Certains joueurs, tout particulièrement les débutants, s'emballent et décident de tendre un piège avec deux Rois. Vous pouvez essayer de le faire pour varier votre jeu contre un seul adversaire, mais c'est beaucoup trop dangereux quand il y a plusieurs joueurs dans le coup. Le danger, bien sûr, est que l'un d'eux ait un As accompagné d'une petite carte. Si vous les laissez rester dans le coup pour une petite somme et qu'un As vienne au flop, vous serez battu. Relancez donc dans ce cas et essayez de réduire le nombre de vos adversaires à un seul.

L'action : Vous relancez à $10.000. Les joueurs F et G et les blinds passent tous. Le joueur A jette son jeu. Le joueur C paye. Le pot est maintenant de $24.350.

Le flop : 9♦7♠2♣

L'action : Le joueur C mise $12.000. *Que faites-vous ?*

Réponse : C'est un excellent flop. Trois petites cartes de couleur différentes, avec quelques possibilités de quinte. Votre adversaire est connu pour être un joueur agressif. Il semble ici faire un *continuation bet* standard de la moitié du pot. Nous discuterons plus avant du continuation bet dans la sixième partie. Pour l'instant, retenez simplement qu'il s'agit d'une mise au flop faite par le joueur qui a initialement relancé au tour d'enchères précèdent, dans le but de remporter le pot alors qu'il n'a rien flopé.

Bien que vous soyez quasiment certain d'avoir la meilleure main pour l'instant, vous ne devriez pas relancer systématiquement. Certes, ce serait une bonne manière de jouer contre un joueur serré. Mais ici vous êtes contre un agressif, vous avez la position et un excellent jeu. Une meilleure stratégie est donc d'appliquer le fameux “Rope-a-dope” et de le laisser essayer de vous prendre le pot. Vous limiter à payer est une bonne idée. Vous pouvez faire semblant de réfléchir pour ajouter un peu d'effet dramatique.

L'action : Vous payez. Le pot est maintenant de $48.350.

La turn : 9♦7♠2♣3♠

L'action : Le joueur C mise $15.000. Le pot est maintenant de $63.350. Vous avez encore $48.000 devant vous. Il ne reste plus au joueur C (après cette mise) que $15.000. *Que faites-vous ?*

Réponse : La quatrième carte ne vous inquiète certainement pas, même si votre adversaire peut désormais avoir un tirage quinte ou couleur.

Vous devriez maintenant le relancer à tapis. Certains joueurs sont gourmands dans une telle situation et payent simplement, avec l'idée de relancer à la river et d'empocher les derniers jetons de leur adversaire quand celui-ci pensera à une tentative de bluff désespérée. Je n'aime pas cette approche pour deux raisons :

1. Le joueur C a probablement quelque chose et vous lui donnez gratuitement une chance de vous battre.

2. Si le joueur C est sur un tirage, il a encore de l'espoir pour l'instant. S'il n'améliore pas à la river, tous ses espoirs s'envoleront et il jettera son jeu.

L'action : En réalité, vous suivez simplement. Le pot est maintenant de $78.350.

La river : 9♦7♠2♣3♠5♥

L'action : Le joueur C checke. *Que faites-vous ?*

Réponse : Si le joueur C cherchait la couleur, ses espoirs viennent de s'envoler. Il y a toujours la possibilité que vous soyez battu par une petite quinte ou un brelan caché, mais vous n'avez pas assez de temps en tournoi pour ce genre de préoccupations. Vous devez accumuler des jetons et éliminer des joueurs et voilà justement une occasion de faire coup double. Relancez-le à tapis. S'il a une petite paire, il est possible qu'il vous paye parce que la cote du pot est excellente et que son tapis est devenu trop faible pour qu'il passe.

L'action : Vous checkez et le joueur C montre une paire de Huit. Vous remportez le pot.

Le joueur C a perdu beaucoup d'argent en commettant une faute élémentaire avant le flop. Suivre la relance du joueur A était correct : A était agressif et pouvait avoir n'importe quelle main. Mais quand un novice fait une forte relance contre deux professionnels, vous devez le prendre très au sérieux – il ne bluffe pas. Il était encore temps pour le joueur C de se retirer avec son tapis intact. Une telle sur-relance venant d'un pro aurait pu être interprétée comme une tentative d'intimidation pour chasser le maximum de joueurs du coup, et si vous aviez vu le joueur tenter ce type d'action auparavant, vous auriez pu vouloir payer. En revanche, une sur-relance de la part d'un novice n'indique rien d'autre qu'un gros jeu et vous pouvez être certain que vos Huit sont battus.

Au fil du tournoi, vous serez confronté à une grande variété de mises possibles. Devenir un meilleur joueur dépend essentiellement de votre capacité à reconnaître et à faire des mises favorables tout en évitant les mises défavorables ou tout juste équitables.

QUATRIÈME PARTIE

LA COTE DU POT ET L'ANALYSE D'UN COUP

INTRODUCTION

Tout jeu d'argent est basé sur une idée simple : faire de bonnes mises avec une cote favorable. Evaluer si une mise est bonne ou non nécessite la parfaite connaissance de deux éléments clés :

1. Quelle est votre probabilité de gagner ?

2. Quel est le rapport de votre mise si vous gagnez ?

Lorsque le rapport de votre mise est supérieur à vos chances de gagner, vous faites une bonne mise. À long terme, en faisant toujours la même mise, vous gagnerez de l'argent, bien qu'il puisse y avoir de fortes fluctuations. Quand le rapport de votre mise est inférieur à vos chances de gagner, vous faites une mauvaise mise. À long terme, si vous faites toujours la même mise, vous perdrez de l'argent à coup sûr.

Prenons l'exemple d'une personne qui vous demande de parier sur un seul coup de dé. Vous décidez de miser $1 sur un seul lancer, en donnant le Six gagnant. Il mise $6 en pariant le contraire. Vous acceptez volontiers le pari, sa proposition est plus que favorable pour vous. Il y a six issues possibles au lancer du dé, une où vous gagnez et cinq où vous perdez.

Votre probabilité de gagner est donc de 5 contre 1 mais le rapport est de 6 contre 1 en cas de victoire. *Dès lors que le rapport de votre mise est supérieur à votre probabilité de gagner, votre mise est forcément rentable pour vous sur la durée.* (En moyenne, sur six essais, vous perdrez cinq fois $1 mais vous gagnerez une fois $6 : votre profit net sera donc de $1, soit presque 17 % par essai.)

Quand vous entrez dans un casino, vous êtes confronté à une multitude de mises possibles et vous savez que la plupart vous sont défavorables. Bien que tous les joueurs fréquentant les casinos, ou du moins une très grande majorité, aient conscience de miser contre les cotes, seuls quelques-uns comprennent ce que cela signifie réellement. La plupart des joueurs occasionnels imaginent qu'ils perdent quand ils font une mise et qu'ils ne gagnent pas, ou que les jeux de casino ne les laissent pas gagner assez souvent. En réalité ce n'est pas le cas. Si vous jouez toujours le numéro 22 à la roulette, il finira par sortir sur le long terme, aussi souvent qu'il est supposé tomber – une fois sur 38 [8]. Et quand le numéro ne sort pas, le casino vous prend votre mise. En fait, dans un sens, *vous perdez uniquement quand vous gagnez*. En effet, quand tombe le numéro 22, le casino vous paye une somme inférieure à celle dont vous auriez besoin pour compenser vos pertes. C'est cet écart entre le rapport de votre mise et la probabilité de toucher ce numéro (35 contre 1 au lieu de 37 contre 1) qui fournit au casino ses profits sur les jeux d'argent.

Quand vous traversez un casino pour aller dans la salle de poker vous asseoir à un tournoi de hold'em no-limit, la situation est quelque peu différente. Au fil du tournoi, vous serez confronté à une grande variété de mises possibles. Bonne nouvelle : certaines vous seront favorables, d'autres défavorables, et vous devrez bien évidemment vous écarter des défavorables pour vous concentrer sur celles qui vous sont favorables. Mauvaise nouvelle : il n'est pas évident à première vue de savoir lesquelles sont favorables et lesquelles ne le sont pas. Le découvrir ne dépend que de vous, et les informations données dans ce chapitre vous donneront une certaine avance sur la majorité des autres joueurs. Devenir un meilleur joueur dépend essentiellement de votre capacité à reconnaître et à faire des mises favorables, tout en évitant les mises défavorables ou tout juste équitables.

---

[8] C'est une fois sur 38 si l'on considère la roulette américaine, dotée de deux zéros. Ce serait une fois sur 37 avec une roulette française ou anglaise, dotée d'un seul zéro (NdE).

17 La double réalité d'une mise au poker

Afin de savoir si un pari vous est favorable ou non, vous devez connaître le rapport qui vous est offert en cas de victoire ainsi que votre probabilité de gagner. Au poker, le rapport de votre mise si vous gagnez est révélé par la cote du pot. Combien y a-t-il dans le pot et combien cela vous coûte-il de jouer le coup ? C'est une analyse intelligente de l'action tout au long du coup qui vous permet de déterminer votre probabilité de gagner.

Ni l'une ni l'autre de ces deux parties n'est simple. Mais toutes deux sont réelles et vous devez les apprendre. Des deux parties, celle qui consiste à calculer la cote du pot est la plus facile. Nous commencerons donc par celle-là.

La cote du pot

Si votre adversaire vous a relancé à tapis ou qu'il a fait la dernière mise significative sur le coup, la cote du pot est facile à calculer. Faites la meilleure estimation possible du montant du pot et comparez-la au montant requis pour suivre. Le résultat est votre cote du pot.

Exemple n°1
Il y a actuellement $900 dans le pot. Vous avez $600 devant vous et un seul adversaire est dans le coup. Celui-ci pousse les $1.000 qui lui restent au milieu de la table, vous relançant ainsi à tapis. ***Quelle est votre cote du pot ?***

Réponse : Comme il ne vous reste plus que $600, votre adversaire ne peut en fait miser que $600 dans le pot. Le pot que vous jouez est donc de $1.500 et cela vous coûte $600 pour suivre. Votre cote du pot est donc de $1.500 contre $600, ou encore de 2,5 contre 1.

Exemple n°2
Nous en sommes à la quatrième carte, et il y a $1.000 dans le pot. Vous détenez

et le tableau est

D'après vos suppositions, votre adversaire doit avoir une grosse paire en main. Il mise $500. Vous avez tous deux un peu plus de $3.000 devant vous. *Quelle est la cote du pot ?*

Réponse : Cette main semble similaire à la précédente mais contient quelques données supplémentaires. Nous pouvons rapidement voir qu'une fois que votre adversaire a misé, le pot contient $1500 et que cela vous coûte $500 pour suivre. La cote du pot est donc de $1.500 contre $500, soit 3 contre 1.

Mais contrairement à l'exemple précèdent, il est possible qu'il y ait encore des mises supplémentaires sur le coup. Il pourrait y avoir une autre mise à la cinquième. De quelle manière cela affecte-il notre calcul ?

La cote explicite et la cote implicite

La cote de 3 contre 1 que nous avons calculée dans l'exemple précèdent est la *cote explicite*, la cote actuellement offerte par le pot. Cependant, tout aussi importante est la *cote implicite*, la cote qui sera finalement offerte par le pot lorsque toutes les mises auront été faites.

Très souvent, la cote explicite ne justifierait pas de suivre, alors que la cote implicite, oui. Dans notre précédent exemple, vous êtes sur le tirage couleur max. Si vous touchez cette couleur et si vous avez correctement évalué la main de votre adversaire, vous gagnerez. Si vous ne la touchez pas, vous perdrez. Mais si vous ne touchez pas la couleur, vous n'aurez pas à investir plus d'argent dans le pot, alors que si vous touchez votre jeu, vous pourriez prendre plus d'argent à votre adversaire. Ce n'est cependant pas certain car la troisième carte assortie visible au tableau peut effrayer votre adversaire qui préfèrera ne pas payer une forte mise. Supposez que vous pensiez qu'il ne payera pas une mise importante si vous touchez la couleur mais qu'il payera plutôt une faible mise, disons $500. Dans ce cas, votre cote implicite à la quatrième se calcule de la façon suivante : ajoutez aux $1.500 actuellement dans le pot les $500 que vous pourriez gagner à la cinquième, rapportez le tout aux $500 requis pour suivre, vous obtenez $2.000 contre $500, soit 4 contre 1. C'est aussi votre cote de toucher la couleur, il est donc raisonnable de suivre (mais cela peut être contredit par l'adversaire s'il ne paye pas votre mise).

Pour être plus précis dans vos calculs, multipliez le montant de votre mise par la probabilité que vous soyez payé. Le "profit escompté" qui en résulte s'il paye doit ensuite être ajouté au pot pour obtenir votre cote implicite. Vous devez également utiliser cette méthode pour déterminer le montant que vous devez miser lorsque vous parlez en premier. En règle générale, vous devriez choisir la mise avec le profit escompté maximum, bien qu'en tournoi vous puissiez choisir un montant légèrement inférieur afin d'être plus certainement payé.

En hold'em no-limit il est souvent correct d'accepter une cote explicite légèrement défavorable pour tenter de toucher un jeu énorme qui vous permettrait de gagner tous les jetons de votre adversaire à la river. C'est encore plus vrai des tirages à quintes par rapport aux tirages à couleurs, dès lors que les quintes sont plus faciles à dissimuler.

18

Analyse d'un coup

Calculer la cote du pot est assez simple. Regardez combien il y a dans le pot, voyez combien de jetons il vous faut pour suivre et faites une évaluation même approximative de ce qui pourrait être misé ensuite si vous pensez qu'il y aura encore de l'action sur le coup. Divisez l'un par l'autre et vous avez votre cote du pot.

Si calculer la cote du pot est une science, l'analyse d'un coup est un art. Vous devez maintenant déterminer quelle pourrait être la main de votre adversaire qui justifierait les mises qu'il a faites sur le coup, la probabilité pour lui de gagner avec chacune de ces mains et enfin vos chances de battre chacune d'elles. Au terme de ce raisonnement, vous connaîtrez votre probabilité de gagner le coup.

Ce ne sera bien sûr qu'une estimation basée en partie sur ce que vous savez de *cet* adversaire dans *ce* type de situation. Cette estimation sera à comparer à la cote du pot que vous connaissez déjà. Dans la plupart des situations, la comparaison de ces deux chiffres éclaircira la situation et vous fera prendre la bonne décision.

Avant de nous pencher sur certains exemples concrets, nous devons aborder deux détails d'ordre technique. Analysons certaines probabilités de gagner dans les cas de rencontres-types et la technique de calcul des outs.

Quelques probabilités typiques de gagner avant le flop

Au hold'em no-limit, certaines confrontations pré-flop reviennent si régulièrement que vous avez besoin de connaître par cœur les probabilités de gagner de certaines mains. Si votre adversaire vous relance à tapis avant le flop, vous devez savoir quelles sont vos chances de gagner avec votre main contre les différentes combinaisons de cartes qu'il peut avoir. Voici les plus communes, accompagnées de leurs probabilités de gagner ou de perdre quand le coup est joué jusqu'au bout.

1. Une paire contre une paire inférieure. La plus grosse paire a environ 82% de chance de gagner – sa cote est gagnante à 1 contre 4,5 (la paire sera gagnante 4,5 fois sur 5,5). La situation la plus favorable pour la paire supérieure est d'être proche en valeur de la plus petite. Par exemple, une paire de Rois est légèrement plus favorite contre une paire de Dames que contre une paire de Neuf, parce que les Rois interfèrent dans les possibilités de tirage à quinte des deux Dames. La présence de couleurs communes favorise aussi la paire supérieure. Dans le cas d'une paire contre une paire avec deux couleurs communes, la paire supérieure gagne 1,5% par rapport au cas où il n'y aurait pas de couleur commune.

2. Une paire contre deux cartes supérieures. C'est la confrontation classique que vous voyez si souvent à l'abattage au no limit hold'em. La paire est favorite et ses chances de gagner sont d'environ 45 contre 55. La paire est légèrement plus favorite encore si elle est proche en valeur des deux cartes supérieures, car elle confisque ainsi certaines possibilités de quinte. La présence de couleurs communes avantage également la paire. (Evidemment, les deux cartes supérieures sont avantagées si elles sont assorties ou connectées.)

3. Une paire contre deux cartes inférieures. Détail intéressant : si les deux plus petites cartes sont proches en valeur l'une de l'autre, c'est à peine plus favorable que le cas d'une paire contre une paire plus petite. L'augmentation des chances de toucher deux paires ou une quinte compense largement la faible possibilité de toucher un brelan. La paire est favorite à environ 1 contre 5.

4. Une paire contre une carte supérieure et une carte inférieure. La paire est gagnante a environ 2 contre 5. La chance de toucher une quinte chute dès lors que la paire enlève deux cartes-clés, mais il y a environ 30% de chance de toucher une paire avec la carte supérieure, ce qui est généralement suffisant pour gagner.

5. Deux cartes supérieures contre deux cartes inférieures. Les deux cartes supérieures sont gagnantes a environ 3 contre 5. Cela surprend toujours les novices. Quand ils voient As-Roi contre 8-6, ils s'imaginent qu'As-Roi est hyper-favori. Mais celui qui touche une paire gagne en général. La force de l'As-Roi intervient uniquement lorsqu'aucun des joueurs ne touche de paire ou que chacun d'eux en touche une.

Compter les outs

Si vous pensez après le flop que votre main a besoin d'une amélioration pour gagner, vous devez compter vos outs. Un "out" est simplement une carte qui, si elle sort à la turn ou à la river, vous donnera le jeu gagnant. Compter vos outs vous permettra de connaître votre probabilité (exprimée en "cote") de toucher votre jeu à ce moment-là.

Quand vous comptez les outs, souvenez-vous que c'est au mieux un exercice imparfait. Si votre adversaire bluffe, votre main, aussi faible soit-elle, peut être le jeu gagnant. Si votre adversaire vous tend un piège avec un full ou un carré, ce que vous pensiez être des outs pourrait être en fait les cartes qui vous coûteraient votre tapis. Ces avertissements mis à part, il est toujours très utile d'avoir une idée du nombre de cartes dont vous avez besoin pour toucher une main probablement gagnante.

Exemple n°1
Vous possédez

et le flop est

Votre adversaire vous a suivi avant le flop mais maintenant il relance fortement, et vous le suspectez d'avoir au moins une paire. ***Combien d'outs avez-vous ?***

Réponse : Dès lors qu'il n'y a pas de paire au tableau, votre adversaire ne peut pas avoir pour le moment touché de couleur ou de full. Si vous touchez une couleur à cœur, vous pouvez être raisonnablement sûr de gagner (comme vous avez l'As, même si votre adversaire est également sur un tirage couleur, vous aurez la couleur max). Il y a quatre cœurs visibles pour vous et neuf restants dans le paquet. Nous comptons ces neufs cœurs comme neuf outs.

Si votre adversaire a simplement une paire inférieure, alors un As ou un Roi sera également considéré comme out. S'il a touché deux paires ou un brelan, toucher un As ou un Roi ne vous aidera pas. Sa main la plus probable ici est paire de Valets, mais il a pu payer votre mise avec Valet-Neuf, une paire de Neuf ou une paire de Cinq. Vous ne pouvez pas compter les trois As et les trois Rois qui restent dans le paquet comme six outs à part entière. Il semble plus raisonnable de les considérer comme quatre outs.

Certaines combinaisons de deux cartes pourraient aussi vous aider. Une Dame et un Dix qui viendraient successivement à la turn et à la river vous donneraient la quinte max. Cependant, les chances que cela arrive sont plutôt faibles. Bien qu'il y ait quatre Dames et quatre Dix, deux d'entre eux ont déjà été comptés, la Q♥ et le 10♥. Vous devriez donc toucher une des six cartes restantes à la quatrième, puis une des cinq cartes restantes à la cinquième. On arrive au mieux à une fraction d'un out.

Notre estimation donne 13 outs [9]. Avec deux cartes à venir, cela vous donne très légèrement perdant sur le coup.

---

[9] Pour l'explication complète de la façon d'estimer le nombre d'outs, lire *Poker Cadillac* de François Montmirel, même éditeur.

Certaines situations courantes se produisent si fréquemment que vous feriez bien de vous familiariser avec elles. Voici un tableau de ces situations et du nombre d'outs associé.

Nombre d'outs	Main à tirage
4 outs	Un tirage à quinte ventral. Deux paires cherchant le full.
6 outs	Deux cartes supérieures cherchant la paire.
8 outs	Un tirage à quinte ouvert.
9 outs	Un tirage à couleur.
11 outs	Un tirage à couleur + une paire cherchant le brelan.
12 outs	Un tirage à couleur + un tirage à quinte ventral.
14 outs	Un tirage à couleur + une paire cherchant son kicker ou son brelan.

Il est bon de se souvenir que lorsque vous avez 14 outs et que *vous savez que vous pourrez voir le turn et la river*, vos chances de gagner le coup sont à peu près d'une sur deux (si tant est que vous gagnerez presque toujours lorsque vous toucherez votre jeu). Cependant, le seul moment où vous pouvez savoir cela, c'est lorsque vous vous retrouvez face à une relance à tapis au flop. Suivre vous permet alors de voir le coup jusqu'au bout et vos 14 outs vous donnent réellement une chance sur deux de gagner le coup. Mais si vous êtes confronté à une mise après le flop et que vous et votre adversaire avez encore beaucoup d'argent devant vous, cette hypothèse ne tient plus. Dans ce cas, ne pas améliorer à la turn pourrait signifier que face à une forte mise et n'ayant plus qu'une seule carte à venir, vous ne pourrez pas payer.

Ces considérations techniques étant maintenant assimilées, nous voilà prêts à étudier certains coups et à voir de quelles manières ces idées s'assemblent en pratique.

Exemple n°2
C'est la deuxième journée des World Series of Poker. Vous avez réussi à doubler votre cave de départ de $10.000 et possédez donc $20.000. Un joueur à votre table possède un tapis supérieur au vôtre avec $26.000. Tous les autres joueurs ont entre $5.000 et $15.000 devant eux. Les blinds sont de $150/$300 avec antes $25, le pot initial est donc de $700.

Vous êtes premier de parole et touchez

Vous choisissez de relancer de quatre fois la grosse blind, soit $1.200. Trois joueurs passent après vous. Le joueur assis en cinquième position, avec le gros tapis, vous suit. Tous les autres joueurs passent. Le flop est tricolore :

Vous misez $3.000 avec vos deux As. Votre adversaire vous relance à tapis. Jusqu'à présent, il a eu le profil d'un joueur expérimenté, solide et conservateur. Votre image à la table est celle d'un joueur solide et conservateur. *Devriez-vous payer ou passer ?*

Réponse : La grosse erreur que font la majorité des joueurs dans cette situation n'est pas de passer ou de payer mais de passer ou de payer *rapidement*. Leurs nerfs les ont lâchés, et ils se disent soit "il a un brelan de Neuf, je suis battu", soit "personne ne me bluffe quand j'ai deux As, je paye". Dans ce cas, il y a une meilleure chose à se dire : "J'ai investi $10.000 et plusieurs jours de ma vie dans ce tournoi, je peux m'accorder quelques minutes pour réfléchir."

Examinons cette situation ensemble. D'après ce que nous avons appris jusque-là, notre première tâche est de calculer la cote du pot. Avant que votre adversaire ne relance, il y avait $700 dans le pot provenant des blinds et des antes, plus $2.400 du premier tour d'enchères, plus $3.000 correspondant à votre mise après le flop, ce qui fait un total de $6.100. Vous avez misé $4.200 jusque-là, il vous reste donc $15.800. Votre adversaire a payé votre relance de $3.000 et vous a relancé du restant de votre tapis – il a donc misé $18.800. Le pot contient désormais $24.900. Cela vous coûte $15.800 pour suivre, la cote que vous offre le pot est donc de 25 contre 16, soit un peu plus de 3 contre 2.

C'est une très bonne cote. Si vous faites beaucoup de mises avec une cote de 3 contre 2 en votre faveur, vous n'avez besoin de gagner que dans 40% des cas pour être à jeu. Gagnez plus souvent et vous générerez un beau profit. Mais la situation présente est-elle aussi favorable ? Nous abordons désormais la partie la plus difficile, celle de l'analyse du coup.

Il n'y a que deux mains que votre adversaire pourrait avoir qui puissent vous faire peur : une paire de Neuf et une paire de Cinq. (Très peu de joueurs auraient fait l'erreur de payer une relance d'un joueur en début de parole avec une paire de Deux.) S'il a une de ces mains, il a touché un brelan et vous êtes donné grand perdant car vous n'avez plus qu'environ 10% de chances de gagner avec deux cartes à venir.

S'il a fait sa relance avec n'importe quelles autres cartes en main, vous êtes grand favori. S'il a misé ses jetons avec deux Rois, deux Dames, deux Valets ou Deux dix, vos chances de gagner sont de 92% avec deux cartes à venir. S'il est en total bluff, avec une main comme Roi-Dame, vous avez alors 97% de chance de gagner.

Commence alors la partie difficile. Quelle est la probabilité qu'il ait chacune de ces mains ? (un Brelan, une plus petite paire ou un bluff). L'erreur typique que font la majorité des joueurs est d'essayer de déterminer exactement ce que leur adversaire a en main pour jouer ensuite de la manière qui conviendrait dans ce cas de figure. S'ils concluent que leur adversaire a un brelan, alors ils passent. S'ils concluent qu'il bluffe alors ils payent. Mais pouvez-vous jamais "savoir" les cartes qu'un joueur a en main ? D'après mon expérience, la réponse à cette question est presque toujours "non".

Il existe en revanche une démarche beaucoup plus fiable pour vous aider à prendre la bonne décision. Il s'agit d'émettre un certain nombre de suppositions éclairées sur la main adverse et d'évaluer la probabilité qu'il détienne chacune de ces mains respectivement. Comparez ensuite le résultat obtenu à la cote du pot et voyez si une décision claire émerge de tout cela. Ce sera souvent le cas.

Commençons nos suppositions par la plus facile. Quelle est la probabilité qu'il bluffe ? Je vais vous donner un principe essentiel, qui, selon moi, reflète très bien la réalité. Appelons cela la *Loi du bluff d'Harrington :*

Loi du bluff d'Harrington
La probabilité que votre adversaire bluffe quand il fait une très grosse mise est toujours d'au moins 10%.

Au moins 10% ! Selon votre adversaire cela peut être davantage, mais cela ne sera jamais moins. Pourquoi ? Parce que les gens bluffent. Ils savent qu'ils sont supposés bluffer, ils aiment le frisson qu'ils ressentent en tentant un bluff outrancier, c'est pourquoi ils bluffent parfois. Vous avez vu cela se produire maintes fois à la télévision et cela arrivera également sur les coups que vous jouerez.

Si vous avez identifié un joueur comme étant "conservateur", ne faites pas l'erreur de penser qu'il ne peut pas bluffer quand il pousse ses jetons dans le pot. Le bluff est une arme puissante pour le joueur conservateur car inattendue dans son cas. Les joueurs conservateurs savent que leurs bluffs ne seront pratiquement jamais payés grâce à leur image à la table. C'est pourquoi ils savent que leurs chances de gagner sont très élevées lorsqu'ils bluffent.

Les joueurs de poker sont prédisposés à faire une erreur que tout le monde commet dans la vie réelle : confondre sa perception des choses avec la réalité. Quand nous rencontrons quelqu'un pour la première fois, nous nous faisons une première impression basée sur quelques éléments significatifs de leurs attitudes et manières d'agir. Notre première impression se traduit alors par l'utilisation de certains adjectifs utiles pour les décrire grossièrement : "réservé", "arrogant", "perspicace", "maladroit". Ces adjectifs guident alors nos propres réponses. Au fur et à mesure que nous connaissons mieux cette personne, nous avons le temps de recueillir beaucoup plus d'informations et nous modifions alors notre perception, radicalement dans de nombreux cas.

Par exemple, ce que nous avions initialement ressenti comme de la "distance" pourra se révéler comme une simple réserve lors de nouvelles rencontres. Au fil du temps, vos opinions sur les autres deviennent plus subtiles et nuancées. Dans la vraie vie, se faire de premières impressions grossières qui seront par la suite transformées au fil des nouvelles données acquises nous sert énormément.

Mais cette façon de traiter l'information, bien que parfaitement valide dans la vie de tous les jours, ne tient pas la route à une table de poker. Nous y sommes confrontés à des gens qui font des pieds et des mains pour nous induire en erreur, nous privant des signaux dont nous avons besoin pour modifier nos impressions initiales. Par conséquent, les adjectifs que nous adoptons pour décrire leurs comportements prennent une importance qu'ils ne méritent pas vraiment. Souvenez-vous que les termes "conservateur" et "agressif" sont seulement des adjectifs. La personne assise en face de vous peut être un individu beaucoup plus subtil, et de ce fait, un dangereux adversaire. Quand vous supposez qu'un joueur n'est pas en train de bluffer parce qu'il a joué de manière conservatrice jusque-là, vous êtes tombé amoureux de l'adjectif, vous faites un raccourci qui vous cache la réalité. Evitez cette erreur !

Ce que vous devez faire quand vous pensez qu'un joueur est conservateur, c'est lui attribuer une probabilité de bluff relativement faible lors de votre analyse du coup. Dans cet exemple, nous lui donnerons la probabilité de bluff minimum, 10%.

Il nous reste encore 90% de probabilité à distribuer sur ce coup entre les deux types de mains que nous supposons qu'il puisse avoir : les brelans qui nous battent et les grosses paires que nous pouvons battre. La manière dont nous allons distribuer ces 90% est un travail d'appréciation difficile, l'un des plus difficiles du poker.

Commençons par supposer qu'il ait un brelan, de Neuf ou de Cinq.

Dans ce cas il est grand favori sur le coup et *il le sait.* Alors pourquoi relance-t-il à tapis ? La plupart des bons joueurs se soucieraient (à juste titre) de savoir comment gagner le maximum d'argent sur ce coup. Pousser tous ses jetons éliminerait la plupart des mains, alors que payer simplement entraînerait une mise à la quatrième et à la cinquième qui permettrait de gagner au moins un peu plus de jetons. S'agit-il d'un mouvement précipité venant d'un joueur inexpérimenté ? Jusqu'à présent il a semblé être un joueur expérimenté et solide. Peut-il savoir que nous allons payer sa relance avec une grosse paire ? Il est difficile d'imaginer qu'il puisse savoir cela, dès lors que la plupart des joueurs passeront plutôt que de mettre leur tournoi en péril. *Conclusion : s'il tend un piège, il a joué d'une manière tout à fait inhabituelle.*

Supposons maintenant qu'il ait en main l'autre jeu possible, une grosse paire inférieure à la vôtre (K-K, Q-Q, J-J, T-T). Sa relance à tapis est une sorte de semi-bluff sophistiqué. Même s'il vous voit avec également une grosse paire en main, il pourrait gagner le coup de trois façons :

1. Vous le voyez avec un brelan et vous passez.

2. Vous payez, mais sa grosse paire est supérieure à la vôtre et il gagne le coup.

3. Vous payez, et votre paire est supérieure à la sienne mais il a de la chance et il touche le jeu pour vous battre.

C'est très bien raisonné de sa part et il s'agit d'une manière intéressante et agressive de jouer une grosse paire. Il y a des chances, peut-être même plus de 50% de chances, qu'un joueur dans votre position jette son jeu, même avec une grosse paire. Et si ce n'est pas le cas, le résultat pourrait être un "*coin flip*", une confrontation à 50/50. Le seul problème de cette analyse est que, jusqu'à présent, il semble être plus conservateur qu'agressif. Mais même un joueur conservateur peut tenter de voler des pots de temps en temps. *Conclusion : s'il a une grosse paire, il a joué d'une manière quelque peu inhabituelle et agressive.*

Finalement, il semble qu'il ait joué de manière inhabituelle dans tous les cas, mais peut-être d'une manière un peu moins inhabituelle dans le cas où il aurait une grosse paire. Avant de faire notre répartition des 90% qui nous restent, notons un autre fait.

Il y a quatre fois plus de combinaisons possibles pour former ces grosses paires (Rois, Dames, Valets ou Dix) que pour former ces brelans (seulement Neuf ou Cinq), et donc quatre fois plus de chances qu'il ait une grosse paire.

Quelle est donc la bonne distribution de ces 90% ? Essayons de l'estimer intelligemment. Je dirais 50% pour la grosse paire et 40% pour le brelan. Cette distribution tient compte du plus grand nombre de combinaisons possibles dans le cas d'une grosse paire et de la nature peu habituelle de sa relance à tapis s'il vous tendait un piège.

Combinons maintenant notre estimation pour chaque type de mains avec les probabilités de gagner de chacune et voyons quelles sont nos chances de gagner.

1. Il a une grosse paire : 50% de 92% = 46%

2. Il a un brelan : 40% de 10% = 4%

3. Il bluffe : 10% de 97% = 10%
(Arrondissez, ce sont des estimations approximatives, rendez les mathématiques aussi faciles que possible.)

Notre estimation de nos chances de remporter le coup est de 60%.

60 = 46 + 4 + 10

Nous sommes favori sur le coup et le pot nous offre une cote légèrement supérieure à 3 contre 2, donc nous payons. En fait, c'est une décision facile à prendre car avec une cote du pot de 3 contre 2, nous pouvions payer si nous avions plus de 40% de chances de gagner.

De quelle manière aurions-nous dû modifier les chiffres pour qu'il devienne pour nous limite de payer ? Si nous avions décidé que le pourcentage de chances qu'il bluffe était de zéro (ce qui ne peut pas être exact) et si nous avions tablé sur 60% de chances qu'il ait un brelan contre 40% qu'il ait une grosse paire, nos chances de gagner auraient été équivalentes à celles de perdre. Si nous avions conservé le pourcentage de bluff à 10%, ce qui est plus raisonnable, mais avions supposé qu'il ait 25% de chance d'avoir une grosse paire et 65% de chances d'avoir un brelan, il aurait alors été très risqué de suivre. Nous devions attribuer une probabilité de 20% à la grosse paire et 70% au brelan pour qu'il devienne alors évident pour nous de passer. Ce ne sont pas des estimations très réalistes même si nous supposons que notre adversaire est un joueur serré. Les joueurs conservateurs, eux aussi, peuvent tenter des actions, et peuvent même relancer à tapis avec une paire de Rois ou de Dames.

Si l'ampleur de la tâche vous fait peur, ne vous découragez pas pour autant. C'est un gros travail, mais qui sera plus facile avec la pratique. Et si c'est le tournoi qui est en jeu, cela vaut la peine de faire quelques efforts pour être au moins certain d'avoir bien joué plutôt que de prendre une décision hâtive que vous pourriez longtemps regretter. Maintenant, lorsque vous vous demanderez à quoi pensent les bons joueurs lorsque vous les voyez réfléchir longuement, vous connaîtrez la réponse.

Qu'arriva-t-il en réalité sur le coup ? Le joueur avec les deux As a suivi et son adversaire a remporté le pot avec un brelan de Neuf.

Exemple n°3

Vous jouez un tournoi en ligne, il ne reste plus que cinq joueurs. Les blinds sont maintenant de \$50-\$100 et vous avez \$4.300, soit un peu moins de la moitié des jetons à la table. Au bouton, vous touchez

Les deux joueurs qui vous précèdent passent. Vous relancez à \$ 200. La petite blind passe mais la grosse blind, un joueur solide avec \$1.100 devant lui, vous suit en ajoutant \$100. Le pot est maintenant de \$450.

Le flop s'affiche :

La grosse blind checke et vous misez $250, un peu plus de la moitié du pot. La grosse blind vous relance à $500. *Que faites-vous ?*

Réponse : Vous pourriez être tenté de jeter votre jeu. Vous avez fait ce que vous pouviez mais un check-raise indique une forte main, et tout ce que vous avez pour l'instant, c'est hauteur As.

Mais avant de passer, notez que cela vous coûte $250 de jouer un pot de $1.200. Avec une cote de près de 5 contre 1, cela vaut quand même la peine de prendre un peu de temps pour compter vos outs.

1. Un As peut être un out, et il y a encore trois As dans le paquet. Mais ce n'est plus un out si votre adversaire possède un As avec un meilleur kicker.

2. Un Huit peut être un out, et il reste trois Huit dans le paquet. Mais ce n'est pas un out si votre adversaire a une paire supérieure.

3. Un Quatre peut être un out, et il y en a quatre dans le paquet. Mais si votre adversaire a un As comme vous, un Quatre vous permettrait uniquement de partager le pot.

Combien d'outs avez-vous en fin de compte ? Si votre adversaire a fait un check-raise avec quelque chose comme

vous avez dix outs. Mais cela reste un peu faible pour faire un check-raise. La vérité, c'est que vous n'avez aucune certitude sur le nombre d'outs. Souvenez-vous également que votre adversaire peut avoir une grosse main, auquel cas vous devez envisager la possibilité de n'avoir aucun out.

Il semblerait donc que vous deviez passer.

Exemple n°4

Vous êtes dans la deuxième journée d'un tournoi majeur. Il y a neuf joueurs à votre table, vous avez $6.900, soit légèrement au-dessus de la moyenne. Les blinds sont de $200/$400 avec antes $25. Le pot initial est de $825. Vous êtes en deuxième position. Le joueur avant vous passe, et vous regardez votre main, qui est

Relancer avec une paire de Dames est tout à fait sensé. En début de parole, vous devriez relancer à environ trois fois la grosse blind avec cette main. Bien sûr, il est important de varier le montant de cette mise afin de ne pas dévoiler votre jeu. De temps en temps, vous ne devriez relancer qu'à deux fois la grosse blind avec cette main, et à d'autres moments, à quatre ou cinq fois la grosse blind.

Vous ne devez que très rarement payer simplement avec cette main dans le but de tendre un piège. Votre paire de Dames serait en difficulté face à un As ou un Roi qui viendrait au flop. Votre mission est de décourager les suiveurs avec cette relance.

Vous relancez à $1.200. Le joueur à votre gauche, un joueur agressif qui joue large et aime sur-relancer avec des mains marginales, vous paye. Le joueur après lui, un joueur solide et serré, paye. Les autres joueurs passent. Il y a maintenant $4.425 dans le pot. Le flop révèle

Que devriez-vous faire ?

Réponse : Vous n'êtes pas mécontent que le joueur à votre gauche ait payé. En vérité, le fait qu'il vous ait simplement suivi indique une certaine faiblesse. Plus ennuyeux pour vous : l'autre joueur, solide et serré, a payé une relance déjà suivie par un autre joueur avant lui. Ce qui indique probablement une belle main.

Vous n'avez pas été ravi de voir l'As au flop mais vous avez quand même une grosse paire et il n'y a aucune certitude que l'un de vos adversaires ait un As. Comme il est fort possible que vous ayez toujours la meilleure main à la table, vous devriez miser. Un continuation bet standard serait dans ce cas d'un montant correspondant à la moitié du pot, mais quand le pot devient trop important en comparaison des tapis, vous devez modifier quelque peu votre stratégie. Une mise de la moitié du pot serait de $2.200, et comme vous n'avez que $5.700 devant vous, cela vous laisserait seulement $3.500. Diminuons quelque peu le montant de la mise, disons $1.500. Cela reste une mise importante qui pourrait chasser du coup des mains sans valeur, mais qui vous laisse une échappatoire. Vous pourrez toujours vous retirer du coup si le joueur serré vous relance et aller jusqu'au bout (si vous le souhaitez) contre le joueur agressif.

Vous misez $1.500. Le joueur à votre gauche relance à $3.000 et le dernier joueur passe. Le pot est maintenant de $9.925, et cela vous coûte $1.500 pour suivre.

C'est un moment crucial, car une erreur pourrait bien conduire à votre élimination du tournoi. Cependant, vous êtes content que le dernier joueur ait passé car n'oubliez pas que c'était celui qui vous inquiétait le plus avant le flop. Mais maintenant, vous devez lutter contre le joueur à votre gauche, qui vient juste de proclamer que sa main est meilleure que la vôtre. Le problème est qu'il n'a besoin que d'un As en main pour vous battre. Si c'était le cas, vous seriez donné perdant à plus de 9 contre 1. Il pourrait également avoir payé avant le flop avec une paire de Neuf ou de Trois et aurait alors touché son brelan.

Si vous passez, vous perdez les $2.700 que vous avez déjà investis dans le coup. Il ne vous restera donc plus que $4.200. C'est votre position de repli. Que ce se passera-t-il si vous décidez de jouer le coup ?

Si vous décidez de payer simplement sa relance, vous serez *impliqué* dans le pot ("*pot committed*"). Payer encore $1.500 réduirait votre tapis à $2.700. Avec les blinds et les antes qui sont de $825 par tour, vous ne pourriez plus tenir que trois tours. Il est difficile d'imaginer que la quatrième carte vous ferait jeter votre jeu si vous décidez maintenant de payer la relance. Il n'y a donc aucune raison de suivre simplement. Vous devriez pousser tous vos jetons, ce qui pourrait vous faire remporter le pot si sa relance est un bluff – peu probable d'ailleurs, il a certainement quelque chose. Cela vous assurerait de doubler votre tapis si vous gagnez le coup. Vos choix sont donc de passer ou de faire tapis.

Imaginons que vous fassiez tapis et que vous soyez payé. Il y a bien sûr une petite chance pour que sa relance ait été une tentative de bluff, mais même dans ce cas, il est tout aussi logique pour lui de vous suivre que cela l'a été pour vous. Si vous faites tapis, il paye et vous gagnez le pot de $15.775 (vos $6.900, ses $6.900, les $1.200 de l'autre joueur, les $825 de blinds et d'antes, moins vos antes et les siens qui font $50 qui ont été compté deux fois). Arrondissons à $16.000.

Vous pouvez donc passer et garder vos $4.000, ou bien tenter de gagner $16.000. C'est un risque de $4.000 qui vous rapporterait $12.000. Votre cote du pot est donc de 3 contre 1. Du point de vue mathématique, c'est une bonne mise si vous avez une chance sur quatre de gagner, ou 25%. Est-il raisonnable d'envisager que vous puissiez gagner aussi souvent ? Voyons cela :

Si vous touchez une Dame à la turn ou à la river, vous êtes quasi-certain de remporter le pot quelle que soit la main de votre adversaire. Les chances que cela arrive sont de 8,5%. Cela ne semble pas énorme mais cela correspond presque à un tiers du pourcentage de chances de gagner dont vous avez besoin pour faire tapis. Cela signifie que s'il y a juste 17% de chances – environ une sur six – que votre adversaire soit en train de bluffer, vous pouvez pousser les jetons. Comme vous savez que votre adversaire est un joue large et sur-relance avec des "poubelles" en main, je dirais que vous avez au moins ça. (Souvenez-vous qu'il a pu agir avec une main qui semble bonne mais que vous pouvez battre, deux Valets ou deux

Dix par exemple. Cela serait un jeu courageux avec un As au flop, mais il n'est pas impossible ici de tenter une action avec une plus petite paire. Après tout, vous l'avez fait !)

Du point de vue mathématique, je dirais donc qu'il est justifié que vous misiez votre tapis. Mais il y a un autre problème tout aussi important. Si vous passez maintenant, il ne vous restera plus que $4.200. C'est beaucoup moins que les plus gros tapis à cette table et encore moins que les plus gros tapis du tournoi, qui ont probablement à ce moment là entre $40.000 et $50.000. Vous n'aurez alors plus que de quoi tenir quatre tours de blind. Voilà une situation qui appelle une action radicale, *quand les enjeux le justifient.* (Nous appelons cette situation un *point d'inflexion*, et nous en discuterons davantage dans le Tome II). Dans le cas présent, les sommes en jeu justifient pleinement de passer à l'action. Vous avez une paire de Dames, avec la possibilité de faire passer votre tapis de $4.000 à $16.000. Vous devez accumuler un nombre important de jetons à un moment donné, et voici ce qui est peut-être votre dernière belle opportunité. Relancez donc à tapis maintenant.

La plupart des joueurs essayent d'appréhender cette situation en cherchant à deviner si leur adversaire est en train de bluffer ou pas. S'ils pensent qu'il est en train de bluffer, ils payent. S'ils pensent qu'il a ce qu'il prétend avoir, ils passent. Mais il peut être très difficile de découvrir si quelqu'un est vraiment en train de bluffer, et cette approche conduit à faire de grosses erreurs.

Je ne sais pas si votre adversaire est en train de bluffer dans cette situation. Si je devais faire une supposition, *je dirais qu'il n'est probablement pas en train de bluffer*. Il a sûrement l'As qu'il prétend avoir, vous serez donc probablement éliminé du tournoi après ce coup. Mais le problème n'est pas là car vous avez une énorme cote sur votre pari, et si vous avez raison, vous aurez une impressionnante pile de jetons avec laquelle jouer.

Souvenez-vous de cela. Afin de pouvoir atteindre la table finale d'un gros tournoi, il ne vous suffira pas d'être payé lorsque vous toucherez des jeux fantastiques. Au moins une ou deux fois au cours du tournoi, il vous faudra revenir d'entre les morts. Vous vous retrouverez à tapis contre un joueur qui aura un meilleur jeu que le vôtre et vous toucherez, à la quatrième ou à la cinquième, la carte miraculeuse qui vous permettra de rester en vie. J'ai participé à beaucoup de tables finales, mais il ne m'est jamais arrivé d'atteindre une de ces finales sans avoir touché une carte parfaite au cours du tournoi. C'est une réalité de la vie dans les tournois, quel que soit le jeu, et le poker n'est pas différent.

Vous relancez à tapis et votre adversaire vous paye. Il montre

et vos Dames tiennent, et vous gagnez le coup.

PROBLÈMES

Les problèmes 4-1 à 4-6 montrent comment se calcule la cote du pot. Le problème 4-2 donne également un exemple de cote du pot à offrir à votre adversaire. Dans le problème 4-5, vous devez ajuster votre cote du pot face à des joueurs actifs qui parlent après vous.

Les problèmes 4-7 et 4-8 vous expliquent la manière d'analyser des coups en vous basant sur les cartes que vous avez vues et les mises qui ont été faites. Le problème 4-8 vous donne également certaines indications sur la manière de prendre le maximum d'argent à votre adversaire quand vous touchez un jeu monstrueux.

Les problèmes 4-9 et 4-10 sont un amalgame de tout cela et ont pour but de tester votre capacité à associer la cote du pot à votre analyse du coup pour prendre ainsi les bonnes décisions. Le problème 4-10 montre comment appréhender une main typiquement faible quand vous êtes confronté à une cote du pot fantastique.

Coup 4-1

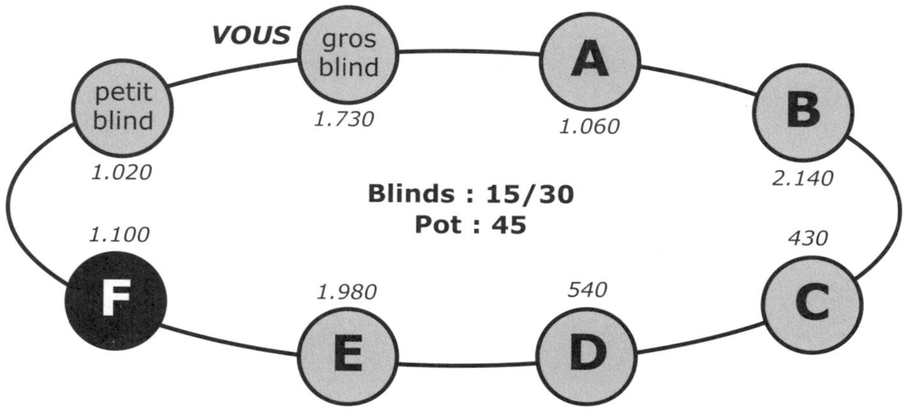

Votre main

Enchères avant vous

Le joueur A passe. Le joueur B relance à $60. Les joueurs C, D, E, F et la petite blind passent tous.

La situation : Au début d'un tournoi. Les joueurs B et E sont actifs et agressifs.

Question : *Est-ce que vous passez, payez ou relancez ?*

Réponse : Payez. Votre main n'est pas terrible mais vous avez une belle cote. Cela vous coûte $30 (souvenez-vous, en tant que grosse blind, vous avez déjà misé $30) pour tenter votre chance de gagner un pot de maintenant $105. La cote offerte par le pot est de 3,5 contre 1. Votre main, bien que faible, n'est donnée grande perdante que face à une grosse paire. (Même si le joueur B a As-Roi en main, vous êtes perdant uniquement à 2 contre 1 à ce moment-là.) Votre cote implicite vous pousse également à suivre.

Prenez l'habitude de calculer les cotes du pot avant de jeter votre jeu. Souvent, vous découvrirez que vous payerez de manière compulsive, cela pratiquement sans regarder les cartes que vous avez en main.

Dénouement : En réalité, vous passez.

Coup 4-2

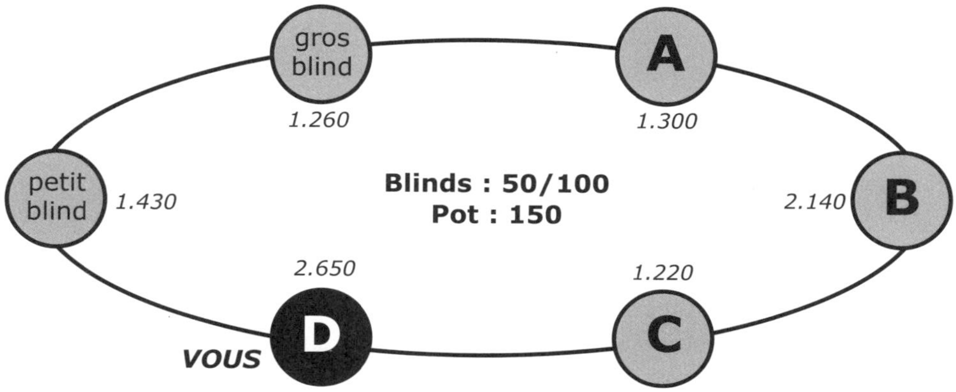

Votre main	**Enchères avant vous**
	Les joueurs A, B et C passent.

La situation : Un satellite à une table. Les joueurs ont commencé par jouer large mais ils semblent désormais jouer plus serré.

Question : *Est-ce que vous relancez à $200, $300, ou $400 ?*

Réponse : Vous allez bien évidement relancer. Cela n'aurait aucun sens de suivre, laisser ainsi la petite blind rester dans le coup à moindre frais et lui donner la chance de voir un As ou un Roi venir au flop. Vous devez faire payer vos adversaires s'ils veulent rester dans le coup. Une paire de Dames est une très bonne main, mais qui peut facilement rencontrer quelques ennuis après le flop.

La question essentielle sur ce coup est de savoir de *combien* vous devez relancer. Les deux joueurs encore dans le coup sont les deux blinds, qui ont déjà investi de l'argent. Comme vous avez une belle main, vous souhaitez qu'il y ait de l'action. Vous ne voulez pas trop miser, ce qui chasserait hors du pot des mains moyennes. Mais vous devez également vous souvenir du Théorème Fondamental du Poker [10]. Vous devez miser suffisamment, de telle sorte que, si vos adversaires vous payent, ce soit une erreur de leur part compte tenu du jeu que vous avez en main.

Nous pouvons éliminer tout de suite une relance à $400. Ce serait trop et chasserait trop rapidement du coup les mains médiocres. Ils pourraient penser que vous êtes en train d'essayer de voler le pot mais ils ne voudront pas risquer un tiers de leurs tapis pour en avoir juste la preuve.

Qu'en est-il d'une relance à $200 ? Le pot serait alors de $350, la grosse blind devrait payer $100 de plus pour rester dans le coup. Cela lui donnerait une cote du pot de 3,5 contre 1. C'est une assez bonne cote pour qu'un joueur avec une grosse carte en main (As-Valet ou Roi-Dix, par exemple) ait la cote nécessaire pour suivre. (Ces mains sont seulement perdantes à 2,5 contre 1 face à une paire de Dames.)

La relance adéquate est de $300. Le pot est maintenant de $450 et la grosse blind doit payer $200 de plus pour suivre. La cote du pot offerte à votre adversaire est de 2,25 contre 1, il commettrait donc une erreur en vous suivant avec une seule carte supérieure face à votre paire de Dames. (La petite blind a évidement une cote bien pire.)

Dénouement : Vous misez $300. Les blinds passent et vous remportez le pot.

---

[10] Pour plus de détails sur le Théorème Fondamental du Poker, reportez-vous à *Poker Théorie*, de David Sklansky, même éditeur, même collection.

Coup 4-3

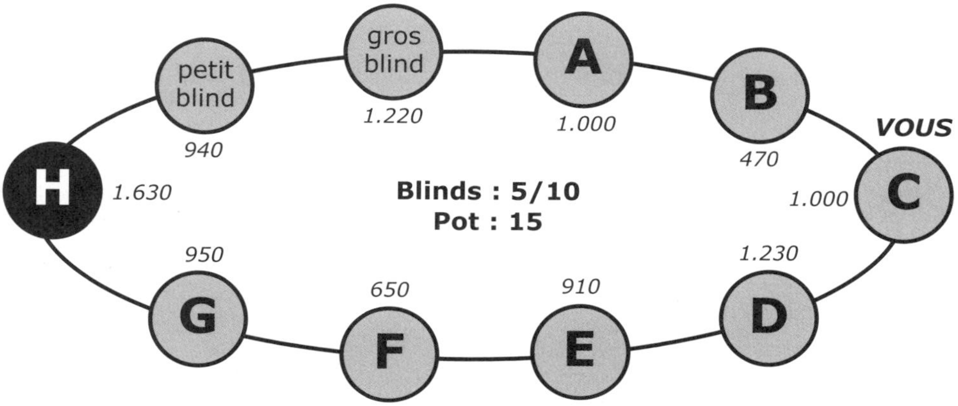

Votre main	Enchères avant vous
	Les joueurs A et B passent.

La situation : Au début d'un tournoi à une table sur Internet.

Question : *Est-ce que vous payez ou relancez ?*

Réponse : Vous devez en général relancer avec A♦K♠. (Contre des joueurs agressifs qui jouent large il peut être correct de payer simplement puis de sur-relancer à tapis.)

La vraie question est de savoir à quelle hauteur vous devez relancer exactement. A mon avis, de trois à cinq fois la grosse blind correspond au bon montant. Si cela chasse des joueurs du coup, tant mieux. Souvenez-vous qu'As-Roi est une bonne main de départ, mais que vous avez besoin d'améliorer pour avoir une chance de gagner. Sans amélioration, c'est juste un As et un Roi.

Dans les tournois sur Internet, les joueurs relativement nouveaux au poker jouent plus large et ont tendance à payer des mises plus importantes qu'ils ne le feraient à une table du monde réel ; vous pouvez donc faire des relances plus fortes et vous attendre à être payé. Dans un cas comme celui-là, je choisirais probablement une relance dans la partie haute de mon éventail habituel.

L'action : Vous relancez à $50. Les joueurs D, E, F, et G passent. Le joueur H paye. Les blinds passent. Le pot est maintenant de $115.

Le flop : J♦7♣4♥

Question : Vous êtes premier de parole. *Que faites-vous ?*

Réponse : Bien que vous n'ayez rien touché, c'est un relativement bon flop pour vous. Pas de couleur ni de tirage quinte évident. Vous devez maintenant miser afin de savoir où vous en êtes. Dans un tournoi live, vous pourriez ouvrir avec une mise d'environ la moitié du pot. Sur Internet, vous devez miser un peu plus pour obtenir le même résultat, disons les deux tiers du pot.

L'action : Vous misez $80. Le joueur H relance à $160. Le pot est maintenant de $355. *Que faites-vous ?*

Réponse : Votre adversaire vous retourne votre question et vous devez répondre. Voyons rapidement ce que nous savons jusqu'à présent :

1. Cela vous coûte $80 de suivre un pot de $355. Votre cote du pot est d'environ 4,5 contre l.

2. Pour améliorer votre main à la turn, vous devez toucher un des six As ou Rois restants dans le paquet. Vous avez vu cinq cartes jusque-là, il reste donc 47 cartes que vous n'avez pas vues. Six de ces cartes sont bonnes pour vous, 41 ne le sont pas. Votre cote d'améliorer à la prochaine carte est d'environ 7 contre 1, cette cote est largement plus mauvaise que votre cote du pot.

3. Si vous n'améliorez pas votre main à la quatrième carte, vous vous retrouverez probablement face à une mise que vous ne pourrez pas payer. Ce sont principalement vos chances d'améliorer à la prochaine carte qui vous intéressent, pas celles d'améliorer avec deux cartes à venir (cette cote est d'environ 3 contre 1).

4. Votre adversaire est peut-être en train de bluffer.

5. Votre adversaire pourrait bien avoir touché un brelan caché au flop, auquel cas vous ne pouvez pas gagner, même si vous touchez votre jeu. Il pourrait aussi avoir des cartes comme As-Valet ou Roi-Valet, qui vous battent déjà et qui, en plus, neutralisent certains de vos outs.

Au début d'un tournoi, quand vous n'avez aucune information sur le style de votre adversaire, vous pouvez supposer que les chances qu'il bluffe annulent les chances qu'il ait une main que vous ne pourriez pas battre. Traitez donc le problème en vous concentrant sur la cote offerte par le pot. Vous n'avez pas la cote du pot dont vous avez besoin pour payer, vous sortez donc de ce coup.

L'action : Vous passez.

Coup 4-4

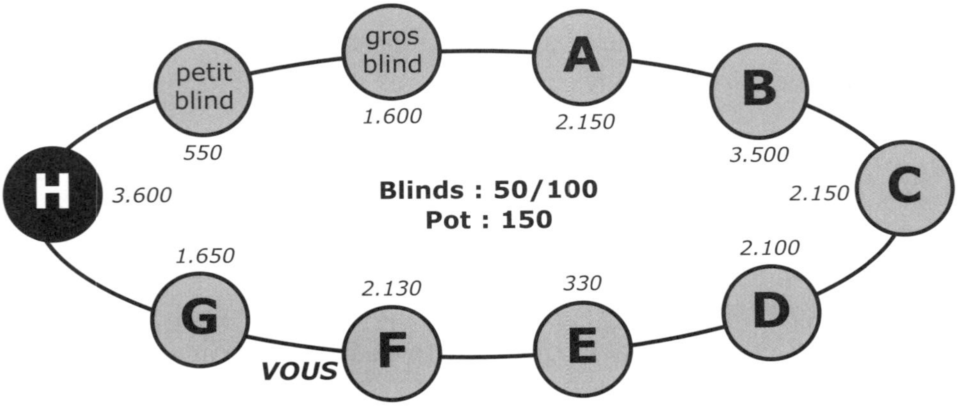

Votre main	Enchères avant vous
	Les joueurs A et B passent. Le joueur C paye. Les joueurs D et E passent.

La situation : Quelques heures après le début d'un tournoi majeur. Les joueurs sont très différents mais tendent tous à être plutôt conservateurs. La petite blind est un joueur serré qui a subi deux mauvais coups une heure plus tôt.

Question : *De quelle manière jouez-vous avec cette main ?*

Réponse : Payer simplement me paraît raisonnable étant donné votre position favorable avec une petite paire en main. Votre but est de voir le flop pour une somme modique et de toucher un brelan, après quoi votre seule préoccupation sera de prendre le maximum d'argent aux joueurs qui seront encore dans le coup. De plus, vous pouvez finir par avoir la position sur votre adversaire, ce qui pourrait vous faire gagner le pot même si vous ne touchez pas votre brelan. Mais si vous n'améliorez pas et s'il y a de l'action au flop, vous devrez rapidement battre en retraite.

L'action : Vous payez $100. Les deux joueurs après vous passent, mais la petite blind relance à tapis $500. La grosse blind et le joueur C passent. Le pot est de $850 et cela vous coûte $450 pour suivre.

Question : *Que faites-vous ?*

Réponse : Le pot vous offre désormais une cote d'un peu moins de 2 contre 1. Avant de pousser automatiquement vos jetons au milieu du tapis, voyons si nous ne pouvons pas nous livrer à quelques calculs simples qui vous permettraient de savoir si le fait pour vous de suivre est clairement correct ou pas.

Première question : Quel jeu a poussé votre adversaire à faire tapis ? Nous avons noté que la petite blind est un joueur serré qui a perdu la majorité de ses jetons une heure plus tôt, après quoi nous présumons qu'il a joué serré dans l'attente d'une occasion favorable. Bien qu'il n'ait pas beaucoup de jetons, il n'est pas encore désespéré. Il a suffisamment de jetons pour survivre trois tours de plus, et comme il est de petite blind sur ce coup, il n'aura pas besoin de miser quoi que ce soit pendant les huit prochains coups. Nous pouvons donc rejeter l'idée qu'il s'agisse d'une mise à tapis faite par un joueur désespéré avec deux cartes au hasard. Vous êtes probablement face à une paire supérieure à la vôtre ou deux cartes supérieures.

Si vous êtes face à une grosse paire, c'est un désastre, car vous êtes donné perdant à 4,5 contre 1 dans cette situation. Cependant, il y a juste neuf paires supérieures à la vôtre et six manières de toucher chacune de ces paires, soit un total de 54 mains possibles.

Si vous êtes face à deux cartes supérieures, vous êtes plutôt content car vous êtes légèrement favori sur le coup et vous avec une cote du pot d'à peu près 2 contre 1. Combien y a-t-il dans ce cas de mains possibles ? Il existe seize manières différentes de construire une main comme As-Roi (12 dépareillées et 4 assorties). Si vous supposez qu'il aurait relancé avec n'importe quelle main composée de deux cartes supérieures au Dix, mais pas en-dessous (supposition assez logique pour un joueur serré), vous êtes face à un total de six mains différentes possibles (A-K, A-Q, A-J, K-Q, K-J et Q-J), avec 16 manières possibles de toucher chacune, soit un total de 96 mains.

Supposons que notre joueur serré n'aurait jamais relancé avec une main inférieure à celles-ci. De ces 150 mains, combien pouvez-vous en battre ? Vous gagnerez environ 10 fois sur 54 s'il a une paire supérieure à la vôtre. Vous êtes légèrement favori contre les 96 mains sans paire, disons que vous en gagnerez 52 sur 96. Le total semble être 62 victoires contre 88 défaites, ce qui n'est pas un mauvais résultat quand votre cote du pot est de 2 contre 1. Donc vous payez.

Contre un joueur large, la décision de payer aurait été encore plus facile à prendre, dès lors que vous auriez supposé qu'il aurait pu faire tapis avec des mains comme 2-2, 3-3, 4-4, A-2, A-3, A-4, toutes vous donnant grand favori.

Dénouement : Vous payez et votre adversaire montre Q♥Q♦. Il gagne le coup.

Coup 4-5

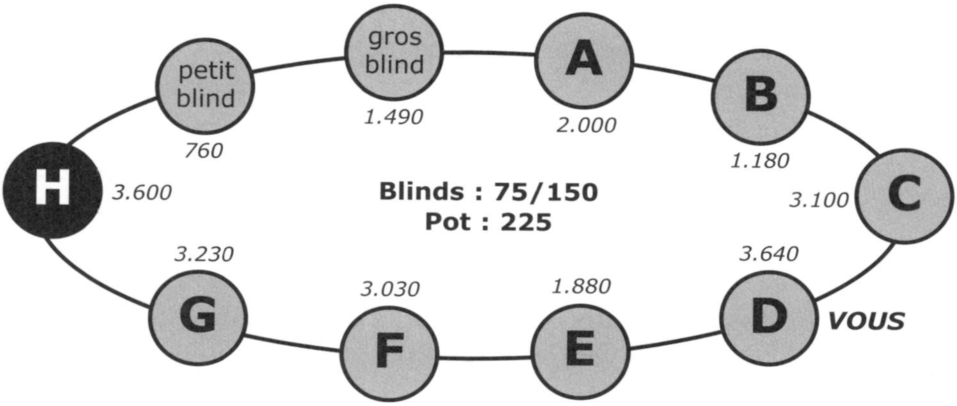

Votre main

Enchères avant vous

Le joueur A passe, B paye, et C passe.
Le pot est maintenant de $375.

La situation : Au milieu de la première journée d'un tournoi majeur. Vous êtes le plus gros tapis à une table qui joue relativement serré.

Question : *Est-ce que vous relancez, payez ou passez ?*

Réponse : Vous payez comme dans le coup précédent. Une petite paire vaut la peine de suivre à ce moment-là mais si l'action après vous s'avérait trop virulente, vous seriez forcé de jeter votre jeu.

L'action : Les joueurs E et F passent. Les joueurs G et H (le gros tapis au bouton) payent. La petite blind fait tapis avec les $685 qui lui restent. La grosse blind passe, ainsi que le premier suiveur, le joueur B. Le pot est maintenant de $1.510. Cela vous coûte $610 de suivre.

Question : *Est-ce que vous relancez, payez ou passez ?*

Réponse : S'il n'y avait pas de joueurs à parler après vous, vous décideriez facilement de suivre en vous basant sur la cote du pot, comme nous l'avons vu dans l'exemple précèdent. Mais la présence de deux joueurs avec de gros tapis qui doivent encore agir après vous change la donne. Si vous payez, l'un d'eux peut relancer et vous faire jeter votre main devenue ainsi trop coûteuse. Si vous n'améliorez pas au flop, vous ne pourrez pas voir la turn ni la river, à moins que le coup soit checké jusqu'au bout, ce qui est peu probable.

Souvenez-vous toujours de l'influence énorme que peut avoir sur votre prise de décision le fait d'être placé juste avant des joueurs actifs. Leur présence rend beaucoup de mains impayables alors que la décision de payer aurait été facile dans une situation à un contre un.

Dénouement : Vous passez.

Coup 4-6

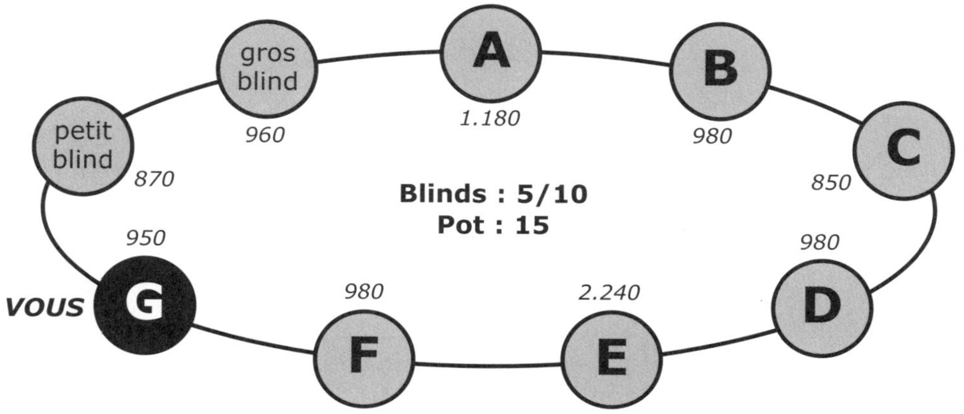

Votre main

Enchères avant vous

Le joueur A suit et paye $10. Le joueur B relance à $40. Le joueur C passe. Les joueurs D et E payent $40. Le joueur F passe.
Le pot est maintenant de $145.

La situation : Premier niveau d'un tournoi sur Internet.

Question : *Que faites-vous ?*

Réponse : C'est le genre d'action que vous aimez voir quand vous avez une paire de Dames au bouton. Les autres joueurs grossissent le pot pour vous et l'action bat son plein. Vous devriez faire une grosse relance d'environ $200 et attendre de voir ce qui se passera ensuite.

Il existe une "école" qui préconise de suivre simplement avec une paire de Dames, puis de miser si aucun As ou Roi n'apparaît au flop. Ce n'est pas une idée saugrenue, il m'est déjà arrivé de jouer ainsi. Mais mon jeu habituel est de relancer.

L'action : Vous relancez à $200. Les blinds passent. Le joueur A passe. Le joueur B ajoute $160 pour suivre, et le joueur D passe. Le joueur E fait tapis à $2.200. Le pot principal est maintenant de $1.255 et cela vous coûte $750 pour suivre. (Il y a également $30 de pot extérieur entre les joueurs B et E, pour lequel vous ne jouez pas.)

Question : *Est-ce que vous payez ou passez ?*

Réponse : Si le joueur B passe et si le pot principal reste ce qu'il est, votre cote du pot est de 5 contre 3. Si B paye également, le pot sera d'un peu plus de $2.000 et votre cote du pot sera de 8 contre 3.

Votre premier objectif est de faire quelques suppositions sur ce que le joueur E a en main. Il y a quatre possibilités :

1. Il a deux As ou deux Rois. Vous êtes maintenant perdant à 4,5 contre 1 et vous n'avez pas la cote qu'il faut pour suivre.

2. Il a As-Roi. Vous êtes favori à 10 contre 11. La cote du pot est donc très favorable.

3. Il a une plus petite paire que vous, comme deux Valets ou deux Dix. Vous êtes maintenant favori à 1 contre 4,5 et vous avez la cote !

4. Il bluffe ou joue quelque chose de pitoyable comme As-Valet assortis. De nouveau, vous êtes grand favori.

Donc, à moins d'être sûr, pour une raison ou une autre, qu'il a effectivement deux As ou deux Rois en main, les trois autres possibilités vous sont si favorables que vous devez suivre. Ayez aussi à l'esprit que sur Internet, les joueurs tendent davantage à envoyer le tapis sans rien en main, ou avec juste une petite paire. C'est une raison de plus pour vous de suivre, alors payez.

L'action : Vous payez, le joueur B également. Les deux joueurs montrent As-Roi, vous rendant ainsi favori à 1 contre 2 dès lors que leurs mains interfèrent l'une avec l'autre et que vos deux Dames bloquent leurs tirages quintes. Le tableau est Q♣T♠9♥8♠5♦, et vous triplez votre tapis.

Coup 4-7

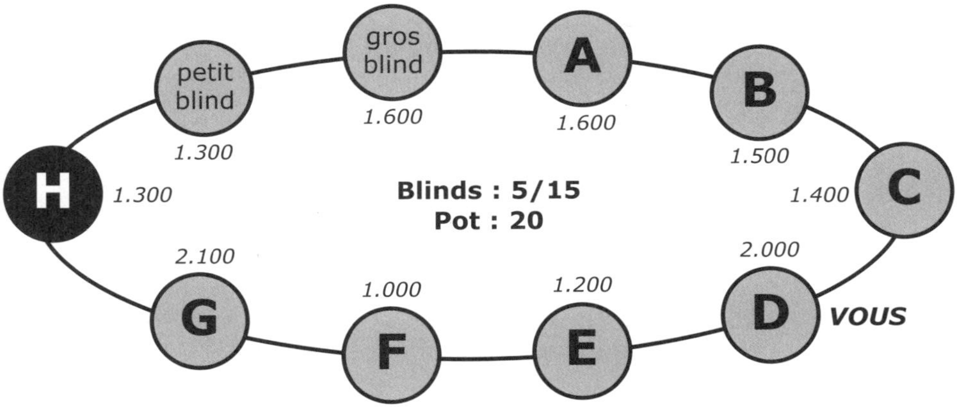

Votre main

Enchères avant vous

Le joueur A paye. Le joueur B passe. Le joueur C passe.
Le pot est de $50.

La situation : La première heure d'un tournoi majeur.

Question : *Est-ce que vous passez, payez ou relancez ?*

Réponse : Les débutants sont enthousiasmés par cette main mais ils ne devraient pas l'être. Dame-Valet assortis n'est pas un super jeu. Vous êtes donné perdant si quelqu'un à un As en main, ou un Roi, ou une paire. C'est une main à tirage que vous êtes content de jouer pour une somme modique, mais que vous devrez jeter s'il venait à y avoir de l'action. Comme les cartes sont assorties, vous pourriez être tenté de suivre. Avec Dame-Valet dépareillés, jetez votre main si au moins deux joueurs entrent dans le coup.

L'action : En fait, vous relancez à $60.

Trop large. Vous essayez de voler un pot, en supposant probablement que votre main a beaucoup de potentiel si vous êtes payé. Ce n'est pas une mauvaise stratégie si vous êtes dernier de parole et si personne n'a ouvert le pot, mais dans le cas présent il reste six joueurs après vous qui n'ont pas encore parlé, plus deux suiveurs avant vous, tous deux ayant probablement une meilleure main que la vôtre. Ce que vous êtes en train de faire est de construire un pot pour lequel vous êtes donné perdant, ce qui n'est définitivement pas une stratégie recommandée.

L'action : Les joueurs E et F passent. Le joueur G paye. Le joueur H passe. Les blindeurs passent. Les joueurs A et C passent. Le pot est maintenant de $170.

Le flop : J♠4♦2♦

Question : *Et maintenant ?*

Réponse : Il y a à la fois de bonnes et de mauvaises nouvelles. La bonne nouvelle est que vous avez éliminé du coup les joueurs qui avaient suivi avant vous. La mauvaise nouvelle est que le joueur qui vous a payé vous a souvent battu. Souvenez-vous, il a vu deux joueurs suivre et une relance de quatre fois la grosse blind mais il a quand même décidé de payer. Cela veut dire qu'il doit avoir quelque chose, mais probablement pas une des plus grosses paires, car il ne vous a pas sur-relancé. Le flop est plutôt une bonne nouvelle car vous avez la paire max et un tirage couleur.

Vous devez maintenant miser quelque chose. Il y a une chance pour que votre main soit la meilleure mais vous avez besoin de savoir ce qu'il en est. Je vous recommanderais de miser approximativement les deux tiers du pot, disons $120. S'il n'a rien, cela suffira pour le chasser du coup.

L'action : Vous misez en fait $200, et le joueur G vous suit. Le pot est maintenant de $570.

La turn : J♠4♦2♦6♣

Question : *Et maintenant ?*

Réponse : Vous avez misé une somme supérieure à la taille du pot et avez néanmoins été payé. Quelle leçon en tirez-vous ?

Votre première déduction devrait être qu'il a probablement un Valet. Il n'a pas relancé ni avant ni après le flop, donc une paire supérieure aux Valets est improbable. Il peut avoir suivi avant le flop avec une paire de Valets et être en train de jouer en embuscade un brelan de Valets. Mais c'est peu vraisemblable, tout comme l'hypothèse qu'il ait touché un brelan de Quatre ou de Deux car payer une relance avant le flop avec ce type de mains, lorsqu'il y a encore beaucoup de joueurs à parler, serait tout simplement suicidaire.

S'il a touché une paire de Valets, quelle peut être sa main ? Dame-Valet est la main la moins probable car nous avons l'une des Dames. S'il avait Roi-Valet ou Valet-Dix, il aurait jeté son jeu avant le flop. Tout comme Valet-x, je n'y crois pas. Cela laisse As-Valet, assortis ou dépareillés. Personnellement, j'aurais jeté cette main avant le flop, mais beaucoup de joueurs la jouent à cause de l'As.

Et qu'en est-il d'une paire de Dix, de Neuf ou encore d'une plus petite paire ? Il aurait pu payer avant le flop avec ce genre de main. Serait-il resté dans le coup en payant une forte mise alors qu'il y avait une carte supérieure aux siennes au flop ? Ce serait très courageux de sa part et il est vrai que quelques joueurs auraient agi de même. Il peut penser que votre mise n'est en fait qu'une marque de faiblesse, et avoir payé en optant pour cette hypothèse.

Et qu'en est-il d'A♦K♦ ? Cela confirmerait son jeu jusque-là. Le fait qu'il ait suivi avant le flop aurait un sens, de même au flop, car il aurait deux cartes supérieures à celles du flop et un tirage couleur, pour un total de 15 outs avec deux cartes à venir. (Trois As + trois Rois + neuf carreaux, soit un total de 15 cartes.) Il serait alors légèrement favori avec 15 outs et deux cartes à venir.

As-Roi, As-Dame ou Roi-Dame dépareillés, cela serait tiré par les cheveux. Il aurait pu payer au flop avec cette main uniquement s'il était certain que vous bluffiez, et personne ne peut en être aussi sûr.

Ses mains les plus probables sont donc As-Valet, qui vous bat, ou A♦K♦, ou une main similaire, qui est maintenant donnée perdante puisqu'elle n'a pas amélioré à la turn. Miser semble ici nécessaire. Nous ne pouvons pas le laisser voir une carte gratuite s'il a un tirage couleur. Je miserais environ $300, cela ne lui permettra pas de payer s'il a A♦K♦, une main avec seulement 12 outs.

L'action : Vous checkez et le joueur G checke.

La river : J♠4♦2♦6♣7♦

Question : *Et maintenant ?*

Réponse : Vous avez la couleur, vous devez donc miser quelque chose. Mais sans l'As ni le Roi de carreau, vous ne pouvez pas être totalement sûr de vous. Je miserais $400. Si mon adversaire me surrelance à tapis, je devrais alors penser à jeter mon jeu.

L'action : Vous misez $500, et le joueur G vous paye. Il montre K♦8♦ et remporte le pot.

Pas de chance. Votre adversaire, tout en ayant eu tort de payer chacune de vos mises, a cependant été récompensé. Prenez simplement garde à ne pas vous laisser déstabiliser quand ce type de scénario se produit. Soyez cependant satisfait d'être toujours en vie dans le tournoi, parce qu'il est certain que ce type ne le restera pas longtemps.

Coup 4-8

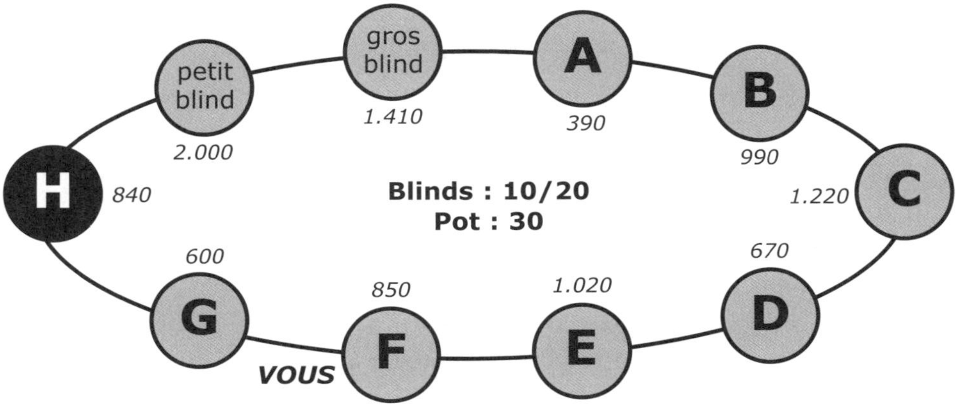

Votre main	Enchères avant vous
	Les joueurs A et B passent. Le joueur C paye $20. Le joueur D passe. Le joueur E relance à $40. Il y a maintenant $90 dans le pot.

La situation : Au début d'un tournoi satellite d'une table.

Question : *Relancez-vous, et si oui, de combien ?*

Réponse : Vous avez certainement intérêt à relancer d'un gros montant, mais pas trop non plus pour ne pas décourager toute action. Une relance à peu près égale au montant du pot semble correcte.

L'action : Vous relancez à $100. Les joueurs G et H et la petite blind passent. La grosse blind ajoute $80. Le joueur C, qui avait suivi en premier, ajoute également $80. Le joueur E, le premier relanceur, paye $60 supplémentaires. Il y a maintenant $410 dans le pot. Vous serez le dernier à parler lors du tour d'enchères suivant.

Le flop : A♥6♦4♥

L'action : La grosse blind checke, le joueur C mise $20, et le joueur E suit. Le pot est maintenant de $450. *Que faites-vous ?*

Réponse : *Il est bon de prendre l'habitude de vous remémorer l'action avant d'agir.* La première chose à noter est que le joueur C a joué d'une manière étrange. Il a suivi les blinds en troisième position puis, après une relance et une sur-relance, il a de nouveau simplement suivi. Aucune main qui méritait de suivre le montant de la blind ne pourrait également justifier de payer deux relances.

Il essaye donc, soit de tendre un piège étrange avec une belle main, ou – et c'est plus probable – il ne sait pas ce qu'il fait. Vous devez être mécontent de ne pas avoir chassé plus de joueurs du coup avec votre relance, mais cela arrive parfois. (Notez mentalement qu'avec ce groupe de joueurs, une mise plus importante que d'habitude est nécessaire.) Cependant, l'As au flop est un gros problème. Avec trois suiveurs, au moins l'un des trois joueurs doit avoir un As en main, vous devez donc être très prudent. Il est toujours possible qu'un autre cœur vienne à la turn et que vous ayez ainsi un tirage couleur. Mais pour l'instant, vous êtes content de payer simplement et de voir une carte pour un prix minime. Avec un peu de chance, la grosse blind ne fera pas un check-raise.

L'action : Vous payez et la grosse blind suit également. Le pot est maintenant de $490.

La turn : A♥6♦4♥J♥

L'action : La grosse blind mise $65, le joueur C suit, et le joueur E relance à $130. Le pot est maintenant de $750. *Que devriez-vous faire ?*

Réponse : Le Valet semble avoir aidé cette foule de joueurs et tout le monde semble avoir touché quelque chose. Que faites-vous ? La première chose à faire est d'étudier votre situation attentivement. Il y a des chances pour que vous ayez la meilleure main à ce moment-là. Si personne n'a d'As, vos Rois sont probablement toujours gagnants.

L'As au flop était inquiétant mais les mises ont été faibles, il y a donc des chances pour que vous n'ayez pas besoin d'un meilleur jeu pour gagner.

Si vous aviez besoin d'améliorer, il est temps de commencer à compter vos outs. Le Valet vous a aidé parce que c'est la quatrième carte de votre tirage couleur max. Sans paire au tableau, il n'y a pas de full possible. Toucher la couleur vous permettrait donc certainement de gagner le coup. Quatre cœurs étant déjà sortis, il en reste neuf. Les deux Rois qui restent dans le paquet pourraient vous permettre de remporter le coup, mais peut-être pas : un joueur pourrait avoir déjà touché la couleur. Vous ne pouvez pas les compter comme deux outs. Les considérer comme un seule out conviendrait mieux. Cela vous fait 10 outs sur 46 cartes. Vous êtes perdant à 36 contre dix, soit 3,5 contre 1.

Vous devez mettre $130 pour suivre et il y a $750 dans le pot. Cela signifie que le pot vous offre une cote d'un peu moins de 6 contre 1. Il semble donc jusqu'ici que vous devriez suivre.

Mais il y a d'autres bonnes et mauvaises nouvelles à prendre en considération.

La mauvaise nouvelle est que vous n'êtes pas certain de pouvoir voir la river en ne misant que $130. La grosse blind et le joueur C doivent encore agir après vous. Aucun des deux ne s'est enflammé jusqu'ici, ils ne relanceront donc probablement pas. Cela pourrait néanmoins arriver et si c'était le cas, votre cote du pot serait anéantie.

La bonne nouvelle est que si vous touchez la couleur à la river, vous allez gagner beaucoup d'argent. Peut-être qu'un joueur, ou même deux, toucheront également une couleur et perdront la majorité de leurs jetons. *Votre cote implicite est donc énorme*. Il est difficile de quantifier ces paramètres dans ce cas, mais tout bien considéré, cela semble toujours bon pour vous. Donc payez.

L'action : Vous suivez. La grosse blind passe et le joueur C paye. Le pot est maintenant de $945.

La river : A♥6♦4♥J♥9♥

L'action : Le joueur C checke et le joueur E mise $20. *Que faites-vous ?*

Réponse : Restez calme. Vous avez touché la couleur, et dès lors que vous avez le Roi en main et que l'As est au flop, vous avez la couleur max. Comme il n'y a pas de paire au tableau, il n'y a pas de full possible, vous avez donc le jeu max. Dans cette situation, un débutant est si content de gagner le coup qu'il pousse simplement tous ses jetons au milieu du tapis. Résistez à cette tentation. Votre objectif maintenant est de prendre le maximum d'argent à vos adversaires. Comment y parvenir ? C'est souvent un problème délicat.

La première chose à faire est de voir combien ils ont de tapis. Le joueur C avait $970 au début du coup, il lui reste maintenant $720. Le joueur E avait $750, il ne lui reste plus que $480. Il vous reste $600. Soit dit en passant, il s'agit d'un talent essentiel qu'il vous faut développer si vous passez du poker en ligne au poker live. Vous ne pourrez plus jeter un coup d'œil sur l'écran pour voir combien les joueurs ont devant eux. Vous devrez apprendre à estimer ce montant suivant la taille de leurs piles de jetons. Ne vous inquiétez pas, c'est une aptitude qui s'acquiert avec de la pratique.

La mauvaise nouvelle maintenant est l'action qu'il y a eu sur ce tour d'enchères. Le joueur C a checké et le joueur E a misé $20. Avec quatre cœurs au tableau, cette action indique une des trois possibilités suivantes :

1. Personne n'a de cœur.

2. Quelqu'un a une carte à cœur mais craint une couleur supérieure.

3. Quelqu'un a une carte à cœur et a décidé de tendre un piège.

Le cas (3) est peu probable. Il est stupide de checker avec une couleur à la river, tout simplement parce qu'il y a le risque que tout le monde checke. Les cas (1) et (2) sont plus vraisemblables. Dans le cas (2), si vous faites une faible relance, le joueur qui a touché la couleur vous payera. Il pourrait même vous payer si vous faites tapis, bien que j'aie vu de bons joueurs passer dans une telle situation. Dans le cas (1), même une modeste relance ne sera pas payée.

J'aime penser à un éventail de mises possibles, puis prendre ma décision en choisissant un montant intermédiaire entre la mise la plus forte et la mise la plus faible selon la manière dont mes adversaires ont joué le coup – j'entends par là, de manière serrée ou large. Ici, le bon éventail semble être entre $100 et $200. C'est assez faible pour qu'ils aient de bonnes cotes pour vous payer, et c'est également assez faible pour qu'il leur reste un tapis raisonnable s'ils vous payent et perdent le coup. Dans une situation comme celle-ci, je ne veux absolument pas miser plus de la moitié du tapis de mes adversaires. Perdre plus de la moitié de son tapis est une barrière psychologique et je ne veux pousser personne au-delà de cette limite. $150 semble correct. Les joueurs C et E n'ont pas l'air très sûrs d'eux compte tenu de l'action sur ce coup. C'est donc probablement le mieux que vous puissiez faire pour prendre encore un peu plus de jetons sur ce coup.

Lorsque vous jouez sur Internet, vous pouvez être beaucoup plus agressif dans un cas similaire. Les niveaux sont si courts et les joueurs sont tellement sous la pression de devoir accumuler des jetons rapidement que même une relance à tapis a de bonnes chances d'être payée.

L'action : Vous misez $150, et les joueurs C et E passent. Vous remportez le pot.

C'est la vie [11]. Ne perdez pas de temps à réfléchir au montant de votre mise. Prenez simplement vos jetons et passez au coup suivant. Le bon moment pour réfléchir à ses actions est une fois que le tournoi est fini.

---

[11] En français dans le texte (NdT).

Coup 4-9

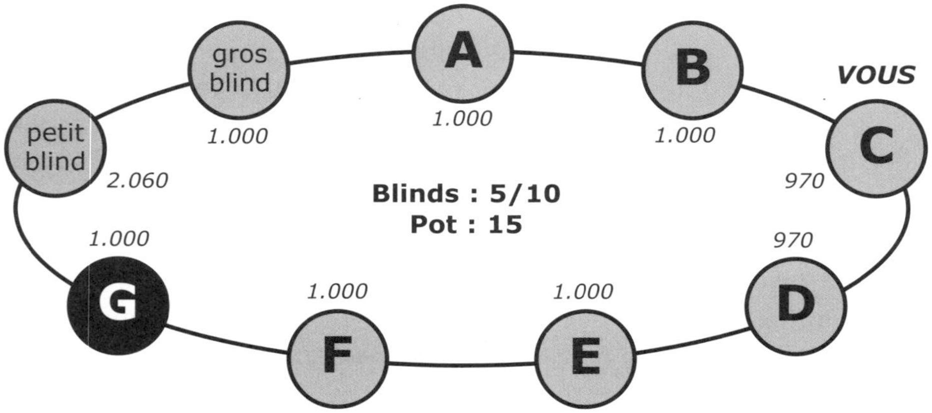

Votre main

Enchères avant vous

Le joueur A suit, le joueur B passe.
Le pot est maintenant de $25.

La situation : Au début d'un tournoi à une table sur Internet. Vous n'avez pas d'informations solides sur les autres joueurs.

Question : *Est-ce que vous payez ou relancez ?*

Réponse : Votre main est certainement assez forte pour relancer de trois, quatre ou cinq fois la grosse blind.

L'action : Vous relancez à $40. Le joueur D passe. Le joueur E suit. Les joueurs F et G passent. La petite blind suit en payant $35 de plus. La grosse blind passe. Le joueur A ajoute $30 pour suivre. Le pot est maintenant de $170. Il y a quatre joueurs dans le coup et vous serez le troisième à parler après le flop.

Le flop : K♣9♥3♣

L'action : La petite blind et le joueur A checkent. *Que devriez-vous faire ?*

Réponse : Vous avez la plus grosse paire du flop avec le kicker max, la situation est pour vous excellente. Vous allez donc être le premier à miser. La seule vraie question est : de combien ?

Vous avez un beau jeu, vous ne voulez donc pas miser un montant trop élevé qui chasserait tous les joueurs du coup. Il y a cependant deux trèfles au tableau, vous ne voulez donc pas miser trop peu et qu'un joueur avec le tirage couleur ait la cote nécessaire pour vous suivre (en tenant compte de la cote implicite). C'est une situation habituelle au flop et la bonne mise se situe entre les trois quarts du pot et un peu plus que le pot. Dans ce cas, vous devriez miser entre $140 et $200.

Gardez à l'esprit que vous pouvez augmenter le montant de votre mise suivant le nombre de joueurs impliqués dans le coup. Contre un seul adversaire, choisissez une mise dans la partie inférieure de votre fourchette de mises. Contre plusieurs adversaires, choisissez un montant dans la partie supérieure de la fourchette. Plus il y a d'adversaires, plus il est probable que l'un d'eux suive.

L'action : Vous misez $100. Le joueur E paye. La grosse blind et le joueur A passent. Le pot est maintenant de $370.

Vous avez trop peu misé. Si le joueur E est sur le tirage couleur à trèfle, vous lui avez donné la cote adéquate pour suivre.

La turn : K♣9♥3♣K♦

Question : *Combien devriez-vous miser maintenant ?*

Réponse : Avec un brelan de Rois, il est probable que vous remporterez le pot à moins qu'il soit sur un tirage couleur et qu'il la touche à la river. Vous avez besoin de miser suffisamment afin qu'il n'ait pas la cote nécessaire pour tirer sa couleur, mais vous voulez également lui prendre un peu d'argent au cas où il vous aurait suivi avec un moins bon jeu en main et qu'il soit tenté de jouer. Vous avez tous deux beaucoup plus que le pot à ce moment là, vous avez $830 et il a $860.

Contre la plupart des adversaires, vous devriez miser $250. Pour suivre, il devra ajouter $250 pour un pot de $620, soit une cote de 2,5 contre 1. Ses chances de toucher la couleur sont de 4 contre 1. Ce serait donc une erreur de sa part de payer s'il savait ce que vous avez en main.

L'action : Vous misez $200 et il vous paye. Le pot est maintenant de $770. Il vous reste $630 et il a $660.

La river : K♣9♥3♣K♦J♣

Question : Il y a maintenant trois trèfles au tableau. *Que faites-vous ?*

Réponse : Vous devez maintenant prendre une décision vraiment difficile. Voyons un peu le raisonnement que vous pourriez tenir dans une telle situation.

La première question que vous devez vous poser est : “Si je checke et qu'il fait une mise substantielle ou encore tapis, est-ce que je jetterais mon brelan de Rois ?” Si la réponse à cette question est non, vous devriez miser maintenant. En misant, vous gagnez des jetons en plus car il vous suivra avec un jeu avec lequel il ne misera pas si vous checkez. Par exemple, s'il a J♠9♠, il ne misera probablement pas mais il vous payera presque à coup sûr. Le même raisonnement tient toujours s'il a joué avec des mains comme As-Valet ou Dame-Valet, ou même sous-joué deux As ou deux Dames.

Si vous envisagez de jeter votre brelan de Rois au cas où votre adversaire miserait, vous devriez alors checker. Dans les tournois de no-limit, vous ne jetez pas ces mains. Votre temps est sérieusement compté. Les blinds augmentent rapidement et vous devez accumuler des jetons pour garder de l'avance. Un brelan de Rois contre une couleur possible est une trop bonne configuration pour jeter sa main.

Le vrai dilemme se joue entre miser votre tapis tout de suite ou miser quelque chose comme $200. Miser $200 vous permettra de gagner des jetons supplémentaires, par exemple face à des joueurs avec une paire qui passeraient sûrement si vous relanciez à tapis, et contre des jeux plus forts vous miserez votre tapis de toute façon. Une mise comme celle-ci serait mon premier choix, mais c'est une question d'appréciation.

L'action : Vous misez votre tapis et vous êtes payé. Votre adversaire montre 8♠8♣ et perd contre votre brelan de Rois.

Sur Internet, les joueurs ont davantage tendance à jouer jusqu'au bout avec une petite paire. Quand vous passerez du poker sur Internet aux tournois live, soyez conscient du fait que vos adversaires abattront des mains beaucoup plus fortes.

Coup 4-10

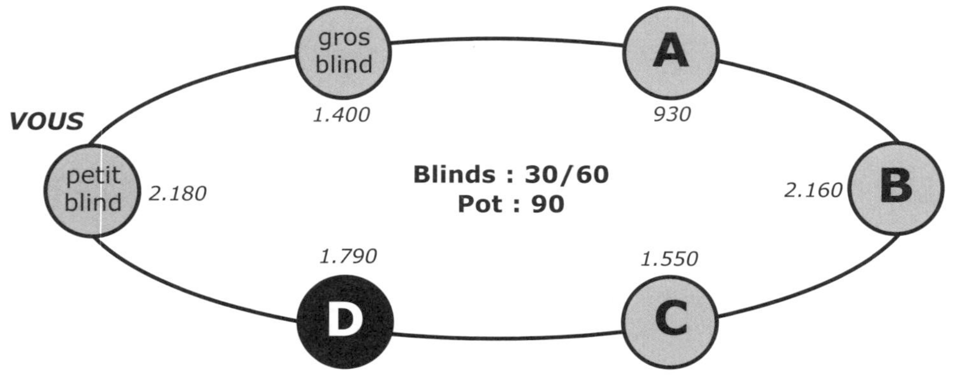

Votre main

Enchères avant vous

Le joueur A passe. Le joueur B paye. Le joueur C passe. Le joueur D paye.
Le pot est maintenant de $210.

La situation : Au cours d'un tournoi à une table sur Internet. Les joueurs B et D sont très agressifs.

Question : *Est-ce que vous passez, payez ou relancez ?*

Réponse : 9♣2♣ est une main si faible que vous pensez évidement à jeter votre main. Mais il y a quand même deux raisons qui font que vous pouvez jouer une main comme celle-ci à l'occasion.

1. La première raison est toute simple : vous variez ainsi les mains avec lesquelles vous jouez, de telle sorte que vos adversaires ne puissent pas vous lire trop facilement.

2. La seconde raison, la plus importante, est d'exploiter l'énorme cote qui vous est proposée par le pot en étant de petite blind. Vous devez ajouter $30 pour pouvoir jouer un pot de $210. Cette cote de 7 contre 1 est très intéressante. Même une main médiocre a plus de chances qu'il n'y paraît si elle peut être jouée jusqu'au bout. Votre 9♣2♣,par exemple, a une probabilité de 25% de gagner contre deux jeux donnés au hasard. Si les deux mains contiennent une grosse carte commune, vos chances grimpent à près de 33%.

L'histoire n'est pas finie bien sûr. La grosse blind n'a pas encore parlé et elle pourrait vous chasser avec une relance. Vous n'êtes probablement pas confronté à des mains aléatoires mais à des mains sensiblement meilleures que n'importe quelle main prise au hasard. Vos chances de gagner se basent sur le fait que vous pourriez jouer le coup jusqu'au bout. Si vous ne touchez rien au flop et si vous vous retrouvez confronté à une forte mise, vous n'aurez pas la cote nécessaire pour continuer à jouer. Mais il n'y a aucun mal à tenter des mains comme celles-ci de temps en temps. Tout en tenant compte de ces avertissements, vous pouvez suivre dans ce cas.

L'action : Vous décidez de suivre pour $30 de plus. La grosse blind checke. Le pot est maintenant de $240.

Le flop : 5♦4♣3♣

Question : Vous êtes le premier à parler. *Que devriez-vous faire ?*

Réponse : Vous pourriez faire une mise significative de la moitié du pot. Vous avez une main convenable, avec un tirage à couleur et un tirage à quinte par le bas. Il est probable que le flop n'ait pas aidé vos adversaires, qui peuvent très bien tous avoir de grosses cartes en main. Une mise conséquente peut vous aider à remporter le coup tout de suite et vous avez beaucoup d'outs dans le cas contraire.

L'action : Vous misez $120. La grosse blind et le joueur B payent. Le joueur D relance à $240. Le pot est de $840. *Que faites-vous maintenant ?*

Réponse : Votre premier réflexe devrait être de prendre le temps de réfléchir car il s'agit peut-être d'une décision cruciale. Le pot est devenu gros, vous avez le potentiel de toucher un très gros jeu, et cela pourrait bien être un coup sur lequel plusieurs joueurs perdront gros. Beaucoup de décisions au poker peuvent être prises rapidement, mais ce n'est pas le cas ici.

Vous devriez penser à trois choses dans ce cas de figure :

1. La cote du pot. Cela vous coûte $120 de suivre un pot de $840. Cette cote de 7 contre 1 semble excellente. La grosse blind et le joueur B peuvent encore agir après vous, mais vous aurez toujours une très bonne cote.

2. Vos outs possibles. Vous avez un tirage quinte et couleur. Ce sont deux bons jeux mais vous n'êtes pas certain de gagner si vous touchez l'un ou l'autre. Si l'un de vos adversaires à deux trèfles en main, l'un d'eux est probablement supérieur à votre 9♣. Il y a encore neuf trèfles dans le paquet, plus trois As et trois Six (ne comptez pas l'A♣ ni le 6♣), ce qui fait un total de 15 outs. Cela fait beaucoup d'outs compte tenu de la cote que vous offre le pot.

3. Vos adversaires. Vous avez été payé par deux joueurs et relancé par un troisième, ce qui était inattendu vu la texture du flop. Les joueurs B et D sont connus pour être agressifs. Vous pourriez être face à un brelan comme vous pourriez être simplement face à une paire. Une quinte est peu probable, il faudrait que l'un d'eux ait As-deux, Sept-Six ou Six-Deux, des mains qui ont peu de chances d'être jouées avant le flop.

Une fois que vous avez réfléchi à tout cela, il vous faut prendre une décision. Etant donné ces différents paramètres, vous devriez payer. La cote du pot est tout simplement trop tentante, vu le nombre d'outs dont vous disposez. Suivre vaut mieux que relancer car vous voulez rester dans le coup pour le moins cher possible, et suivre pourrait également tenter les deux joueurs après vous en augmentant de cette manière votre cote du pot.

L'action : Vous suivez. La grosse blind suit. Le joueur B passe. Le pot est maintenant de $960.

La turn : 5♦4♣3♣9♠

Question : *Que faites-vous maintenant ?*

Réponse : Vous avez maintenant la paire max du tableau, plus un tirage quinte et couleur. Avec le pot à $960, vous devriez commencer à regarder quels sont les tapis de vos adversaires. Vous avez encore $1.880, alors qu'il reste à la grosse blind $1.100 et qu'il reste au joueur D $1.490.

Faites une forte mise, celle du montant du pot. Cela serait suffisant pour chasser du coup les joueurs qui sont à tirage car ils n'auraient plus la cote du pot nécessaire pour suivre. Cela montrerait également à vos adversaires qu'ils devront aller à tapis s'ils veulent jouer le coup.

L'action : En fait, vous checkez. Le joueur D mise $500. *Que faites-vous ?*

Réponse : Vous devriez payer. Vous ne pouvez pas être sûr de la valeur de vos outs mais vous en avez tellement que cela vaut la peine de suivre. Les neuf trèfles plus les trois As et les trois Six qui ne sont pas à trèfle sont probablement des outs, ainsi que les deux Neuf restants dans le paquet. (N'oubliez pas qu'il est possible que vous n'ayez pas *besoin* d'améliorer, votre paire de Neuf pourrait suffir sur ce coup.) Cela vous coûte $500 de suivre un pot de $1.460. Votre cote est donc d'environ 3 contre 1. Allez-y.

L'action : Vous suivez. Le pot est maintenant de $1.960.

La river : 5♦4♣3♣9♠6♣

Question : *De quelle manière devriez-vous miser à la dernière ?*

Réponse : Si le joueur D avait une main à tirage, il n'aurait certainement pas misé comme il l'a fait. Il est raisonnable de penser que votre couleur vous permet de gagner le coup et vous devriez faire tapis.

L'action : Vous faites tapis et le joueur D vous paye. Il montre 7♥6♥ et votre couleur bat sa quinte.

Le joueur D aurait dû miser beaucoup plus à la quatrième car aucun tirage couleur n'aurait eu la cote suffisante pour suivre. C'est cependant un coup intéressant.

Avant le flop, les joueurs sont comme l'écrivain devant une page blanche et ils peuvent, dans les limites du raisonnable, faire pratiquement tout ce qu'ils veulent. La manière dont vous jouez avant le flop dépend de votre approche fondamentale du jeu.

Cinquième partie

Cinquième par

Miser

Miser

Avant le flop

Avant le flop

INTRODUCTION

Un coup de hold'em no-limit débute avec un tour d'enchères juste avant le flop. Vous revendiquez le pot avec vos bonnes mains, jetez vos mauvaises mains et essayez à l'occasion de voler le pot à moindre frais. Cette phase du coup est celle qui offre le plus de possibilités pour affirmer son style et faire preuve d'ingéniosité. Une fois que le flop apparaît avec les cartes communes exposées, il y a des manières de jouer correctes ou incorrectes, et un bon joueur est généralement supposé savoir celles qui sont correctes et les appliquer.

Mais avant le flop, les joueurs sont comme l'écrivain devant la page blanche. Ils peuvent, dans les limites du raisonnable, faire pratiquement tout ce qu'ils veulent. La manière dont vous jouez avant le flop dépend de votre approche fondamentale du jeu. Chacun des trois styles que j'ai décrits dans la Deuxième Partie de ce livre appréhende différemment la manière de jouer avant le flop.

1. Le joueur conservateur veut entrer uniquement dans quelques coups. Quand il joue, il veut soit une main qu'il estime être la meilleure, soit une main qui offre de belles cotes. Il essaye de minimiser autant que possible le nombre de décisions difficiles auxquelles il aura à faire face après le flop.

2. Le joueur agressif veut jouer plus de coups avec des cartes parfois plus faibles. Il veut voir plus de flops qu'un joueur conservateur, il a confiance dans ses capacités à lire la table et à ne pas s'empêtrer quand il a le deuxième meilleur jeu.

3. Le joueur super-agressif entre dans beaucoup de coups – parfois jusqu'à 30% des coups. Il cherche à voler des pots ou à voir certains flops à moindre frais. Il a confiance en son talent qui lui permet de jeter une main quand il se sait battu et remporte d'énormes pots quand il touche une forte main, ou lorsqu'une de ses mains marginales touche son flop.

19

LA STRATÉGIE DE BASE

Tout au long des pages qui vont suivre, je vais vous décrire une stratégie de base pour miser avant le flop. C'est une stratégie générique, qui décrit la manière dont je joue dans les circonstances suivantes :

1. Table pleine, de neuf joueurs, au début ou au milieu d'un tournoi.

2. Je ne connais aucun des autres joueurs particulièrement bien.

3. Selon moi, les joueurs jouent tous un jeu conservateur et solide.

4. Il n'y a pas de très gros tapis, ni de très petits.

5. Nous avons tous beaucoup de jetons en comparaison des blinds et des antes (notion de "tapis profond").

Une situation remplissant toutes ces conditions n'est pas aussi inhabituelle que vous pourriez le penser. Aujourd'hui, les tournois attirent tellement de joueurs qu'il n'est pas rare pour moi d'être à une table où je ne reconnais pas plus d'un ou deux visages. La plupart des joueurs qui ont payé une inscription à $5.000 ou $10.000 pour participer à un tournoi majeur ont tendance à être des joueurs conservateurs, du moins un certain temps. Les montants des tapis demeurent relativement équivalents jusqu'à ce que certains joueurs commencent à payer d'occasionnelles relances à tapis.

La stratégie que je vais décrire est plus agressive qu'une stratégie purement conservatrice, mais plus conservatrice que la manière de jouer de beaucoup de joueurs. Elle a pour objectif de vous éviter les situations difficiles et de vous garantir un minimum de sécurité. Dans un tournoi *live*, cette stratégie ne sera que légèrement plus conservatrice que celle du joueur lambda assis à votre table. Dans les tournois sur Internet, vous serez à coup sûr l'un des joueurs les plus serrés à la table.

Quand vous appliquez cette stratégie, ne vous inquiétez pas de vous voir jeter toutes vos mains pendant de longues périodes. Cela arrive à tous les joueurs qui jouent bien. Si vous vous ennuyez et si cela vous angoisse de passer trop souvent, gardez en mémoire deux choses :

1. Bien que le poker télévisuel soit du poker authentique, tous les coups ne sont pas diffusés, loin de là. Bien que le tournoi comporte énormément de coups où un seul joueur mise et où tous les autres passent, ces coups sont coupés lors du montage télévisuel.

2. En hold'em no-limit, tous vos jetons sont menacés à chaque fois que vous entrez dans un coup. Par définition, un joueur qui entre dans beaucoup de coups a plus de chances de perdre tous ses jetons rapidement, comparativement à un joueur qui n'entrera que dans peu de coups, mais qui les sélectionnera attentivement.

Après avoir présenté cette stratégie de base, je développerai certains des ajustements nécessaires si les circonstances changent. Si vous êtes débutant en tournoi, ne vous préoccupez pas trop de ces ajustements. Contentez-vous d'apprendre et d'appliquer cette stratégie, vous jouerez alors déjà bien mieux que beaucoup des joueurs à votre table. Lorsque vous serez pleinement familiarisé avec cette stratégie, vous serez fin prêt pour apporter certaines modifications suivant les différents styles de jeu de vos adversaires ou le montant des tapis.

Note : Au long de l'exposé de cette stratégie, j'appelle le joueur parlant juste après la grosse blind de “premier de parole” ou “en première position”, et ainsi de suite jusqu'au bouton, en septième position. Suivent la petite et la grosse blinds. Je décris l'action pour neuf joueurs. La transposition à dix joueurs est facile : il suffit de jouer un peu plus serré.

Qui est dans le coup ?

Les mains avec lesquelles vous avez l'habitude de relancer, payer ou passer dépendent pour une très grande part de votre position et de l'action que vous avez pu observer avant vous. Vous avez besoin d'un ensemble de critères pour décider de vos actions si tous les joueurs ont passé avant vous, et d'un autre ensemble de critères si deux joueurs ont déjà relancé / sur-relancé. Il serait impossible de couvrir toutes les situations possibles pour chacune des différentes positions à la table. C'est la raison pour laquelle j'ai réduit à cinq le nombre des situations pouvant se présenter à vous, ce qui vous donnera un bon aperçu des différentes possibilités :

1. Personne n'est encore entré dans le coup.

2. Le joueur en troisième position a ouvert en relançant trois fois le montant de la grosse blind. Vous êtes en cinquième position. Les joueurs en première, deuxième et quatrième positions ont passé.

3. Le joueur en troisième position a suivi la grosse blind. Comme précédemment, vous êtes en cinquième position, et les joueurs en première, deuxième et quatrième positions ont passé.

4. Vous êtes au bouton. Le joueur en troisième position a relancé trois fois la grosse blind, et le joueur en cinquième position a relancé neuf fois la grosse blind. Tous les autres joueurs ont passé.

5. Vous êtes au bouton. Les joueurs en deuxième, quatrième et sixième positions ont payé la grosse blind. Les joueurs en première, troisième et cinquième positions ont passé.

Même si vous ne vous retrouverez que rarement dans des situations qui seront exactement celles-ci, ma démonstration devrait vous présenter la manière dont vous êtes supposé appréhender le problème d'entrer ou non dans un coup.

20 - 1er cas - Le coup n'a pas encore été ouvert

C'est pour vous le cas le plus favorable, car personne à la table n'a montré de force particulière et une mise peut tout à fait vous faire remporter le pot. Examinons comment jouer les différents types de mains.

A-A, K-K, Q-Q

Avec ces grosses paires, vous pouvez relancer quelle que soit votre position. Sur Internet, je relancerais toujours avec ces mains car il est très improbable que vous rencontriez suffisamment souvent les mêmes joueurs pour qu'ils parviennent à avoir une lecture de votre jeu. Dans les tournois live, où les bons joueurs essayent de garder en mémoire ce qu'ils voient faire par leurs adversaires, vous devez toujours varier votre jeu. Avec ce type de mains, je relancerais 80% du temps et payerais simplement les 20% restants.

Vous devez absolument garder à l'esprit que sous-jouer ces mains est en général une erreur théorique qui vous coûterait de l'argent *si vous pouviez être certain que vos adversaires n'étudient pas votre style de jeu.* Cependant, ils vous étudieront, et vous devez adopter un style équilibré, en variant votre jeu de manière aléatoire. Ce conseil s'applique à toutes les mains dont nous discuterons ici. Quand je recommande plusieurs actions pour une même main, je m'efforce de vous donner en pourcentage la fréquence avec laquelle vous devez alterner entre chacune d'elles.

Vous ne devez jamais oublier qu'au poker de haut niveau, vous croiserez de nombreux joueurs qui, après chaque session, en rentrant chez eux, écrivent dans leurs carnets tout ce qu'ils ont vu à la table. Ils ont des centaines de carnets remplis de notes sur les habitudes de centaines d'autres joueurs. Alors quand je vous dis de varier votre manière de jouer, je ne plaisante pas ! Chaque action ou relance que vous faites régulièrement trouvera rapidement sa place dans leurs bases de données.

Qu'en est-il du montant de la relance ? Avec ce type de main, j'aime relancer entre trois et quatre fois la grosse blind. Comme toujours, je dois varier ce montant de temps en temps, mais mes mises pourraient ressembler à cela :

- 35% du temps : Relance de **3** fois la grosse blind
- 35% du temps : Relance de **4** fois la grosse blind
- 15% du temps : Relance de **2** fois la grosse blind
- 15% du temps : Relance de **5** fois la grosse blind

Note : Avant le flop, j'aime présenter les relances en multiple de la grosse blind et non pas en multiple du pot. Après le flop, je raisonne en termes de fractions ou de multiples du pot total. C'est une distinction quelque peu arbitraire mais si vous fréquentez le circuit du poker un certain temps, vous comprendrez vite que c'est de cette manière que les joueurs de poker parlent et raisonnent.

Devez-vous faire tapis avec ces grosses paires en main ? Cette manière de jouer est extrêmement rare car avec des mains aussi fortes, vous voulez vraiment encourager l'action d'un seul adversaire et votre but est de construire un pot important. Faire tapis chasse en général tout simplement les joueurs du coup et ne vous laisse comme gains que les blinds et les antes. Vous pouvez toutefois y songer si vous vous trouvez à une table très active où vous avez vu des relances à tapis payées. (Mais même dans ce cas, cela doit rester une action inhabituelle.)

En fin de parole (sixième position) ou au bouton, ne relancez pas plus de trois fois la grosse blind. Votre mise a alors plus de chances d'être interprétée comme une tentative de vol et moins comme un value bet. Vous voulez encourager l'action et serez payé par des mains un peu plus faibles que d'ordinaire. Dans cette situation, vous pourrez également suivre plus souvent, particulièrement si vous avez remarqué que la grosse blind défend sa blind de manière agressive en relançant. Donnez-lui l'occasion d'essayer de vous chasser du coup.

J-J, T-T, 9-9

En première position, avec l'une de ces mains, vous devez alterner entre payer simplement et relancer. J'aime relancer 70% du temps et suivre les autres 30%. Quand vous relancez, vous devez relancer d'un montant plus important que lorsque vous avez une grosse paire, car vous souhaitez remporter le pot tout de suite. Bien que vous ayez probablement la meilleure main à la table à cet instant, ces mains deviennent difficiles à jouer quand elles sont payées et qu'une carte supérieure apparaît au tableau. Avec ces mains, j'aime relancer entre quatre et cinq fois le montant de la grosse blind.

En milieu de parole, vous pouvez relancer de manière agressive avec ces trois mains, tout particulièrement en quatrième ou cinquième position (restez un peu plus conservateur en troisième position). Considérez-les comme de grosses paires et relancez de trois à cinq fois la grosse blind. Contrairement aux grosses paires cependant, vous ne devriez pratiquement jamais entrer dans un coup avec ces mains en suivant simplement. Parce que ces mains deviennent très faibles quand une grosse carte vient au flop et il n'est pas dans votre intérêt de laisser des joueurs avec une figure en main entrer dans le coup en suivant.

En sixième position ou au bouton, vous voulez toujours relancer avec ces mains mais vous pouvez vous permettre de suivre plus fréquemment. Relancez 75% du temps de trois à cinq fois la grosse blind et suivez les 25% restants.

8-8, 7-7, 6-6

Ces mains sont nettement plus faibles que celles du groupe précédent et doivent être jouées en conséquence.

Continuez de jouer ces mains en début de parole, mais avec plus de prudence. Vous voulez principalement suivre avec ces paires intermédiaires, mais vous devez alterner avec quelques relances pour tromper vos adversaires. Je suggère de suivre 80% du temps et de relancer le reste du temps.

La situation est plus délicate lorsque vous êtes en milieu de parole. Je joue en troisième position de la même manière qu'en première position. En quatrième position, je commence à relancer avec une paire de Huit, mais je continue de suivre avec les plus petites paires. En cinquième position, je change de stratégie et je relance davantage avec ces trois paires.

En dernière position, relancez avec toutes ces mains. Payez 25% du temps et relancez les autres 75%.

5-5, 4-4, 3-3, 2-2

Les petites paires sont par nature des cartes dangereuses pour deux raisons. Elles sont, bien sûr, battues par les grosses paires mais en plus, elles n'entrent plus en ligne de compte quand des paires supérieures viennent au flop. Supposez par exemple que vous ayez

et que le flop soit

Pour l'instant, vous avez deux paires Neuf et Trois. Mais si la turn est un Cinq, cela ne compte pas d'avoir touché trois paires ! Votre paire en main ne joue plus et votre jeu n'est plus que le tableau avec un kicker Trois. Vous devez donc jouer ces mains très prudemment.

En première position, jetez généralement ces mains.

En milieu de parole, payez simplement avec la paire de Cinq ou de Quatre mais jetez les paires de Trois et de Deux.

En dernière position, relancez en général avec les paires de Cinq et de Quatre, et payez avec vos paires de Trois et de Deux. Si les blinds sont faibles, relancez avec toutes ces mains.

A-K, A-Q, assortis ou dépareillés

Nous abordons maintenant les mains qui ne sont pas des paires. Parmi celles-ci, As-Roi (Big Slick) et As-Dame sont de loin les plus fortes, et peuvent être jouées à peu près comme les grosses paires. Notez que ces mains sont assez fortes pour que, contrairement aux mains plus faibles sans paire, vous puissiez les jouer de la même manière, qu'elles soient assorties ou dépareillées.

En première position, vous voulez principalement relancer avec ces mains. J'alterne entre 75% du temps où je relance et 25% où je paye. Quand vous relancez, le bon montant est de trois à cinq fois la grosse blind, en variant bien sûr ces mises au hasard.

En milieu de parole, relancez encore plus souvent, peut-être 85% du temps. Notez que vous serez heureux de gagner ne serait-ce que les blinds avec ces mains (tout particulièrement quand il y a également des antes en plus des blinds). Souvenez-vous que lorsqu'il y a de l'action et que vous ne touchez rien au flop, vous n'êtes pas favori face à n'importe quelle paire inférieure.

Jouez-les en fin de parole comme en milieu de parole. Relancez la plupart du temps et ne soyez pas déçu de ne gagner que le pot initial.

A-J, A-T assortis

En première position avec As-Valet assortis, payez aussi fréquemment que vous relancez, avec des mises se situant comme précédemment entre trois et cinq fois la grosse blind. As-Dix assortis en première position est une main très marginale. A une table serrée, je jetterais tout simplement mon jeu. A une table passive, je me contenterais de payer.

En milieu de parole, je ferais juste une relance standard avec As-Valet assortis. Avec As-Dix assortis, j'alternerais davantage, en relançant peut-être 75% du temps et en suivant 25% du temps.

Ce sont de bonnes mains en fin de parole, je relancerais donc fortement.

A-J, A-T dépareillés

Je jetterais tout simplement As-Dix en première position. A une table de bons joueurs, je ferais de même avec As-Valet dépareillés. A une table d'un niveau un peu moins fort, je jouerais As-Valet en relançant et en suivant à part égale.

En milieu de parole, cela devient plus compliqué. En troisième position, je jetterais toujours As-Dix, mais je jouerais As-Valet en payant 30% du temps et en relançant 70% du temps. En quatrième position, je jouerais As-Valet de la même manière, mais je commencerais à jouer As-Dix, je relancerais, suivrais et passerais de manière équivalente. En cinquième position, je relancerais majoritairement avec les deux.

En fin de parole, je relancerais avec ces deux mains.

A-9, A-8 assortis

En abordant les mains composées d'un As accompagné de cartes plus faibles, nous pénétrons en territoire dangereux. Contrairement aux mains précédentes, toucher un As est maintenant une chance très discutable, car les probabilités de se retrouver face à un As accompagné d'un meilleur kicker augmentent sérieusement. Ce sont de bonnes mains lorsqu'on touche au flop soit la couleur max, soit le tirage couleur max, soit deux paires, chacune de ces mains permettant de gagner un énorme pot.

J'aime considérer As-Huit comme la main-pivot avec un As. Si je me retrouve face à un adversaire qui joue contre moi avec n'importe quel As-x, il y a alors cinq combinaisons d'As-x possibles supérieures à la mienne (A-K, A-Q, A-J, A-T et A-9) mais six qui sont inférieures (A-7, A-6, A-5, A-4, A-3 et A-2). De ce point de vue, je suis probablement encore favori avec As-Huit, alors qu'avec As-Sept je ne le suis plus.

Vous devez jeter ces mains en début de parole – à moins que la plupart des joueurs soient faibles et qu'ils ne relancent que très rarement avant le flop.

En milieu de parole, les choses deviennent de nouveau plus compliquées. Si je suis en forme à une table d'un moins bon niveau, il peut m'arriver de payer en troisième position avec ces mains. N'oubliez pas qu'en payant avec ces mains marginales, vous devez savoir très bien jouer après le flop. En quatrième position, je jouerais ces mains en payant la moitié du temps et en relançant l'autre moitié. En cinquième position, je relancerais souvent.

En fin de parole, je relancerais aussi avec ces deux mains.

A-9, A-8 dépareillés

Jetez ces mains en début de parole. En troisième et quatrième positions, jetez-les également.

Vous pouvez commencer à jouer ces mains en cinquième position. Si vous vous décidez à les jouer, il faut relancer la plupart du temps pour réduire les chances de voir un flop. Relancez 70% du temps et suivez 30%

du temps. En fin de parole, relancez cette fois 90% du temps et payez 10% du temps car vous apprécierez de remporter juste le pot initial.

A-7 et moins, assortis ou non

Sur une table d'un bon niveau, je jetterais toutes ces mains sauf au bouton ou au cut-off (qui est la position précédant le bouton). Au bouton, je relancerais avec n'importe quel As, au cut-off je ne relancerais qu'avec As-Six et As-Sept. Les conseils qui vont suivre ne sont pertinents qu'aux tables ou les joueurs de blinds se sont montrés peu enclins à se défendre.

A-Sept assortis : je jouerais cette main de n'importe quelle position à partir de la cinquième en relançant 50% du temps et en suivant 50% du temps. As-Sept dépareillés : je la jouerais de la même façon, mais uniquement à partir de la sixième position.

Je ne jouerais les mains entre As-Six et As-Deux qu'en fin de parole, en relançant dans tous les cas avec l'intention de voler les blinds. Face à des blinds capables de se défendre, je jetterais simplement ces mains.

K-Q, K-J, Q-J, assortis ou dépareillés

Ces mains sont très périlleuses pour les débutants qui, en voyant deux figures, s'imaginent qu'ils ont une belle main. Bien qu'elles soient jouables dans certaines positions, elles requièrent la plus grande prudence. En première position, jetez tout bonnement Roi-Valet et Dame-Valet, assortis ou dépareillés. Avec Roi-Dame, assortis ou dépareillés à une table serrée, passez. Si la partie est plus faible, relancez avec Roi-Dame assortis la moitié du temps et suivez l'autre moitié du temps. Avec Roi-Dame dépareillés, suivez la moitié du temps et passez l'autre moitié.

En milieu de parole, ces mains s'améliorent quelque peu. Je jouerais Roi-Dame en relançant 60% du temps et en payant le reste du temps. En troisième et quatrième positions, je jouerais Roi-Valet en alternant à parts égales les fois où je relance et celles où je suis. En cinquième position, j'augmenterais la fréquence de mes relances à 60%, et payerais le reste du temps. Je jouerais ces mains de la même manière, qu'elles soient assorties ou dépareillées. En ce qui concerne Dame-Valet, je passerais en troisième position, la jouerais assortie en étant en quatrième position en relançant autant qu'en payant, et je relancerais en général en cinquième position.

En dernière position, je relancerais avec ces trois mains pour gagner les blinds.

Tous les pourcentages indiqués ici ne sont bien sûr que de simples indications générales basées sur mon expérience. Souvenez-vous également que le comportement de la table (serrée ou large, faible ou forte) doit affecter votre décision de jouer ces mains de telle ou telle façon.

Les connecteurs assortis

J'ai un jeu inhabituel que j'aime adopter avec n'importe quels connecteurs assortis. En première ou deuxième position, je relance dans 15% des cas, comme si j'avais une grosse paire. En étant premier de parole, j'ai besoin de bluffer de temps en temps et je le fais en utilisant les connecteurs assortis comme signal, ce qui m'assure ainsi que mes bluffs ne pourront pas être lus. Quand mes connecteurs deviennent un bon jeu au flop, il est pratiquement impossible pour qui que ce soit de m'imaginer avec cette main. Et lorsque j'abats ma main gagnante, je peux vous affirmer que mes adversaires s'en souviennent longtemps.

La suite de cette section traite de la manière de jouer plus généralement avec des connecteurs assortis.

Nous avons déjà traité des gros connecteurs assortis, jusqu'à Dame-Valet. Maintenant avec Valet-Dix assortis en première position à une table passive, je suivrais tout simplement. En milieu de parole, je serais plus agressif, en relançant dans 50% des cas et en payant le reste du temps. En dernière position, je relancerais certainement.

Avec Dix-Neuf assortis, je passerais en première position, suivrais en milieu de parole (avec toutefois quelques relances) et relancerais en dernière position.

Avec Neuf-Huit assortis et Huit-Sept assortis, je passerais en première position et en milieu de parole, suivrais en sixième position et relancerais au bouton.

Avec Sept-Six et Six-Cinq assortis, je passerais généralement, sauf au bouton, où je relancerais si jamais j'ai remarqué que les blinds ne se défendent pas.

Je jetterais habituellement Cinq-Quatre, Quatre-Trois et Trois-Deux assortis en n'importe quelle position. Ces cartes sont tout simplement trop basses pour valoir d'être jouées.

Le panier de crabes des mains faibles
En sixième position, je jouerais Roi-Dix assortis, Roi-Neuf assortis et Dame-Dix assortis en passant la moitié du temps et en relançant l'autre moitié. Quand je relance, c'est d'un montant standard de trois fois la grosse blind.

Au bouton, je relancerais avec un peu plus de mains de ce type : Roi-Dix assortis ou dépareillés, Roi-Neuf assortis ou dépareillés, Dame-Dix assortis ou dépareillés, Dame-Neuf assortis ou dépareillés et Valet-Neuf assortis.

Avec ces mains marginales, mon action dépendra essentiellement de ce que j'aurais appris des joueurs de blinds. Vous comprenez maintenant pourquoi étudier les trois joueurs immédiatement à votre gauche est si important. Le deuxième joueur à votre gauche est toujours de blinds quand vous êtes soit au bouton, soit juste avant le bouton. Le joueur immédiatement à votre gauche est de petite blind quand vous avez le bouton et le troisième joueur à votre gauche est de grosse blind quand vous êtes juste avant le bouton.

La petite blind contre la grosse blind
Voici ma stratégie globale dans les situations de petite blind contre grosse blind :

1. Jouer toutes les paires.

2. Jouer toujours un As ou un Roi.

3. Jouer toujours une Dame d'au moins Dame-Cinq.

4. Jouer Valet-Dix assortis ou Valet-Neuf assortis.

Quand vous jouez, alternez à part égale entre suivre et relancer. Quand vous relancez, relancez cinq fois la grosse blind. Vous n'aurez pas la position sur le coup, vous devrez donc décourager toute action. C'est pour cette raison que vous devez relancer d'un montant plus important que vous ne le faites habituellement.

Le Gap Concept et l'Effet Sandwich

Le cas de figure le plus simple à analyser est celui où vous êtes le premier joueur à entrer dans le coup. Votre jeu ne dépend alors que des cartes que vous avez en main et de votre position à la table. Dans toutes les autres situations que nous allons voir, au moins une personne sera entrée dans le coup avant vous. Mais avant que nous discutions de ces cas, laissez-moi vous préciser deux idées essentielles : le Gap Concept et l'Effet Sandwich, chacune des deux influençant votre manière de jouer les coup où il y a plus de deux joueurs.

Le Gap Concept a été défini pour la première fois par David Sklansky dans son excellent livre *Tournament Poker for Advanced Players* (en français : *Poker de Tournoi Plus,* même éditeur). Si vous envisagez d'entrer dans un coup qui a déjà été ouvert, vous devez posséder une main plus forte pour suivre que pour ouvrir vous-même dans votre position.

Supposez, par exemple, que vous soyez en cinquième position avec

dépareillés. Vous pensez que si les quatre premiers joueurs ont passé, As-Huit dépareillés est l'une des mains qu'il vous faut, au minimum, pour ouvrir. Mais une fois que les deux premiers joueurs ont passé, le troisième joueur relance et le quatrième joueur passe. Devriez-vous suivre avec A♥8♣ ? Non ! Il vous faut une meilleure main pour entrer dans un coup où vous avez déjà un adversaire connu que la main minimum avec laquelle vous auriez pu ouvrir. La différence entre la main dont vous avez besoin pour suivre et la main minimum pour ouvrir est ce que Sklansky appelle le “gap” (qui signifie “écart”). Il varie suivant les circonstances. (Dans cette situation, il me faudrait As-Roi ou As-Dame assortis pour suivre.)

La logique sous-jacente au Gap Concept est facile à comprendre. Considérez ces deux idées :

1. Quand vous ouvrez un pot, une partie de la rentabilité du coup vient de la possibilité que les joueurs qui doivent encore agir vont simplement jeter leurs mains et vous permettre ainsi de remporter les blinds et les antes sans rencontrer de résistance. Une fois que le pot a été ouvert avant vous, ce profit-là disparaît.

2. Le joueur qui a ouvert avant vous est en début de parole, il a donc besoin (en théorie) d'une meilleure main de départ pour ouvrir le pot. Mais il peut avoir ouvert avec une main beaucoup plus forte. Vous ne pouvez pas savoir. Si vous suiviez avec une main minimum avec laquelle vous auriez ouvert le pot dans votre position, vous entrerez probablement dans le pot en tant qu'outsider et vous aurez besoin que le pot vous offre une très bonne cote en compensation, ce que vous n'aurez probablement pas.

L'Effet Sandwich est une idée liée à la précédente. Envisagez le cas où un joueur a relancé et tous les autres joueurs ont passé avant vous. Vous êtes le dernier à parler. Dans ce cas, vous avez toutes les informations dont vous avez besoin pour calculer votre cote du pot et prendre votre décision. Mais supposez au lieu de cela que le pot ait été ouvert, que vous soyez le suivant à parler et qu'il reste plusieurs joueurs à parler après vous. Quoi que vous fassiez, certains joueurs ou même tous pourront entrer dans le coup après vous. Vous avancez maintenant en terre inconnu. Vous ne savez pas combien de joueurs il y aura finalement dans le coup, vous ne savez pas si vous serez relancé, vous ne pouvez donc pas calculer votre cote. Vous êtes pris en "sandwich" et, comme pour le Gap Concept, il vous faut une main plus forte en compensation.

Avec ces concepts à l'esprit, voyons maintenant les mains de départ requises pour certains cas typiques où le pot a déjà été ouvert.

21 - 2e cas - Le 3e joueur relance 3 fois, vous êtes le 5e

(*Note* : "Relancer 3 fois" signifie que le joueur relance le gros blind à 3 fois sa valeur. Par exemple, si le gros blind est égal à 100, le joueur relance à 300.)

Comme vous devez bien vous l'imaginer, votre stratégie doit prendre en considération la nature du relanceur.

Si le relanceur est connu pour être un joueur super-agressif, *vous sur-relancez avec n'importe quelle main avec laquelle vous auriez ouvert le pot en relançant dans votre position*. Le Gap Concept ne s'applique pas contre un joueur capable de jouer avec n'importe quelles cartes en main. Vous suivez également avec n'importe quelles mains légèrement plus fortes que celles avec lesquelles vous auriez ouvert le pot en suivant.

Cependant, si le relanceur est un joueur solide et conservateur, le Gap Concept s'applique et vous devez être plus circonspect. Vous avez maintenant besoin de mains plus fortes pour relancer, et aussi pour suivre, ne serait-ce qu'un peu meilleure que celle requise pour ouvrir un pot qui n'a pas encore été ouvert. Voici mes règles détaillées :

Avec une paire en main

Avec deux As ou deux Rois, vous voulez suivre de temps en temps et relancer la majorité du temps. J'alternerais entre relancer 85% du temps et suivre 15% du temps. Quand vous sur-relancez, vous voulez que ce soit d'un montant équivalent à deux ou trois fois celui de la relance de votre adversaire.

Avec deux Dames, vous pouvez suivre plus fréquemment. Je relancerais 70% du temps et suivrais les 30% restants.

Vous jouez toujours avec une paire de Valets ou de Dix mais augmentez le nombre de fois où vous suivez. Je relancerais maintenant uniquement 20% du temps et payerais les 80% restants.

Les paires intermédiaires, de Neuf à Sept, sont typiquement des mains avec lesquelles on se contente de suivre.

Les petites paires, de Six jusqu'à Deux, ne sont pas jouables. Jetez vos cartes.

Avec As-x en main

As-Roi vaut la peine de suivre, que les cartes soient assorties ou dépareillés.

Avec As-Dame, je payerais si les cartes sont assorties et jetterais mon jeu si elles sont dépareillées.

Jetez toutes les mains avec un As accompagné d'une petite carte face à un joueur solide. Contre un joueur qui est à la fois agressif avant le flop et faible ensuite (une merveilleuse combinaison !) relancez avec As-Roi jusqu'à As-Dix pour l'isoler.

Avec K-Q, K-J, Q-J

Ce sont tout simplement des mains à problèmes quand il y a eu une relance avant vous. Jetez simplement ces mains.

Avec des connecteurs assortis

Jetez-les tous sans exception.

22 - 3e cas - Le 3e joueur suit, vous êtes le 5e

Se retrouver face à un joueur qui a simplement suivi est beaucoup moins inquiétant que d'être face à un joueur qui a relancé. *Le fait de suivre n'indique pas une main particulièrement forte, vous n'avez donc pas besoin d'avoir un si bon jeu que cela pour suivre.*

Voici la règle qui doit devenir vôtre : *outre quelques exceptions, vous pouvez jouer les mêmes mains contre un seul joueur qui a suivi que celles avec lesquelles vous auriez ouvert.* Voyons comment appréhender les différentes mains possibles :

A-A, K-K, Q-Q

Vous devriez relancer avec ces grosses paires. Comme précédemment, une bonne relance se situe entre trois et cinq fois la grosse blind. Bien que je recommande de suivre très occasionnellement dans un pot qui n'a pas été ouvert avant vous, je ne le recommanderais pas dans ce cas.

Suivre alors qu'un autre joueur a déjà ouvert encouragerait simplement d'autres joueurs à suivre après vous, ce qui engendrerait exactement la situation dont vous ne voulez pas avec une grosse paire en main : un petit pot avec beaucoup de joueurs dans le coup. Vous serez le favori, certes, mais vous aurez quand même plus de chances de perdre le coup que de le remporter – sauf bien sûr si les joueurs ont des cartes communes en main, ce qui réduit leur capacité à améliorer.

Une exception importante : suivez si une relance après vous est très probable.

J-J, T-T

Considérez ces mains comme des grosses paires et faites une forte relance. Comme précédemment, vous ne voulez pas qu'il y ait plusieurs joueurs dans le coup. Voici une statistique qui donne à réfléchir : une paire de Valets face à quatre adversaires avec des mains données au hasard (As-Dame, un Roi accompagné d'une petite carte, et deux petits tirages couleurs), a seulement 30% de chances de gagner le coup s'il est joué jusqu'au bout.

9-9

Jouez cette main, mais relancez et suivez une fois sur deux.

8-8 et moins, jusqu'à 2-2

Dans ce cas, les petites paires bénéficient de ce que l'on appelle *l'Effet Parapluie*. Avec un joueur de plus dans le coup, suivre avec les petites paires améliore votre cote légèrement. Vous pouvez donc suivre avec une paire de Huit, une paire de Sept et une paire de Six. Au bouton plutôt qu'en cinquième position, je suivrais avec toutes ces paires. Avec des petites paires, vous espérez toucher un brelan ou un flop particulièrement favorable.

A-K, A-Q

Avec As-Roi, relancez, qu'ils soient assortis ou dépareillés. Avec As-Dame, je relancerais uniquement si les cartes sont assorties et je suivrais si elles ne le sont pas.

A-J, A-T

Suivez avec As-Valet assortis ou dépareillés. Avec As-Dix, je suivrais uniquement si les cartes sont assorties. Jetez As-Dix dépareillés.

A-9 et moins, jusqu'à A-2

Jetez toutes ces mains. Cela peut sembler une stratégie ultra-conservatrice, mais si vous jouez ces mains, vous vous retrouverez souvent contre un joueur qui aura suivi avec As-x et dont le kicker sera supérieur au vôtre. N'oubliez pas que vous êtes donné grand perdant dans ce cas et que vous perdrez beaucoup de gros pots quand vous floperez un As.

K-Q, K-J

Avec Roi-Dame assortis, je paye. Jetez s'ils sont dépareillés. Je jouerais Roi-Valet seulement si je pense que le joueur qui a ouvert le pot est un joueur faible ou large.

Les connecteurs assortis

Jetez-les. Le problème ici est que vous n'avez pas encore assez de joueurs dans le pot.

Le coup idéal avec des connecteurs assortis : vous êtes en fin de parole et plusieurs joueurs sont déjà entrés dans le coup, dans ce cas vous voulez suivre également. Vous jetterez la plupart du temps votre main au flop, mais quand vous toucherez votre couleur ou votre quinte, vous pourrez gagner un très gros pot.

23 - 4e cas - Le 3e joueur relance 3 fois, le 5e joueur relance 9 fois, vous êtes au bouton

Un joueur a annoncé qu'il avait une forte main. En sachant cela, un deuxième joueur a annoncé qu'il avait une main encore meilleure. Dans ces circonstances, de quoi avez-vous besoin pour entrer dans le coup ? Réponse : une bombe en main. Le premier joueur pourrait très bien avoir bluffé, mais certainement pas le deuxième. N'oubliez pas également que les blinds doivent encore agir et que le premier joueur a encore le droit de sur-relancer quoi que vous fassiez.

A-A, K-K

Sur-relancer avec deux As est une évidence, c'est le scénario rêvé avec une paire d'As, et vous pourriez gagner un énorme pot.

Vous pouvez également sur-relancer avec une paire de Rois. Cependant, il arrivera parfois que l'un de vos deux adversaires ait deux As en main, et cela ne vous fera pas plaisir ! Mais très souvent, l'un des joueurs n'aura qu'une paire de Dame et l'autre As-Roi, ou parfois même moins que ça. Relancer avec les Rois vous sera toujours profitable sur le long terme.

Q- Q

Une paire de Dames vaut en général la peine de suivre dans ce cas. Si vous n'améliorez pas au flop ou si vous vous retrouvez face à une relance à tapis, il faudra prendre une décision difficile. Mais suffisamment de situations loufoques se produisent pour que suivre soit un jeu raisonnable.

Il y a longtemps de cela, j'ai vu un joueur faire tapis avant le flop avec une paire de Dames, et il a été payé par trois joueurs qui retournèrent tous As-Roi ! Les Dames ont remporté le coup.

Toutes les autres mains

Passez. Peu importe ce que vous avez, vous n'êtes pas à votre place dans ce coup.

24 - 5e cas - 3 joueurs paient le surblind, vous êtes au bouton

Cette situation se produit tout le temps dans les parties sur Internet, mais pas si souvent que cela dans les parties live. Elle présente certaines opportunités que n'ont pas les autres cas envisagés.

A-A et moins, jusqu'à T-T
Relancez fermement avec ces mains, peut-être quatre ou cinq fois la grosse blind. C'est une très bonne situation pour vous. Votre relance sera souvent considérée à tort comme une tentative de vol du pot, les joueurs ayant parlé avant vous n'ayant pas montré de force particulière. Il vous arrrivera donc de temps en temps d'être sur-relancé par la petite ou la grosse blind.

9-9 et moins, jusqu'à 2-2
Suivez simplement avec ces mains. Si vous touchez un brelan au flop, vous pouvez espérer gagner un gros pot. Dans le cas contraire, vous pourrez jeter votre jeu sans avoir investi beaucoup dans le coup.

A-K, A-Q
Avec As-Roi vous pouvez relancer, qu'ils soient dépareillés ou assortis. Avec As-Dame, je relancerais en général avec des cartes assorties et suivrais si elles sont dépareillées.

A-x

Je suivrais avec As-Valet et As-Dix, que mes cartes soient assorties ou dépareillées. Avec un kicker inférieur au Dix, je suivrais si les cartes sont assorties et passerais dans le cas contraire. Le risque est trop grand que l'un des autres joueurs ait également une faible combinaison As-x en main.

Les connecteurs assortis

Des connecteurs assortis représentent un bon jeu dans cette situation. Je suivrais avec tous les connecteurs assortis, jusqu'à Cinq-Quatre inclus. Vous avez l'occasion de voir un flop bon marché alors que le pot est déjà gros, ce qui vous donne la cote du pot nécessaire et la bonne position pour suivre avec des connecteurs assortis.

Avant de jouer vos connecteurs assortis, soyez sûr que les joueurs qui sont entrés dans le coup avant vous n'ont pas de petits tapis. C'est la cote implicite du pot si vous touchez votre quinte ou votre couleur qui rend attractif le fait de suivre. Mais si vos adversaires n'ont plus beaucoup de jetons, il n'y aura pas suffisamment à gagner pour que ce jeu soit rentable.

Les connecteurs dépareillés

Dans cette situation, je suivrais également avec des connecteurs dépareillés jusqu'à Cinq-Quatre inclus. J'espère toucher une quinte ou un tirage quinte, et je ne payerais pas beaucoup pour cela. La forte cote implicite du pot si je touche ma quinte vaut la peine que je suivre.

Les autres mains

Cela vaut la peine de suivre avec Roi-Valet, assortis ou dépareillés. Je jetterais cependant Roi-Dix.

25 ADAPTER SON JEU AU MONDE RÉEL

Les stratégies que je vous ai présentées fonctionneront bien à une table pleine de joueurs plutôt conservateurs, ayant tous des tapis d'un montant raisonnable. Cependant, le monde réel n'est pas aussi bien défini. Les tables du monde réel sont composées d'une foule de joueurs jouant tous différemment : il y a les joueurs serrés, les joueurs larges, ceux qui jouent n'importe comment, il y a de gros tapis, de petit tapis et ajoutez à cela tout ce que vous pouvez imaginer d'autre.

Voyons donc les types d'ajustements nécessaires pour survivre dans le poker du monde réel.

Plus le nombre de joueurs à la table diminue et plus vous devez jouer de coups. Vous pouvez (et devez) jouer plus de mains et les jouer de manière plus agressive. J'en aurai beaucoup plus à dire à ce sujet dans le Tome II.

Les parties réelles sont composées d'un mélange de joueurs qui jouent serré et d'autres qui jouent large, sans oublier ceux aux styles difficiles à définir. Si votre table joue majoritairement serré ou majoritairement large, la règle que vous devez appliquer est la suivante : *jouer dans le style opposé à celui de la plupart des joueurs de la table.*

À une table de joueurs serrés, vous devez jouer plus large (lorsque vous ouvrez le pot pas quand vous suivez) parce que les pots sont plus faciles à voler, et que vous souhaitez en voler quelques-uns. A une table de joueurs larges, vous pouvez, d'un point de vue purement théorique, jouer plus serré avec de meilleures mains de départ, parce que vous gagnerez moins de coups sans rencontrer de résistance.

La règle de la “table qui joue large” est cependant un cas un peu plus compliqué. Imaginons que votre table joue large parce que vous avez Gus Hansen et Daniel Negreanu à votre gauche et Phil Ivey à votre droite (qui sont tous trois des joueurs ultra-larges et agressifs, NdE). Vous êtes maintenant incité à jouer plus serré, parce que si vous entrez dans des coups avec des mains marginales, ces types vont déjouer vos plans après le flop. Mais supposez que vous soyez à une table avec trois joueurs qui pensent qu’ils sont Gus, Daniel et Phil alors qu’ils sont en réalité Larry, Curley et Moe. Il est alors très important que vous ne jouiez pas serré. Au contraire, vous voulez vous retrouver dans des coups contre ces joueurs avec des mains marginales.

La raison en est simple. Au cours des premières heures du tournoi, Larry, Curley, et Moe vont perdre leurs tapis contre les joueurs qui sont plus forts qu’eux. Voulez-vous essayer de gagner leurs jetons dès maintenant, alors qu’ils ont encore leurs mains posées dessus, ou les gagner plus tard, lorsque les bons joueurs les auront récupérés ? Personnellement, je choisis la première option.

26 RÉAGIR À UNE RELANCE FAITE APRÈS VOUS

Que se passe-t-il quand vous entrez dans un coup en suivant ou en relançant et qu'un joueur assis après vous sur-relance ? Il n'y a pas de réponse simple à cette question, mais il y a de nombreux points à considérer avant de décider de votre prochaine action. Dans certains cas, tous ces points, ou au moins la majorité, conduiront à la même conclusion. Votre décision sera donc facile à prendre. Dans d'autres cas, ils iront dans différentes directions et vous devrez prendre une décision difficile.

Voyons tout d'abord quels sont les points que vous devez prendre en considération quand vous êtes relancé.

1. Votre main. Êtes-vous entré dans le pot avec un bon jeu, avez-vous payé ou relancé avec une main marginale pour votre position ?

2. Combien y avait-il de joueurs dans le coup ? Une relance venant d'un joueur qui est face à un seul adversaire est en général moins significative qu'une relance émanant d'un joueur précédé par au moins deux entrants. Il existe au moins quatre situations différentes. (1) Vous avez payé la blind. Une relance après vous indique une certaine force. (2) Vous relancez. Une sur-relance après vous indique une force supérieure. (3) Un joueur a suivi, vous relancez. Une sur-relance après vous indique une force encore plus grande. (4) Un joueur précédent a relancé, vous sur-relancez. Maintenant, une sur-relance après vous indique une bombe en main.

3. Combien de joueurs doivent encore parler ? Une sur-relance du joueur au bouton ou de l'un des blindeurs pourrait bien être une tentative de défendre les blinds ou de déjouer une tentative de vol. Une sur-relance de joueurs assis en début ou en milieu de parole, avec plusieurs joueurs qui peuvent encore parler après eux, indique une main plus forte.

4. Aurez-vous la position sur le sur-relanceur après le flop ? Si le sur-relanceur est aussi blindeur, vous parlerez après lui après le flop et vous pouvez suivre avec des mains plus faibles que si le sur-relanceur parlait après vous.

5. Quelle est la cote du pot ? N'oubliez pas de calculer la cote du pot avant d'agir. Vous devriez être plus tenté d'entrer dans un coup avec de bonnes cotes plutôt qu'avec de mauvaises.

6. A quel point le sur-relanceur est-il un joueur agressif ? Une sur-relance venant d'un joueur conservateur doit être considérée avec plus de respect que si le sur-relanceur est un joueur qui joue beaucoup de coups.

Mais n'allez pas trop loin dans cette analyse. Beaucoup de joueurs agressifs et super-agressifs aiment voler des pots qui n'ont pas été ouverts avant eux, mais leurs sur-relances peuvent très bien être solides et justifiées. A moins que vous n'ayez la preuve qu'un joueur va sur-relancer avec une main minimum ou une main faible, ne supposez pas trop hâtivement que ce soit le cas.

7. A quel moment du tournoi en êtes-vous ? Si c'est le début d'un tournoi et si vous et le sur-relanceur avez beaucoup de jetons par rapport aux blinds et aux antes, vous voulez donc jouer de manière plus conservatrice. Vous devriez être moins enclin à vous laisser entraîner dans une situation qui pourrait rapidement vous éliminer du tournoi.

Au fur et à mesure que votre tapis diminue et que la pression des blinds augmente, votre jeu devient alors plus agressif.

Cela fait beaucoup de paramètres à prendre en considération. Etudions quelques exemples et voyons comment ces décisions se prennent en pratique.

Exemple n°1
Il y a neuf joueurs à la table, avec les blinds à $100/$200 et antes $25. Le pot initial est de $525. Vous êtes en cinquième position avec $14.000 devant vous. Les tapis sont entre $6.000 et $17.000. Les quatre premiers joueurs ont passé avant vous. Vous avez touché de bonnes cartes et avez joué plusieurs pots récemment. Vous avez

et vous relancez à $600. Le pot est désormais de $1.125. Les autres joueurs passent jusqu'au gros blindeur qui a $12.000 devant lui et a joué jusque-là de manière plutôt agressive. Il ajoute $1.000. Vous devez donc miser $600 supplémentaire pour suivre. Le pot est maintenant de $2.125. ***Devriez-vous passer, payer ou relancer ?***

Réponse : Etudions les différents paramètres et voyons où nous en sommes dans ce coup.

1. Votre main en elle-même est très bonne. Une paire de Dix n'est donnée perdante que face aux quatre paires supérieures. *Favorable.*

2. La sur-relance est venue du dernier joueur à parler et il n'y avait pas d'autres joueurs dans le pot. *Favorable.*

3. Vous aurez la position sur le sur-relanceur après le flop. *Favorable.*

4. Cela vous coûte $600 pour suivre et il y a $2.125 dans le pot. Le pot vous offre une cote de près de 3,5 contre 1 pour suivre. *Très favorable.*

5. Le sur-relanceur est connu pour être agressif et vos actions récentes peuvent laisser penser que vous être en train de tenter de voler le pot. *Favorable*.

6. Le sur-relanceur et vous-même avez encore tout deux beaucoup de jetons devant vous. *Neutre à favorable.*

Votre première décision est ici plutôt facile, car presque tous les facteurs vous sont favorables. Vous devez jouer ce coup. La véritable décision qu'il vous faut prendre est plus difficile. Allez-vous simplement suivre ou allez-vous sur-relancer ?

Vous pourriez tout d'abord penser que, compte tenu de vos déductions, une sur-relance est évidente. Mais ce n'est pas le cas. Une paire de Dix n'est pas vraiment une bonne main pour relancer une troisième fois, et la manière dont vous voulez jouer le coup dépend du flop pour beaucoup. Si plusieurs cartes supérieures au Dix apparaissent au flop, vous êtes en difficulté. Si de petites cartes viennent, la situation vous est très favorable. J'aime prendre ma décision en me basant sur ma position et le montant de mon tapis. Si je n'ai pas la position, je veux en finir rapidement avec ce coup. Si j'ai la position, je préfère jouer le coup plus en douceur, en laissant à l'avantage de ma position le temps d'opérer.

Le montant de mon tapis affecte également ma décision. C'est le début du tournoi, j'ai donc encore le temps. La valeur de mains comme deux Valets ou deux Dix diminue dans cette situation, car ces mains finissent en général en situation de pile ou face contre deux cartes supérieures. C'est également un argument pour jouer le coup plus en douceur. En tenant compte à la fois de la position et de la taille du tapis, je recommanderais donc de suivre plutôt que de relancer.

Exemple n°2
Même table que précédemment, avec la même structure de blinds et d'antes. Une fois encore vous avez $14.000. Quelques joueurs ont plus que vous, la plupart ont moins. Le pot initial est encore de $525. Vous êtes en troisième position avec

Le premier et le deuxième joueur passent. Vous décidez de suivre. Le quatrième joueur passe, mais le joueur en cinquième position, avec $10.000 devant lui, relance à $1.000. Comme c'est un nouveau joueur qui vient de rejoindre la table, vous ne savez rien sur lui. Vous avez joué de manière agressive et gagné récemment plusieurs petits pots. Le joueur après lui passe et les blinds passent. C'est à vous de parler. Le pot est maintenant de $1.725 et cela vous coûte $800 pour suivre. Que devriez-vous faire ?

Réponse : Etudions encore une fois les différents paramètres et voyons où nous en sommes dans ce coup.

1. Votre main est relativement faible en troisième position. Vous avez suivi frileusement. *Défavorable.*

2. Quand votre adversaire a relancé, il y avait encore quatre joueurs actifs après lui. Cela indique une certaine force. *Défavorable.*

3. Vous n'aurez pas la position après le flop. *Défavorable.*

4. Cela vous coûte $800 pour suivre et il y a $1.725 dans le pot, une cote légèrement supérieure à 2 contre 1. Pas aussi bonne que la fois précédente, mais pas mauvaise non plus. *Légèrement favorable.*

5. Vous ne savez rien du relanceur. Mais il ne sait rien de vous non plus. Que vous ayez été agressif les coups précédents n'entre pas en ligne de compte parce qu'il ne peut pas le savoir, venant juste d'arriver à la table. (Aviez-vous fait la même déduction ?) Il vous considère probablement comme un joueur conservateur dès lors que la plupart des joueurs le sont par défaut. Par conséquent, il imaginera que votre main est meilleure qu'elle ne l'est réellement. *Défavorable*.

Vous n'avez plus aucun doute à avoir. Tous les facteurs à l'exception de la cote du pot sont défavorables. Passez.

27

PAYER LE SURBLIND SANS RELANCER

Un des problèmes qui caractérisent les joueurs faibles de hold'em no-limit est leur tendance à suivre trop souvent avant le flop, tout particulièrement dans les premiers niveaux des tournois. Leur motivation est simple à comprendre. Suivre leur coûte beaucoup moins cher en comparaison de leur tapis. N'importe quelle main peut potentiellement devenir une bombe au flop. Lorsqu'une main faible touche un jeu monstre au flop, celui-ci est plus facile à dissimuler qu'une grosse main de départ. (Imaginez que vous ayez

et que le flop soit

Qui soupçonnera que vous avez un jeu extrêmement fort ?) Alors pourquoi ne pas jouer beaucoup de mains faibles à moindre frais et voir si vous pouvez toucher un jeu fantastique au flop qui vous permettrait de doubler votre tapis ?

Cette argumentation semble raisonnable mais elle comporte quelques sérieux problèmes très concrets.

1. Les joueurs après vous peuvent ne pas se montrer très coopératifs avec votre plan – que vous êtes le seul à trouver ingénieux –, car ils l'ont tous déjà vu auparavant. Qu'arrive-t-il quand vous et trois autres joueurs entrez dans un coup en suivant et que la grosse blind fait une grosse relance ? Si vous suivez, vous mettez l'intégralité de votre tapis en péril avec une main marginale, dans le cas contraire vous perdez quelques jetons de plus.

2. Quand vous ne touchez pas un jeu fantastique au flop (ce qui se produira dans la plupart des cas), vous serez confronté à des décisions difficiles à prendre. Supposez que vous jouiez

et que le flop soit

Est-ce qu'un bon joueur a suivi avec As-Roi pour essayer de vous tendre un piège ? Serez-vous capable de jeter votre paire de Sept ? Ce sont des décisions difficiles. Jouer de bonnes cartes avant le flop a une vertu essentielle, celle de rendre les décisions après le flop plus faciles.

3. La plupart des mains n'améliorent pas au flop. Même quand vous ne vous retrouvez pas dans l'une des deux situations précédemment citées, vous pouvez tout simplement perdre beaucoup d'argent en essayant de toucher un gros jeu.

Il y a un temps pour jouer plus de flops avec des mains plus faibles : quand vous êtes un joueur fort à une table de joueurs faibles et que vous voulez gagner leurs jetons avant qu'ils ne les donnent à quelqu'un d'autre. Mais même dans ce cas, vous voulez choisir vos mains de départ attentivement et ne jouer que des mains qui recèlent un certain potentiel. Ne perdez pas de vue le fait que, lorsque les blinds sont très petites par rapport aux montants des tapis, la bonne manière de jouer en théorie est de jouer très serré. Si vous ne respectez pas cette règle, vous devez alors avoir une idée très claire de ce que vous êtes en train de faire.

28 Exploiter l'Effet Sandwich avec le Squeeze Play

L'existence de l'Effet Sandwich permet une action particulière appelée le "Squeeze Play". Imaginez un premier relanceur, qui peut avoir ou ne pas avoir un bon jeu, lui-même suivi par un autre joueur. Quand un troisième joueur en fin de parole décide maintenant de sur-relancer, le premier relanceur est pris en tenaille (*squeeze*). Le joueur en fin de parole possèderait une forte main et peut donc avoir un meilleur jeu que lui. Mais si le premier relanceur suit pour voir le flop, le joueur qui l'a suivi peut être en embuscade avec une grosse main et décider aussi de relancer. Dans ces circonstances, le premier relanceur a besoin d'avoir un jeu énorme pour rester dans le coup, et décidera souvent de jeter son jeu.

Voici un exemple complexe du Squeeze Play dans un grand tournoi.

Le coup : La table de finale des World Series of Poker 2003. Voici les noms des joueurs et le montant de leur tapis :

Petite Blind	Amir Vahedi	$1.500.000
Grosse Blind	Tomer Benvenisti	$700.000
1	Sam Farha	$1.460.000
2	Yong Pak	$320.000
3	Jason Lester	$1.050.000
4	Dan Harrington	$575.000
5	Chris Moneymaker	$2.800.000

Les blinds sont de $15.000/$30.000, avec des antes de $3.000. Le pot initial est de $66.000. Je suis en quatrième position et mon jeu est

C'était un coup inhabituel des World Series of Poker 2003. Sam Farha relance à $60.000 en première position et je sais d'après son style et le nombre de coups qu'il a joués que sa relance justifie une main plus faible que celles requises habituellement pour relancer en début de parole. Quand Jason suit, je n'ai pas encore regardé ma main mais je décide d'appliquer le Squeeze Play et de sur-relancer avec n'importe quel jeu raisonnable, comme une petite paire ou des connecteurs assortis.

Face à une telle action, le premier relanceur est coincé entre le sur-relanceur et le joueur qui l'a suivi, lequel peut avoir un gros jeu. Le premier relanceur est alors quasiment obligé de jeter sa main à moins de détenir une bombe. Le joueur qui a suivi la première relance se retrouve face à une sur-relance qui justifie un jeu fort alors qu'il n'a pas la position, il jettera donc souvent son jeu également. Je décide de jouer ainsi, à moins que ma main ne se révèle vraiment pitoyable, comme Sept-Trois ou Huit-Deux. Dès lors que mon jeu présente un certain potentiel, c'est une très belle action. Quand je regarde mes cartes et vois que j'ai deux Rois, je réalise que je me trouve dans une situation incroyablement favorable et décide de relancer à $200.000, ce qui est énorme par rapport au pot.

Chris Moneymaker, Amir Vahedi, et Tomer Benvenisti passent tous. Sam Farha jette son jeu. Jason Lester (avec 7-7) suit pour $140.000 supplémentaires.

Ce coup fut diffusé à la télévision et l'on reprocha par la suite à Jason d'avoir suivi. Mais à mon avis, il était parfaitement justifié qu'il paye. Nous avons beaucoup joué ensemble et il me sait tout à fait capable de tenter cette action dans cette position. Il s'imagine que j'ai probablement quelque chose comme As-Dame ou Roi-Dame, sa paire de Sept semble donc être bonne à ce moment-là.

Et je sais qu'il sait, c'est pourquoi ma relance avant le flop est largement supérieure à la relance habituelle, pour qu'il y ait plus d'argent dans le pot.

Le flop s'affiche :

Jason mise son tapis.

Sur la vidéo, cela semble stupide, faire tapis avec juste une paire de Sept. Mais il a fait ce qu'il fallait faire. Habituellement, j'aurais été assis là avec deux grosses cartes, pas de paire et j'aurais jeté mon jeu. Sa véritable crainte est que l'une de mes cartes soit un Valet, auquel cas il serait dans le pétrin. Mais la probabilité est infime, et dans la majorité des cas, son jeu lui aurait permis de remporter le pot, m'infligeant un coup dur par la même occasion.

Il y a des coups qui ne peuvent pas être compris sans une certaine connaissance de ce que sont les joueurs et de la manière dont ils ont joué les uns contre les autres par le passé. Pour les non-initiés, Jason et moi passons pour deux amateurs sur ce coup. J'ai fait une relance trop importante avec ma paire de Rois, comme si je criais que j'avais une grosse paire, et Jason a stupidement suivi, aggravant son erreur en misant son tapis contre une énorme main. Mais si vous connaissez bien les deux joueurs, le coup est tout à fait logique dans son intégralité.

Je paye son tapis, mes Rois tiennent et je remporte le coup.

20 FAIRE ALL-IN AVANT LE FLOP

Dans les derniers niveaux d'un tournoi, les relances à tapis avant le flop ne sont pas rares. Les joueurs ayant de petits tapis considèrent que faire une plus petite relance les impliquerait de tout façon dans le pot, alors ils poussent tous leurs jetons ou un autre joueur à la table le fait à leur place.

Dans les premiers niveaux d'un tournoi, quand les joueurs ont beaucoup de jetons en comparaison des blinds, les relances à tapis avant le flop sont beaucoup plus inhabituelles. Vous verrez à l'occasion deux très fortes mains s'affronter, avec l'un des joueurs finissant par miser son tapis, mais la plupart des relances à tapis avant le flop proviennent de faibles joueurs qui se laissent emporter par leur enthousiasme.

Il est facile de voir pourquoi les relances à tapis sont rares. Si vous avez beaucoup de jetons et si vous avez une très grosse main, disons une paire d'As ou de Rois, vous voulez utiliser votre main pour gagner beaucoup d'argent. Une relance à tapis ne ferait que chasser les autres joueurs la plupart du temps, ne vous permettant que de gagner les blinds et les antes, ce qui n'est pas un résultat optimal.

De même, supposez que vous ayez plutôt une bonne main, disons une paire de Dix ou de Neuf, mais que vous souhaitiez chasser les joueurs du coup. Vous pourriez miser tous vos jetons, ce qui éliminerait les plus mauvaises mains, mais si un très gros jeu vous attendait au tournant, vous risqueriez de tout perdre. Une relance de quatre ou cinq fois la grosse blind est toujours suffisante pour chasser les mains faibles du coup sans risquer l'intégralité de votre tapis si un joueur a une bombe en main.

Juste pour comprendre à quel point une relance hâtive à tapis peut être une mauvaise manière de jouer, étudions une situation dans laquelle un débutant fait tapis et livrons-nous à quelques calculs mathématiques.

Exemple n°1
C'est le premier coup d'un tournoi important et vous êtes en première position avec

Votre tapis est de $1.000 et les blinds sont à $5/$10. Vous décidez de faire tapis avec votre paire de Dames. *Combien espérez-vous gagner à peu près en jouant de cette manière ?*

Réponse : Faisons quelques suppositions rapides mais éclairées.

1. Si un joueur après vous a les As ou les Rois, il vous suivra.

2. Personne d'autre à la table n'a une paire de Dames.

3. Les petites paires vont passer plutôt que risquer leur tapis.

4. Un joueur avec As-Roi est outsider contre n'importe quelle paire et jettera sa main.

Combien de fois vous retrouverez-vous contre une paire d'As ou de Rois ? Une paire d'As échoit à un joueur, disons une fois toutes les 220 mains. Idem pour une paire de Rois. Un joueur touche donc une paire d'As ou de Rois environ une fois sur 110, arrondissons à 100 pour simplifier. Il y a neuf joueurs après vous, et chacun à une chance sur cent d'avoir touché une paire d'As ou de Rois.

Disons, pour simplifier, que vous vous retrouverez face à une paire d'As ou de Rois environ 10% du temps, les autres 90%, vous gagnerez le pot sans qu'on vous le conteste. Dans les 10% du temps restants où vous serez face à une grosse paire, vous perdrez dans environ 8% des cas et gagnerez dans 2% des cas. Voici le récapitulatif de vos résultats :

1. 90% du temps vous gagnez les blinds. Vos espérances de gains sont donc 90% de +$15, ce qui fait : +$13,50.

2. 2% du temps, vous êtes face à deux As ou deux Rois mais gagnez quand même le coup. Ce que vous pouvez donc espérer est 2% de +$1.015, ce qui fait approximativement +$20.

3. 8% du temps vous êtes face à deux As ou deux Rois et vous perdez le coup. Vous perdez donc 8% de –$1,000 : –$80.

La moyenne de vos résultats, qui est simplement la somme de ces trois approximations, est de –$46,50 :

–$46.50 = $13,50 + $20,00 – $80,00

En moyenne, votre action est perdante, vous coûtant environ trois fois le montant du pot actuel ! Pas très brillant, mais également surprenant à plus d'un titre. La plupart des joueurs considèrent qu'une relance à tapis avec une paire de Dames est loin d'être optimal mais ils ne réalisent pas à quel point elle est défavorable.

La leçon est ici très claire. Les chances de perdre votre tapis face à deux As ou deux Rois sont suffisantes pour compenser le faible intérêt de remporter les blinds qui sont d'un montant insignifiant.

Quel devrait être le montant des blinds pour qu'une relance à tapis soit un jeu valable ? Si nous conservons les mêmes paramètres mais en passant les blinds (de $15) à $70 alors vous rentrez dans vos frais avec cette action. Cela ne veut pas dire que vous auriez raison de la faire, seulement que cela ne vous coûte rien en moyenne. (La logique impose qu'il doit bien y avoir une manière de jouer une paire de Dame en première position qui soit rentable.) Approximativement, je dirais que si les blinds sont d'au moins $120-$150, faire tapis serait une relance aussi valable que n'importe quelle autre action.

PROBLÈMES

La section des problèmes dans ce chapitre est tout à fait consistante. Les problèmes 5-1 à 5-8 traitent d'un groupe de mains qui causent beaucoup de difficultés aux débutants : des grosses cartes qui ne sont pas des paires, As-x et Roi-x, assortis ou dépareillés. Prêtez particulièrement attention à la manière d'appréhender ces mains. Si vous vous retrouvez trop souvent dans des situations difficiles après le flop, la source de vos ennuis provient probablement de la sélection de vos mains de départ.

Les problèmes 5-9 à 5-13 traitent des techniques de jeu avec une grosse paire avant le flop. Prêtez une attention particulière au problème 5-9, qui explique certaines nuances tactiques de première importance.

Les problèmes 5-14 à 5-17 concernent les paires intermédiaires.

Le problème 5-16 traite de certaines stratégies alternatives aux relances standard.

Le problème 5-18 donne quelques éclaircissements sur la manière de jouer de petites paires avant le flop.

As-Roi est une main très délicate au hold'em no-limit. Le problème 5-19 est un exemple de la manière de jouer cette main.

Le problème 5-20 présente la manière de jouer As-Dame, cette fois lorsque vous êtes confronté à une relance à tapis venant d'un joueur qui n'a plus beaucoup de jetons.

Les problèmes 5-21 à 5-23 couvrent divers sujets. Le problème 5-21 montre les dangers d'une tentative de vol en relançant à tapis. Le problème 5-22 explique comment éliminer le désavantage lié à la position à l'aide d'une relance. Le problème 5-23 illustre l'Effet Sandwich.

Coup 5-1

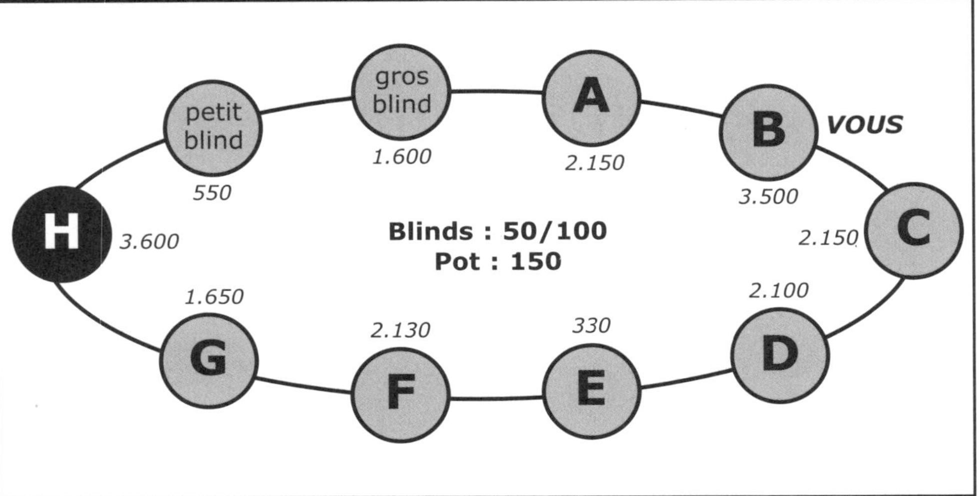

Votre main	Enchères avant vous
	Le joueur A passe.

La situation : Quelques heures après le début d'un tournoi majeur. Les joueurs, bien que présentant une variété de styles ont tendance à être conservateurs.

Question : *Quel doit être votre jeu avec cette main ?*

Réponse : En début de parole, vous devez jeter cette main. Il y a encore huit joueurs à parler après vous et vous n'avez aucune idée de ce qu'ils ont en main ou encore combien d'entre eux vont rester dans le coup. Ce n'est pas vraiment une question de style de jeu conservateur ou agressif. Vous êtes dans une piètre position avec une main médiocre et vous avez pas mal de jetons, alors jetez votre jeu sans vous poser de questions.

En fin de parole, vous pourriez envisager de faire quelque chose avec cette main. Si tout le monde passe avant vous, et que vous êtes, disons, au *cut-off* (juste avant le bouton), vous pouvez alors faire une petite relance. Il reste seulement trois joueurs à agir après vous, vous pouvez donc voler le pot et dans le cas contraire vous avez la position plus quelques outs avec la possibilité de toucher une couleur, une main potentiellement énorme.

Si plusieurs joueurs avant vous sont entrés dans le coup, la combinaison de votre position, de la cote du pot et d'un tirage couleur possible fait qu'il est raisonnable de suivre. Avant de décider de quelque action que ce soit, n'oubliez pas de jeter un coup d'œil vers les joueurs qui vont parler après vous. Si chacun d'eux à ses cartes en main, c'est un bon signe. Si certains d'entre eux touchent leurs jetons, c'est mauvais signe. Si je voyais un joueur poser la main sur ses jetons, je changerais d'avis et je jetterais plutôt ma main.

Soyez conscient du fait que, pour jouer de cette manière, vous devez savoir ce qui se passe à la table et être très prudent après un flop discutable. Si vous suivez contre quatre autres joueurs pour trouver un flop comme A♦K♠T♣, attendez-vous à de gros soucis.

Si vous décidez de payer pré-flop, vous devez être préparé à jeter vos cartes dans ce type de situations.

Dénouement : Vous passez.

Coup 5-2

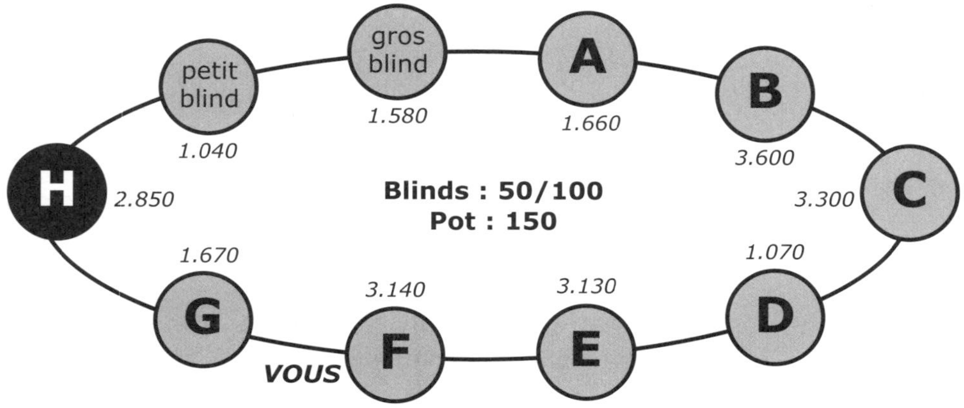

Votre main

Enchères avant vous

Le joueur A passe, les joueurs B et C suivent à $100. Les joueurs D et E passent.
Le pot est maintenant de $350.

La situation : Quelques heures après le début d'un tournoi majeur. Les joueurs B et C sont des bons joueurs solides et serrés. Le joueur G joue très large. Les autres ont tendance à être conservateurs.

Question : *Est-ce que vous passez, suivez ou relancez ?*

Réponse : Vous passez. Vous devez prendre l'habitude de jeter ces mains (un As accompagné d'une petite carte), tout particulièrement quand il y a plusieurs joueurs dans le coup. Quel flop souhaiteriez-vous toucher ? Dès lors que les autres joueurs essayent également de jouer lorsqu'ils touchent un As et qu'il est probablement accompagné d'un meilleur kicker que le vôtre, toucher un As au flop pourrait vous coûter très cher. Vous pouvez toujours espérer toucher une petite quinte qui remporterait le pot, mais c'est très improbable. Le rapport risque/rentabilité est ici très mauvais. Jetez votre main.

Dénouement : Vous passez.

Coup 5-3

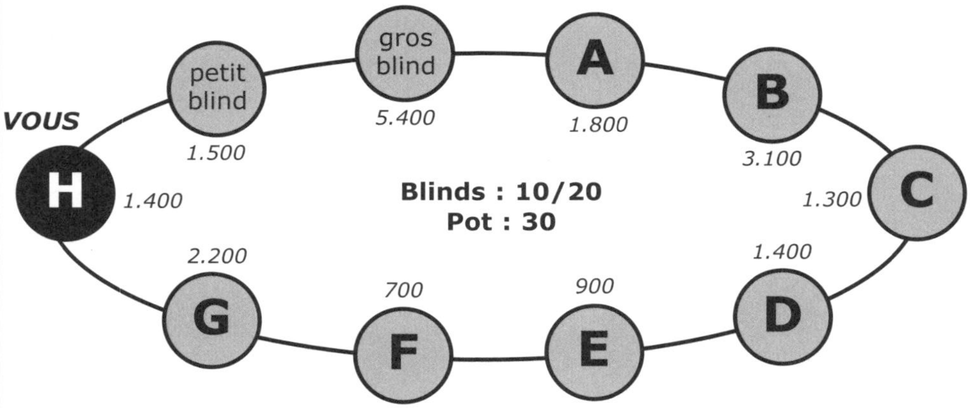

Votre main

Enchères avant vous

Le joueur A passe, le joueur B suit $20, C passe, D suit $20 et E relance à $80.
Le pot est maintenant de $150.

La situation : Un tournoi majeur, au début du premier niveau de blind. Le joueur B aime jouer beaucoup de coups et en a gagné quelques gros jusqu'ici.

Vous n'avez pas encore d'informations sur le joueur D. Le joueur E a montré deux belles mains et semble miser quand il a vraiment du jeu. La grosse blind vient juste d'arriver d'une autre table.

Question : *Est-ce que vous passez, suivez ou relancez ?*

Réponse : Malgré votre bonne position, As-huit n'est pas une si bonne main que ça. Vous êtes sur ce coup contre deux suiveurs et un relanceur, et les plus gros tapis de la table doivent encore parler. Vous devriez simplement jeter votre jeu.

Si personne n'avait suivi avant vous, vous auriez alors pu relancer avec cette main.

Si un seul joueur, ayant le profil du joueur serré, avait suivi avant vous, vous pouviez tenter de suivre.

La main minimum avec laquelle vous pourriez suivre dans cette position serait As-Valet ou As-Dix. Vous pourriez également suivre avec n'importe quelle paire.

Avec As-Roi ou As-Dame vous pourriez sur-relancer au bouton.

Dans la réalité, le joueur H a décidé de suivre.

L'action : Vous payez. La petite et la grosse blind passent. Les deux premiers suiveurs ajoutent $60 chacun. Le pot est maintenant de $350.

Le flop : T♥7♦3♠

L'action : Le joueur B checke, le joueur D mise $20, et le joueur E relance à $160.

Question : *Que faites-vous ?*

Réponse : Non seulement vous n'avez absolument pas amélioré au flop mais en plus un joueur solide vous indique qu'il a quelque chose. Croyez-le et passez.

L'action : Vous passez.

Coup 5-4

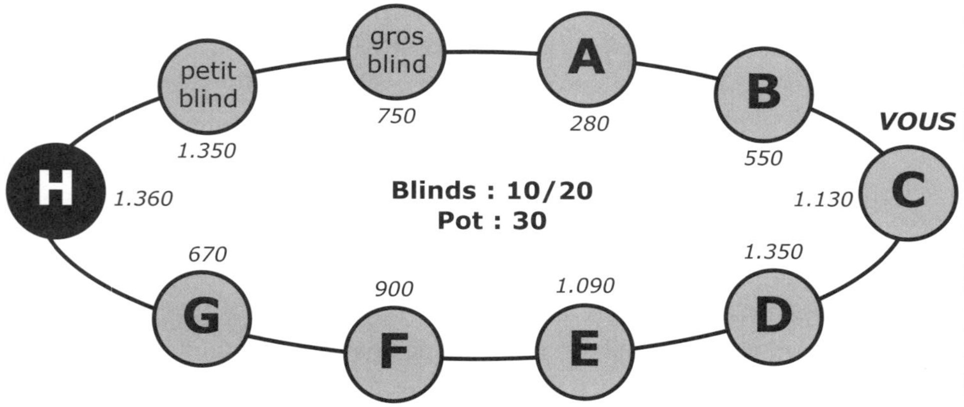

Votre main

Enchères avant vous

Le joueur A passe. Le joueur B suit $20.
Le pot est maintenant de $50.

La situation : Au début d'un tournoi satellite à une table.

Question : *Que faites-vous ?*

Réponse : Vous êtes en début de parole avec une main qui n'est pas très forte. Un joueur a déjà suivi et il y a encore sept joueurs à parler après vous. Vous passez.

As-Dix est l'une de ces mains séduisantes qui entraînent les joueurs à perdre beaucoup d'argent la plupart du temps. Souvenez-vous de ceci à propos des kickers : *leur valeur diminue de manière exponentielle.* As-Roi est une bonne main. As-Dame est un peu plus faible, mais encore une bonne main. Avec As-Valet, vous êtes déjà en terrain glissant. Avec As-Dix vous avez glissé en bas de la pente. Et vous tombez à pic pour vous retrouver dans un gouffre avec des mains comme As-Cinq ou As-Six.

Quand vous évaluez un kicker, souvenez-vous qu'il doit pouvoir, à l'occasion, gagner le coup pour vous si aucun As n'est apparu au flop. C'est pourquoi un Roi est juste acceptable, mais qu'un Dix semble plutôt faible quand deux Rois, deux Dames ou deux Valets apparaissent. Vous devriez jeter ces mains sans même y penser. Mais le joueur que nous observons à décider de jouer, voyons donc ce qu'il se passe ensuite.

L'action : Vous suivez $20. Les joueurs D, E, F et G passent. Le bouton suit. La petite blind passe et la grosse blind checke. Il y a maintenant $90 dans le pot et vous êtes le troisième à parler sur les quatre joueurs.

C'est un très bon résultat pour vous. Il n'y a pas eu de relance et votre position après le flop est plutôt bonne.

Le flop : T♠9♥3♥

L'action : La grosse blind mise $40 et le joueur B passe. Le pot est maintenant de $130 et vous devez miser $40 pour suivre.

Question : *Quel est votre jeu ?*

Réponse : C'est un très bon flop pour votre main. Vous avez la paire max du flop avec le kicker max. La mise de la grosse blind ne signifie pas forcément quelque chose. Elle ressemble à ce que nous appelons un probe bet – une mise de sondage d'environ la moitié du pot, ayant pour but de remporter le pot à moindres frais ou d'obtenir certaines informations. Vous devriez relancer dans ce cas pour à la fois situer votre main et chasser le joueur H. Si votre relance entraîne une forte relance, cela en sera probablement fini pour vous dans ce coup.

L'action : Vous relancez à $80. Le bouton passe et la grosse blind paye. Le pot est maintenant de $250.

La turn : T♠9♥3♥5♠

L'action : La grosse blind checke. *Que faites-vous ?*

Réponse : La grosse blind agit presque certainement comme s'il était à tirage, peut-être sur une couleur à pique ou a cœur. Si c'est le cas, sa cote pour toucher son jeu est de 4 contre 1. (Il y a encore 9 piques sur un total de 46 cartes que le joueur n'a pas encore vues. Il a donc 9 cartes gagnantes et 37 perdantes, ce qui lui fait 37 contre 9, soit environ 4,11 contre 1, arrondis à 4 contre 1. Souvenez-vous de ce chiffre pour les tirages couleur quand il reste une carte à venir.)

S'il est sur un tirage couleur, vous voulez faire en sorte qu'il n'ait pas la cote nécessaire pour suivre. Vous devez miser suffisamment afin de casser sa cote, mais il n'est pas nécessaire de trop miser par rapport au pot, juste au cas ou vous vous seriez trompé sur votre lecture de la situation, ou qu'il sous-joue sa main. Je dirais environ $150 dans ce cas. Il devrait alors payer $150 pour gagner un pot de $400, il aurait donc une cote du pot de 3 contre 1 – c'est trop peu.

L'action : Vous misez en réalité $250 et il suit. Le pot est maintenant de $750.

La river : T♠9♥3♥5♠6♣

L'action : Il checke. *Que faites-vous ?*

Réponse : S'il était sur un tirage couleur, le fait de checker montre qu'il ne l'a pas touché. Il est possible qu'il ait joué avec une petite paire combinée à un tirage, auquel cas vous l'avez battu, mais il pourrait également payer une faible mise. S'il avait une main plus forte, il l'aurait jouée d'une manière incroyable passive.

Il vous reste $700 alors qu'il a encore $400. Il ne reste plus grand-chose à gagner mais vous devriez miser quelque chose aux environs de $150. Vous devez accumuler des jetons à chaque fois que vous le pouvez. Vous avez beaucoup de raisons de croire que vous avez la meilleure main et il pourrait ne pas résister à une cote du pot d'environ 5 contre 1, d'autant plus qu'il lui restera encore des jetons s'il suit et s'il perd.

L'action : Vous checkez. Il montre 8♠7♠ et gagne avec une quinte.

Un jeu inattendu mais évidemment suffisant. Il avait un tirage quinte par les deux bouts au flop, plus un tirage couleur à la quatrième. Avec 17 outs (neuf cartes pour la couleur plus huit pour la quinte), il avait presque la cote du pot nécessaire pour suivre à la quatrième.

Avez-vous été malchanceux ? Oui et non. Sa main était inattendue étant donné ses mises et il n'a pas gagné autant qu'il aurait pu. Mais vous n'aviez tout d'abord rien à faire dans ce coup. Le problème quand on joue des mains de départ marginales est de se retrouver dans de nombreuses situations difficiles du même genre – des mains pas faciles, des décisions qui le sont encore moins et beaucoup de jetons investis pour finir par des "coin flips" (confrontations à pile ou face).

Coup 5-5

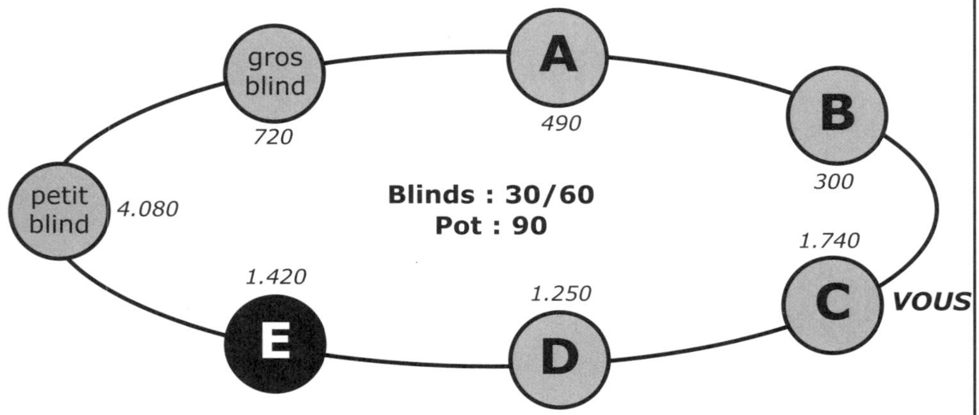

Votre main	Enchères avant vous
	Le joueur A paye $60, le joueur B relance à $120. Le pot est maintenant de $270.

La situation : Au milieu d'un tournoi satellite d'une table.

Question : *Est-ce que vous passez, suivez ou relancez ?*

Réponse : As-Dix est une main qui trompe beaucoup de joueurs. Ils croient posséder une belle main, mais en réalité, comme dans le problème précédent, ils ont juste un As avec un faible kicker.

Les deux plus petits tapis ont émis, l'un une mise pour suivre et l'autre une relance. Ce n'est pas inquiétant en soi mais les quatre gros tapis doivent encore parler après vous et vous ne savez pas ce qu'ils vont faire. C'est cela qui est inquiétant.

L'action : Vous passez.

Coup 5-6

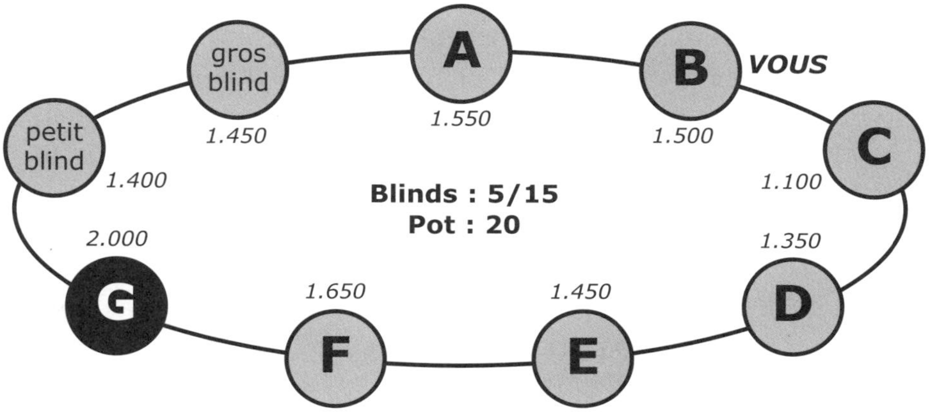

Votre main	Enchères avant vous
	Le joueur A passe.

La situation : Un des premiers coups d'un tournoi majeur.

Question : *Est-ce que vous passez, suivez ou relancez ?*

Réponse : En pratique, vous devriez suivre avec cette main. Théoriquement, ce n'est pas une main assez forte pour la jouer en début de parole mais il y a assez de joueurs faibles dans les premiers niveaux des tournois pour que ce ne soit pas une mauvaise stratégie de suivre avec des mains marginales afin de voir quelques flops pour un coût minime dans l'espoir de toucher quelque chose, voire doubler votre tapis.

Notez que plus vous estimez être un joueur faible et moins vous devez employer cette stratégie. Si vous pensez être trop inexpérimenté ou que vos adversaires vous sont supérieurs, jetez simplement les mains marginales pour jouer uniquement les mains solides. Jouer à l'occasion des mains marginales ne peut être tenté que par un joueur qui sait quitter un coup quand il commence à avoir des ennuis – ce qui arrivera le plus souvent !

Relancer est une erreur, à moins que la table n'ait été si calme que vous pensiez avoir de bonnes chances de voler le pot. Quand vous jouez As-Valet en début de parole, votre but est de voir un flop à bon prix et d'attendre, non de construire un gros pot avant que vous ayez touché quoi que ce soit.

L'action : Vous relancez en réalité à $60. Les joueurs C, D, E, et F passent. Le joueur G relance à $460. Les blinds passent. Le pot est maintenant de $540 et cela vous coûte $400 pour suivre.

Question : *Que faites-vous ?*

Réponse : Vous jetez votre jeu. Votre relancé a justifié d'une forte main et pourtant, votre adversaire vous a relancé promptement de $400 supplémentaires. A moins qu'il soit simplement en train de bluffer, quelles mains expliqueraient sa manière de jouer ? Pas beaucoup – juste les grosses paires, As-Roi, ou peut-être As-Dame assortis. Chaque main qui justifierait raisonnablement cette action vous bat, et même certaines autres sont légèrement favorites – une paire de Dix par exemple. Donc si vous payez, c'est uniquement avec l'espoir qu'il bluffe. Et-ce que cela vaut la peine de risquer un tiers de votre tapis en ne misant que sur cette possibilité ? En aucun cas. Jetez simplement vos cartes.

L'action : En fait vous suivez.

Le flop : J♦8♣5♥

Question : Vous êtes le premier à parler. *Que faites-vous ?*

Réponse : Checkez. Vous avez maintenant une paire de Valets, mais votre adversaire a annoncé qu'il avait une vraie main. Laissez-le agir puis décidez ensuite.

L'action : Vous checkez. Le joueur G mise $820. *Est-ce que vous suivez ?*

Réponse : Suivre maintenant n'a vraiment aucun sens. Il possèderait une main meilleure que la vôtre. Si vous pensez qu'il est en train de bluffer, relancez-le à tapis et vous gagnerez au moins le reste de ses jetons. (Si vous suivez, la cote du pot est si importante qu'il obtiendra sans mal le reste de vos jetons.) Si vous le croyez, alors passez.

L'action : Vous suivez.

La turn : J♦8♣5♥2♠

L'action : Il mise votre tapis, soit $220. *Est-ce que vous payez ?*

Réponse : Bien sûr. Vous avez atteint ce que l'on appelle le *point d'inflexion*. Nous parlerons beaucoup plus de ce point d'inflexion dans le Tome II. Pour l'instant, notez simplement que votre choix se limite entre abandonner le coup maintenant avec $220 devant vous, et essayer de doubler pour gagner ainsi $3.000. Cela vaut la peine pour vous de suivre même si les chances qu'il soit en train de bluffer sont infimes, car vous ne voulez pas juste essayer de survivre avec un minuscule tapis en attendant que les blinds vous rattrapent.

L'action : Vous payez et il montre Q♥Q♣. Vous n'améliorez pas à la cinquième et il remporte le pot.

La grosse erreur a été d'entrer dans le coup. Un bon joueur aurait suivi pour $20 et aurait jeté son jeu suite à la forte relance avant le flop. En "tombant amoureux" de votre main A♠J♠ et en ignorant ce que votre adversaire était en train de vous dire, vous avez perdu tous vos jetons.

Coup 5-7

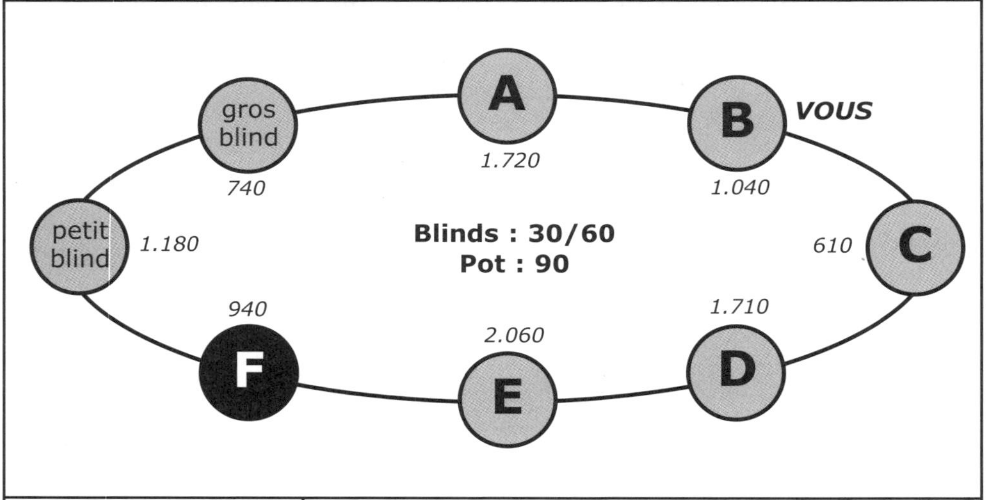

Votre main	Enchères avant vous
	Le joueur A passe.

La situation : Au milieu d'un tournoi à une table sur Internet.

Question : *Est-ce que vous passez, suivez ou relancez ?*

Réponse : Aucun autre type de mains n'attire autant d'ennuis aux débutants que celles-ci : deux figures dépareillés sans As. Ils voient Roi-Dame, Roi-Valet, Dame-Valet et pensent : “Ouah ! Deux figures, je dois vraiment avoir quelque chose de plutôt bon.” En réalité, vous avez une main qui, faute de contenir un As, s'avère tout juste correcte.

A une table de huit joueurs comme dans ce cas, vous devez jeter K♦J♥ en première position (joueur A). Au bouton ou à la place juste avant (les joueurs E et F), vous devez catégoriquement ouvrir si personne d'autre n'est encore entré dans le coup. En milieu de parole (les joueurs B, C et D), vous avez une main marginale pour ouvrir, mais vous pouvez choisir de jouer. Il vous faudrait prendre votre décision en vous basant sur la manière dont vous vous percevez en interaction avec la table. Si vous pensez que vous êtes le joueur le plus fort, vous avez tout à fait intérêt à jouer. Si vous avez le contrôle de la table et si les joueurs répondent à vos actions plutôt que l'inverse, choisissez de jouer le coup. Si vous jouez passivement et si les autres joueurs vous chassent des coups, vous devriez plutôt jeter cette main.

L'action : En fait, vous payez avec K♦J♥. Les joueurs C, D, E et F passent. La petite blind relance à $90, soit $60 de plus pour vous. La grosse blind suit en ajoutant $60. Le pot contient maintenant $300. Vous devez miser $60 pour vous y maintenir.

Question : *Que faites-vous ?*

Réponse : Voilà une nouvelle occasion de commettre une erreur. De temps à autre, au milieu d'un coup, un joueur réalisera qu'il n'a rien à faire dans le coup. Alors qu'il essayera de conserver un visage impassible, il pensera intérieurement “Mais bon sang ! Pourquoi ai-je payé ?” Il “corrigera” alors son erreur en jetant son jeu.

Ne tombez pas dans ce piège. Une fois que vous êtes dans le coup, chaque décision ultérieure doit être déterminée par votre main, la cote du pot et la situation générale à la table. Chaque nouvelle décision relève d'une nouvelle réflexion. Ne l'oubliez pas.

Dans ce cas, le pot vous offre une cote de 5 contre 1 pour suivre. Votre K♦J♥ n'était peut-être pas une bonne main pour entrer dans le coup, mais vous avez maintenant une cote du pot de 5 contre 1 et vous avez la position. Alors suivez.

L'action : Vous suivez. Il y a maintenant $360 dans le pot.

Le flop : K♥6♠2♦

L'action : La petite et la grosse blind checkent. *Que faites-vous ?*

Réponse : C'est un très bon flop pour vous. Vous avez la paire max avec un kicker acceptable, vous allez donc miser. Vous voulez miser un montant convenable, car il semble que vous ayez pour l'instant la meilleure main. Vous ne voulez pas faire une trop forte mise parce que vous voulez encourager l'action plutôt que la décourager. Je miserais quelque chose comme $200-$220.

L'action : Vous misez en fait $300. La petite blind paye, la grosse blind passe. Le pot est maintenant de $960.

La turn : K♥6♠2♦7♣

L'action : La petite blind checke. *Devriez-vous miser ou checker ?*

Réponse : Il est temps de s'occuper du montant des tapis. Vous avez $620 et il a $760. La quatrième carte élimine tout tirage couleur et il n'y a pas de quinte possible pour l'instant. La seule mise significative que vous puissiez faire et de miser votre tapis. Il semble que vous ayez la meilleure main, alors allez-y. S'il est assis là avec As-Roi, hé bien c'est le poker. Vous devez bien gagner des jetons de temps en temps, et là, il semble que ce soit le moment.

L'action : Vous misez en fait $200 et il vous suit.

C'est une mise trop faible.

La river : K♥6♠2♦7♣J♣

L'action : Il checke. *Que faites-vous ?*

Réponse : De nouveau, vous devez miser votre tapis. S'il a un brelan de Valets, c'est vraiment de la malchance.

Dénouement : Vous misez votre tapis et il paye avec 8♦8♣. Vous gagnez le pot avec vos deux paires.

Vous pourriez être surpris de voir votre adversaire montrer une simple paire de Huit à la fin. Bien qu'il ait mal joué le coup, sa manière de jouer n'était pas complètement lamentable. De son point de vue, vous aviez la position pour être en train d'essayer de voler le pot. Vous auriez joué As-Dame au lieu de Roi-Valet, toutes vos mises auraient eu un sens et sa paire de Huit aurait été le meilleur jeu à la fin. Une pensée optimiste de sa part peut-être, mais pas folle.

Il a commis une erreur cependant : en ne misant qu'après le flop il ne dirigeait plus l'action. Avec une paire intermédiaire et une carte supérieure au tableau, il aurait dû chercher à évaluer la situation en misant, ce qui aurait pu vous pousser à jeter votre jeu. Vous auriez payé ou relancé bien sûr, et il aurait su qu'il était face à un vrai jeu et que ses Huit n'étaient probablement plus suffisants. En ne misant pas après le flop, il n'a jamais su où il en était jusqu'à l'abattage, moment où il a perdu tous ses jetons.

Coup 5-8

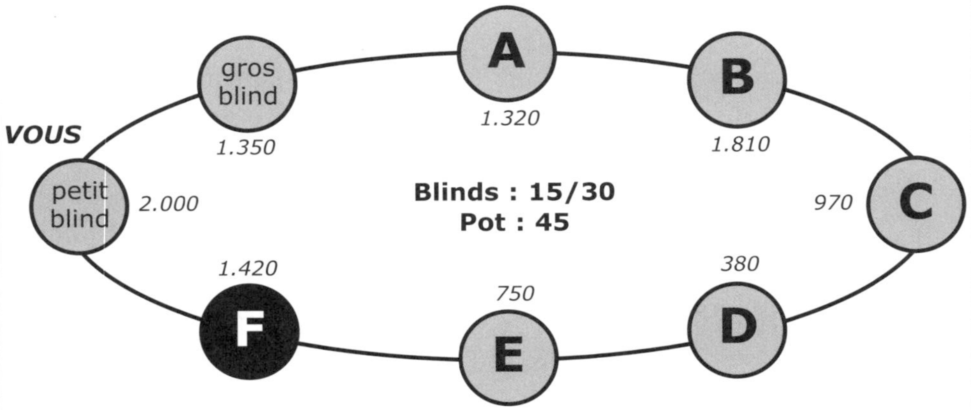

Votre main

Enchères avant vous

Les joueurs A à E passent tous. Le bouton relance à $60.
Le pot est maintenant de $150.

La situation : Au début d'un tournoi sur Internet. Le bouton a joué de manière agressive et a volé quelques blinds.

Question : *Est-ce que vous passez, suivez ou relancez ?*

Réponse : Le bouton peut être en train d'essayer de voler le pot, ou bien il a vraiment du jeu. Quoi qu'il en soit, votre main est plutôt faible. A ce moment-là, vous avez le plus gros tapis de la table et le bouton a le troisième plus gros tapis. Vous laisser entraîner sur ce coup pourrait vous coûter beaucoup de jetons. *Voulez-vous prendre ce risque ?*

Le pire jeu serait de suivre simplement. Vous seriez dans le coup dans une mauvaise position, avec une main faible et sans savoir ce que le joueur F peut réellement avoir. Cette manière de jouer ne laisse augurer que des problèmes.

Si je pense qu'il est en train de bluffer (ou si je souhaite en avoir la certitude), je tenterai une relance à $180. S'il me suit, je saurai que je joue contre quelque chose, et si je suis sur-relancé, je jetterai immédiatement ma main. Je pourrais ainsi savoir où j'en suis avec ma main après le flop. Je jouerai de la même manière contre un joueur qui a déjà fait plusieurs relances au bouton sans avoir jamais été payé. Je dois m'interposer contre ce type de joueurs à un moment ou à un autre. Bien sûr, je préférerais le faire avec une meilleure main que K♣8♠, mais elle est suffisante pour me permettre d'atteindre mon objectif.

En l'absence de toute information sur ce joueur, la meilleure chose à faire est de jeter ma main.

L'action : En fait, vous ajoutez $45 pour suivre. La grosse blind passe. Le pot est maintenant de $150.

Le flop : 8♦5♠3♥

Question : *Est-ce que vous misez ou checkez ?*

Réponse : C'est plutôt un bon résultat. Vous avez maintenant la paire max du flop plus une carte supérieure aux cartes du flop. Si vous ne misez pas maintenant, pourquoi êtes-vous entré dans ce coup ? (Notez au passage que vous pourriez faire un check-raise contre un joueur connu pour faire des continuation bets.)

L'action : Vous misez $100. Le joueur G relance à $200. Le pot est maintenant de $450. *Que faites-vous ?*

Réponse : Vous devez suivre. Vous avez toujours la paire max du flop et le pot vous offre une cote de 4,5 contre 1. Ne tombez pas dans le piège de vous reprocher d'être entré dans ce coup. Au poker, on ne se préoccupe pas de savoir de la manière dont on s'est retrouvé dans une situation. On s'occupe uniquement de la situation actuelle.

L'action : Vous suivez.

La turn : 8♦5♠3♥9♦

Question : *Que faites-vous ?*

Réponse : Checkez. Cette carte n'est pas bonne pour vous car elle est supérieure à votre paire. Vous n'avez pas besoin de faire un probe bet puisque vous savez déjà grâce à sa mise du tour d'enchères précédent qu'il a une bonne main. Donc checkez et vous verrez bien ce qui se passera.

L'action : Vous checkez. Il mise $150. Le pot est maintenant de $600. *Que faites-vous ?*

Réponse : Vous payez. Le pot vous offre une cote de 4 contre 1 et vous pouvez toujours avoir la meilleure main. Souvenez-vous que vous êtes battu uniquement si vous êtes depuis le début face à une paire supérieure aux cartes du tableau, ou que le joueur a quelque chose comme As-Neuf, et qu'il vient juste de toucher une paire de Neuf. Une de ces deux options est possible, et à ce moment-là c'est même probable. Mais cela peut ne pas être le cas et vous avez une bonne cote pour suivre.

L'action : Vous suivez. Le pot est maintenant de $750.

La river : 8♦5♠3♥9♦7♣

Question : *Avez-vous une raison de miser à la fin ?*

Réponse : Non. Checkez. S'il fait une forte mise, vous jetterez votre main. S'il fait une faible mise, vous payerez.

L'action : Vous checkez et il checke. Il remporte le coup avec une paire de Valets.

Réponse : Un coup difficile qui finit par vous coûter cher. Comme nous l'avons vu précédemment, ce n'est que l'action initiale d'entrer dans le coup qui fut une erreur. Ensuite, toutes les actions étaient raisonnables étant donné les cotes du pot. Ce coup, comme beaucoup d'autres que nous avons vus précédemment, prouve à quel point la décision initiale de jouer le coup est importante pour la suite et pourquoi il est si dangereux d'être impliqué dans des coups avec des mains de départ secondaires.

Notez également que la paire de Valet a manqué une occasion de gagner un peu plus d'argent à la fin. Les joueurs faibles perdent beaucoup d'argent tout au long d'un tournoi en passant à côté de ces situations à fort pourcentage. Les bons joueurs ne commettent pas cette erreur.

Coup 5-9

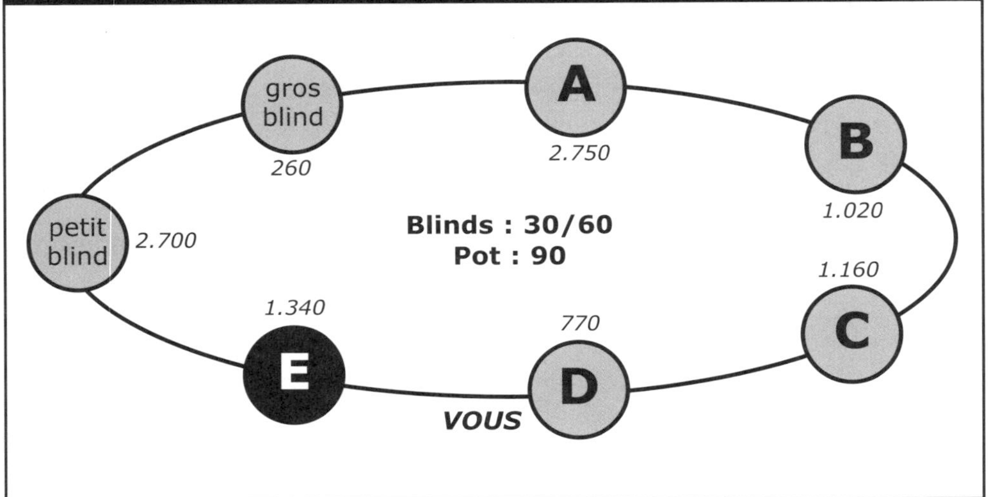

Votre main	Enchères avant vous
	Le joueur A suit. Les joueurs B et C passent. Le pot est maintenant de $150.

La situation : Au beau milieu d'un tournoi à une table, sur Internet.

Question : *Est-ce que vous relancez, et si oui, de combien ?*

Réponse : Avec une paire d'As, la question ne doit jamais être : "Est-ce que je vais jouer ce coup ? " mais "De quelle manière vais-je m'y prendre pour qu'il y ait le plus d'argent possible dans le pot ?". Cela peut être une affaire délicate. Voici quelques conseils à garder en mémoire :

1. *Vous voulez plus d'argent dans le pot mais pas plus de joueurs dans le coup.* Une paire d'As est très favorite contre un seul adversaire mais les chances de gagner diminuent d'une façon drastique dès qu'il y a plus de joueurs dans le coup. Contre deux adversaires, vos deux As pourraient bien n'avoir guère plus que 60% de chances de gagner à l'abattage. C'est vrai, dans ce cas de figure, vous allez tripler votre tapis, mais n'oubliez pas que dans 40% des cas, vous serez éliminé du tournoi. Reconnaissez que c'est cher payé. Idéalement, vous voulez que le pot soit conséquent et n'avoir qu'un seul adversaire.

2. *Ne sous-jouez que très rarement une paire d'As !* C'est un concept essentiel que violent souvent les débutants. Jouer en embuscade engendre un plus petit pot avec un plus grand nombre de participants, exactement le contraire de ce que vous souhaitez.

3. *Etudiez attentivement le montant du tapis de vos adversaires.* Contrairement à beaucoup d'autres mains, avec deux As ne soyez plus inquiet d'affronter les joueurs qui ont de plus gros tapis que vous et ne vous préoccupez pas de ceux qui pourraient vous éliminer. A ce moment précis, les gros tapis sont votre proie évidente, car ce sont eux qui seront les plus tentés de jouer contre vous. Souvenez-vous également de la possibilité qui s'offre à vous de faire une relance légèrement supérieure contre les gros tapis, dès lors qu'ils pourront vous payer plus facilement.

Ici, vous avez un joueur déjà dans le coup et ce joueur possède le plus gros tapis de la table. Vous devriez probablement relancer entre $180 et $200. Cela devrait permettre à la fois de décourager d'autres joueurs d'entrer dans le coup et inciter le joueur A à payer.

L'action : En réalité, vous ne misez que $120, relançant ainsi de $60 le joueur A. Le joueur E passe. La petite blind suit en ajoutant $90. La grosse blind rajoute $120, ce qui vous sur-relance de $60. Le joueur A passe. Le pot est maintenant de $480. Il reste $80 à la grosse blind sur son tapis. La petite blind a encore $2.580. Vous avez $650.

Question : *Que faites-vous ?*

Réponse : Une situation originale. La grosse blind sera à tapis sur ce coup, mais avec un tout petit tapis. Désormais, vous n'avez plus vraiment à vous en préoccuper. Votre cible est la petite blind, elle a assez de jetons pour vous permettre de doubler. Votre vrai problème est de la garder dans le coup, et pour cela vous devez juste payer. Une relance risquerait de la chasser.

Cela ne viole-t-il pas notre principe d'essayer de jouer une paire d'As contre un seul adversaire ? Non, ce n'est pas le cas. Si les deux adversaires ont deux tapis vraiment différents devant eux, vous n'êtes pas réellement en train d'affronter deux différents joueurs. *Dès lors que vous gagnez un important pot extérieur contre le gros tapis, vous obtiendrez un important profit sur le coup, peu importe que vous gagniez ou que vous perdiez le pot central contre le petit tapis.*

L'action : Vous relancez à tapis. La petite blind jette son jeu et la grosse blind paye les $80 qui lui restent. La grosse blind montre K♥K♠, vos deux As tiennent et gagnent le pot.

Si le joueur de petite blind était resté dans le coup, il vous aurait peut-être battu. Mais vous devez accumuler des jetons, et quel est le meilleur moment pour affronter un gros tapis si ce n'est celui où vous avez deux As en main ?

Coup 5-10

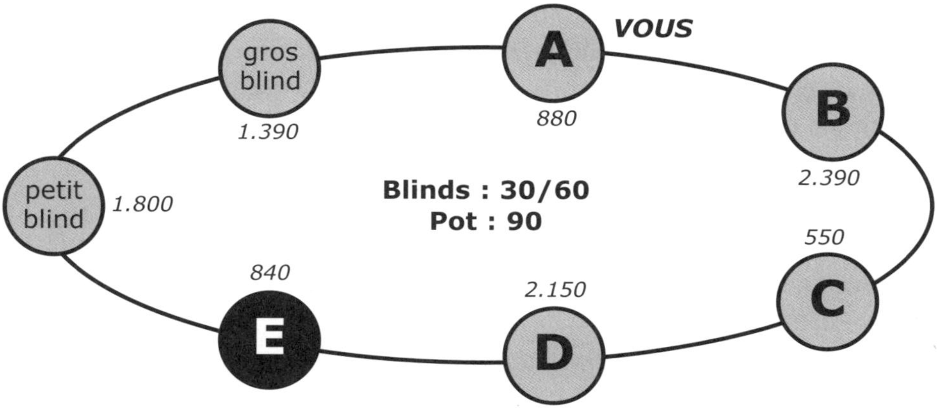

Votre main	Enchères avant vous
	Vous êtes le premier à parler.

La situation : Au beau milieu d'un satellite à une table. Le joueur D semble être un joueur solide. Le joueur E s'est montré fantasque.

Question : *De combien relancez-vous ?*

Réponse : Vous devriez certainement relancer avec Q♠Q♣ en première position. La seule question est de combien.

Avec deux As ou deux Rois, $120 est une bonne relance, deux fois la grosse blind. C'est une mise significative mais pas au point de décourager l'action, ce que souhaitez lorsque vous avez des mains aussi fortes.

Avec deux Dames, c'est un peu différent. Dans ce cas, vous n'êtes pas aussi enthousiaste à l'idée de rencontrer de l'action. Si des joueurs vous payent avec As-x ou Roi-x et si un As ou un Roi vient au flop, vous avez de gros ennuis. Vous devez donc prévoir de chasser les mains à tirage. Cela signifie que vous relancerez davantage avec deux Dames, afin que le pot devienne moins intéressant pour tous ceux qui sont à tirage. Vous voulez dans ce cas miser trois ou quatre fois le montant de la grosse blind – peut-être entre $180 et $220. Quiconque voudrait entrer dans ce coup contre vos deux Dames doit payer pour avoir ce privilège.

L'action : Vous ne relancez en fait qu'à $120. Les joueurs B et C passent. Le joueur D relance à $180. Le joueur E suit $180. Les blinds passent.

Question : *Que faites-vous maintenant ?*

Réponse : C'est un très bon résultat pour vous, tout particulièrement avec votre petit tapis. Vous devriez maintenant relancer à tapis des $760 qui vous restent. Vous êtes favori contre As-Roi, seule une paire d'As ou de Rois peut vous battre. Vous êtes grand favori contre toutes les autres mains. Le joueur E joue très large, donc même une relance à tapis pourrait ne pas le décourager de suivre avec une main vraisemblablement faible. Par contre, si le joueur D vous suit, il y a de fortes chances qu'il abatte une forte main. Une dernière chose : vous êtes toujours dans une mauvaise position contre les deux autres joueurs. Une relance à tapis annule ce désavantage.

L'action : Vous ajoutez $200, relançant ainsi vos adversaires de $140. Ils vous payent tous les deux. Le pot est maintenant de $1.050.

Le flop : 7♠3♠2♠

Question : *Que faites-vous maintenant ?*

Réponse : Il faut clairement aller à tapis. Le flop est bon pour vous. Si vos adversaires ont suivi avec deux figures, ils n'ont pas amélioré. Votre Q♠ vous donne une certaine assurance contre la couleur possible, et à moins que quelqu'un soit assis avec deux piques en main, votre mise sera incroyablement intimidante pour qui voudrait vous suivre. De plus, il ne vous reste plus que $560 et vous ne jetterez pas votre jeu si quelqu'un mise, et quelqu'un misera certainement si vous checkez. Vous êtes donc impliqué dans ce coup, miser votre tapis est la seule arme qu'il vous reste alors utilisez-la.

L'action : Vous misez votre tapis de $560. Les deux joueurs vous payent. Le joueur D montre A♠K♦, le joueur E montre T♥7♣.

Le tableau : La quatrième carte est un 2♦, la cinquième carte un A♦. Le joueur D gagne.

Vous avez subi un sérieux revers de fortune en perdant à cause d'un As à la cinquième, même si vous auriez pu tout aussi bien perdre avec un Roi ou un pique. Le tirage couleur max du joueur D lui donnait 14 outs à chacune des deux dernières cartes, il était donc légèrement favori après le flop. Ses décisions ont été tout à fait correctes. Le joueur E, bien sûr, a joué comme un demeuré. Vous devriez être très gentil avec le joueur E, qui est sans aucun doute un type bien quand il n'essaye pas de jouer au poker et n'hésitez pas à le faire venir à votre table à l'avenir.

Coup 5-11

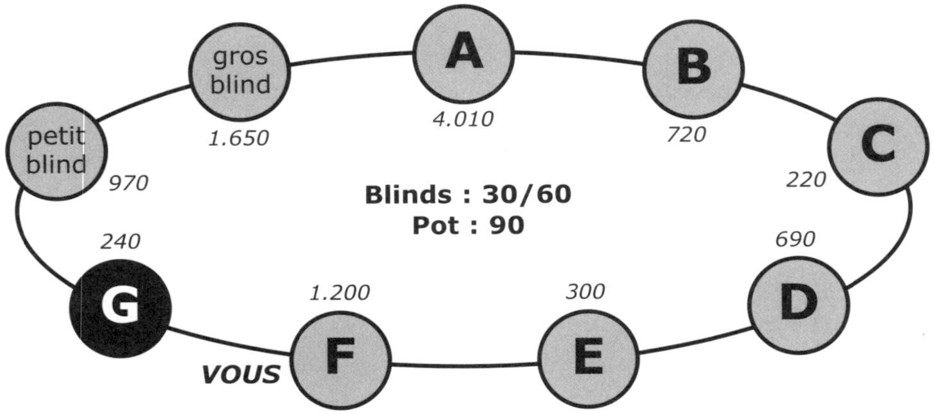

Votre main	Enchères avant vous
	Les joueurs A, B et C passent. Le joueur D paye $60. Le joueur E passe. Le pot est maintenant de $150.

La situation : Au milieu d'un tournoi à une table.

Question : Au moment de vous saisir de vos jetons vous avez remarqué que le joueur G, assis après vous, se saisissait également de ses jetons. *De combien relancez-vous ?*

Réponse : Si vous étiez certain de jouer contre un seul adversaire sur ce coup, votre relance standard devrait être de $200. Mais savoir que le petit tapis après vous est visiblement prêt à aller à tapis change légèrement la donne.

Vous ne craignez pas une relance du petit tapis, bien sûr. Il est désespéré, il peut tout a fait être prêt à jouer en ayant n'importe quelles cartes en main, et vos Rois sont sans aucun doute bons.

Mais vous pouvez utiliser cette situation pour éjecter le joueur D hors du coup. Relancez simplement à $120. Maintenant, si le joueur G fait tapis à $240, le joueur D se trouvera pris en sandwich entre vous deux. S'il paye la relance du joueur G, vous serez toujours actif et vous aurez la possibilité de sur-relancer. Il jettera donc probablement sa main et vous vous retrouverez en tête à tête contre le joueur G, avec un seul jeu à battre plutôt que deux, et pas mal d'argent dans le pot.

L'action : Vous relancez à $120. Le joueur G fait tapis à $240. Les blindeurs passent. Le joueur D passe. Vous payez. Le pot est de $630. Le joueur G montre Q♥T♦ et vous gagnez le pot avec votre paire de Rois.

Coup 5-12

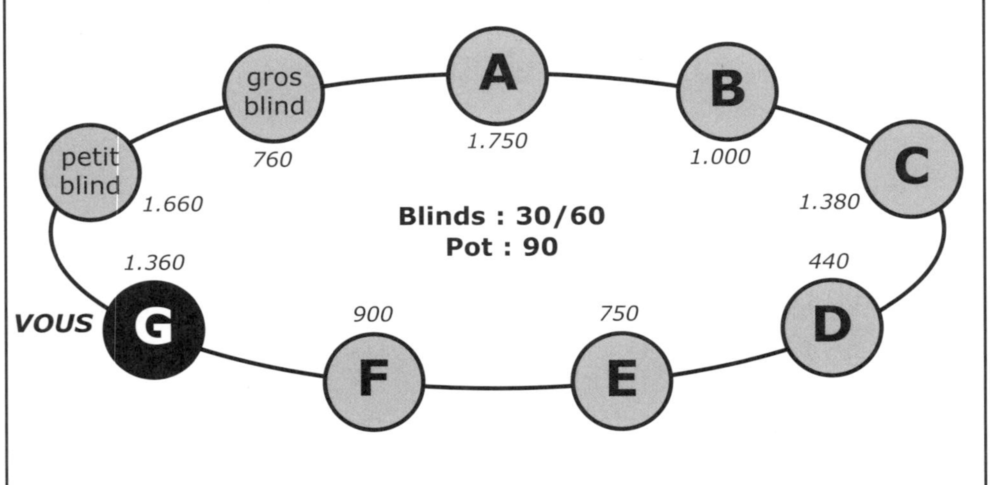

Votre main	Enchères avant vous
	Le joueur A passe. Le joueur B relance à $120. Le joueur C passe. Le joueur D relance à tapis à $440. Les joueurs E et F passent. Le pot est maintenant de $650.

La situation : Au début d'un satellite à une table.

Question : *Est-ce que vous passez, suivez, relancez ou allez à tapis ?*

Réponse : Voici une situation très fréquente où beaucoup de joueurs font une erreur des plus banales. Le joueur B a relancé de deux fois la grosse blind. En soi, cela ne signifie pas grand-chose. Il a du jeu mais il y a peu de chances qu'il soit favori face à une paire de Dames.

Maintenant, le joueur D, avec le plus petit tapis, pousse tous ses jetons. Nous en déduisons qu'il a un jeu potable, il est désespéré donc il y va. De nouveau, il n'y a aucune raison de penser que sa main soit meilleure que Q♠Q♦.

Donc qu'allez-vous faire ? L'erreur fréquente face à une relance à tapis est de suivre simplement. Mais si vous suivez, il y a de fortes chances pour que le joueur B suive également et il pourra ainsi voir le flop.

Votre paire de Dames a beau être favorite contre chacune des deux mains prises isolément, face à deux mains raisonnables elle n'a plus que 50% de chances de gagner. Par exemple, si l'un des jeux est As-Valet et l'autre jeu est une paire de Neuf, vos chances de gagner ce pot à trois joueurs avec ces mains présumées n'atteignent que 58%. Allons plus loin et disons que vos chances de gagner contre la paire de Neufs sont de 80%, et contre As-Valet, de 70%.

Au lieu de suivre ou de faire une petite relance, il est donc maintenant temps de faire tapis. De cette manière, vous chasserez (probablement) le joueur B et isolerez le joueur D. Vos chances de remporter le pot augmentent et si vous perdez, cela ne constituera pas un handicap insurmontable. En revanche, si vous maintenez le joueur B dans le coup et s'il améliore, vous pourriez perdre la majorité de vos jetons.

Dénouement : Vous faites tapis et le joueur B passe. Le joueur D montre T♣T♥. Vous gagnez le pot avec votre paire de Dames.

Coup 5-13

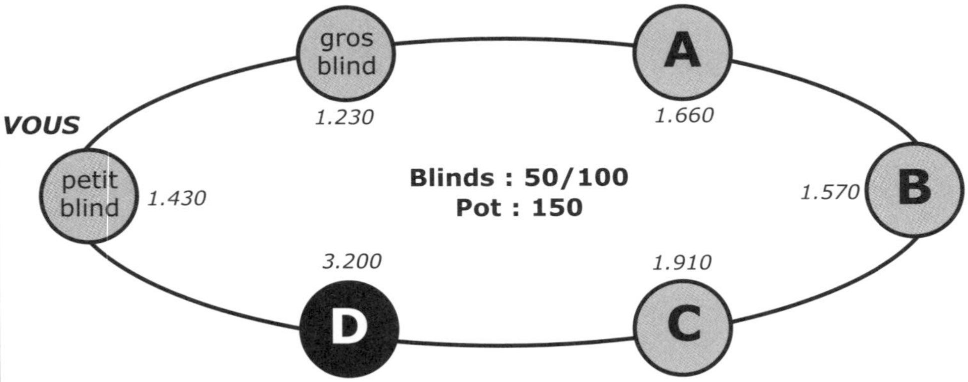

Votre main	Enchères avant vous
	Les joueurs A et B passent. Le joueur C relance à $200. Le joueur D passe. Le pot est de $350.

La situation : Au milieu d'un satellite à une table.

Question : *Relancez-vous, et si oui, de combien ?*

Réponse : Vous voulez relancer ici, mais pas trop. Vous voulez être sûr qu'il vous paye pour pouvoir gagner un peu d'argent. Je recommanderais une relance à $600. S'il suit et si un As vient au flop, eh bien tant pis, cela arrive parfois. Mais vous ne voulez pas chasser des paires intermédiaires.

L'action : Vous relancez en réalité à $800. La grosse blind passe. Le joueur C vous relance à tapis des $580 qu'il vous reste.

Question : *Que faites-vous ?*

Réponse : Vous êtes ravi et vous payez.

Beaucoup de joueurs vous raconteront une histoire où ils ont jeté une paire de Rois en main parce qu'ils savaient que leur adversaire relançait avec une paire d'As. Voici la mienne. Il y a environ un an de cela, un joueur solide m'a relancé en position de grosse blind. Je pensais réellement qu'il avait deux As. J'étais en début de parole avec une paire de Rois. J'avais fait une modeste relance et il m'avait sur-relancé. J'ai réfléchi un long moment et j'ai payé. Il avait effectivement une paire d'As.

J'ai failli jeter ma main, mais je ne pouvais pas faire ça. Impossible d'être certain de ma lecture à ce point. Même si des mises et des relances semblent indiquer une grosse main, elles peuvent avoir une grande variété d'explications, il peut s'agir de mains modérément fortes comme des bluffs outranciers. Et voici un petit secret des joueurs de niveau mondial. Personne ne peut être assez certain de sa lecture dans un cas pareil, croyez-moi, peu importe ce que l'on peut vous raconter.

L'action : Vous suivez. Votre adversaire vous montre A♣A♦ et vous bat.

Environ une fois sur 24, quand vous aurez une paire de Rois à une table pleine, un de vos adversaires à la table aura une paire d'As. Si vous essayez de deviner si c'est le cas, vous finirez par jeter souvent vos mains alors que vous étiez confronté à une paire de Dames ou As-Roi, ou parfois même un jeu plus faible. Alors ne vous en préoccupez pas. Jouez simplement votre paire de Rois comme si vous aviez la meilleure main, sur le long terme vous serez gagnant. Notez que lorsque vous relancez avec une paire de Rois, que vous êtes payé par un ou deux joueurs *et qu'un As vient au flop,* c'est une situation très différente.

La vérité est que tout le monde se souvient des fois où leurs Rois ont été battus par des As, mais oublie toutes les fois où ils ont eu peur que leurs adversaires aient une paire d'As alors qu'ils n'avaient finalement qu'une paire de Valets ou de Dames. Vous n'avez pas tout votre temps en tournoi pour faire de l'argent avant que les blinds ne vous dévorent, alors donnez leurs chances à vos bonnes mains – même s'il arrive parfois qu'elles vous renvoient à la maison.

Coup 5-14

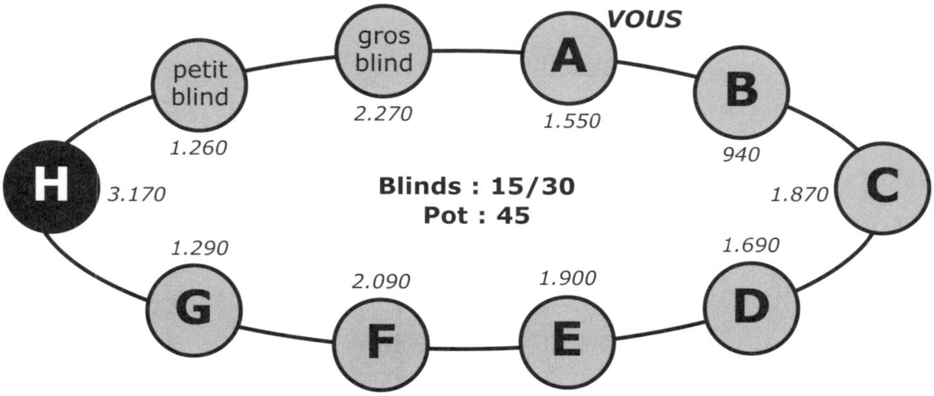

Votre main	Enchères avant vous
	Vous êtes le premier à parler.

La situation : Un tournoi majeur, après environ un heure de jeu. Vous êtes en première position, et après vous se trouve un mélange de joueurs larges et serrés.

Question : *Que faites-vous ?*

Réponse : Comme avec les autres paires intermédiaires, vous avez probablement la meilleure main avant le flop. Mais à moins de toucher un brelan, vous pourriez vous retrouver en difficulté après le flop. La stratégie correcte est de faire une bonne relance avant le flop afin de n'avoir plus qu'un seul adversaire contre lequel T♠T♦ sera en bonne situation. Ma mise standard dans ce cas est de trois à quatre fois la grosse blind.

Mais il y a un problème avec ce type de conseils. Vos adversaires sont toujours en train de vous observer afin d'essayer de découvrir vos habitudes de mises. Même si vous pensez que trois ou quatre fois la grosse blind est la "bonne" manière de jouer, vous devez varier votre mise autour de ce montant afin que vos adversaires ne puissent pas lire exactement ce que vous faites.

Environ une fois sur trois, je suivrais simplement avec cette main ou une autre paire intermédiaire. Peut-être 10% du temps, je relancerais jusqu'à cinq ou six fois la grosse blind. Le reste du temps, je jouerais mon jeu standard en espérant que mes adversaires ne lisent pas en moi comme dans un livre ouvert.

Dénouement : Vous relancez à $150 et tout le monde passe.

Coup 5-15

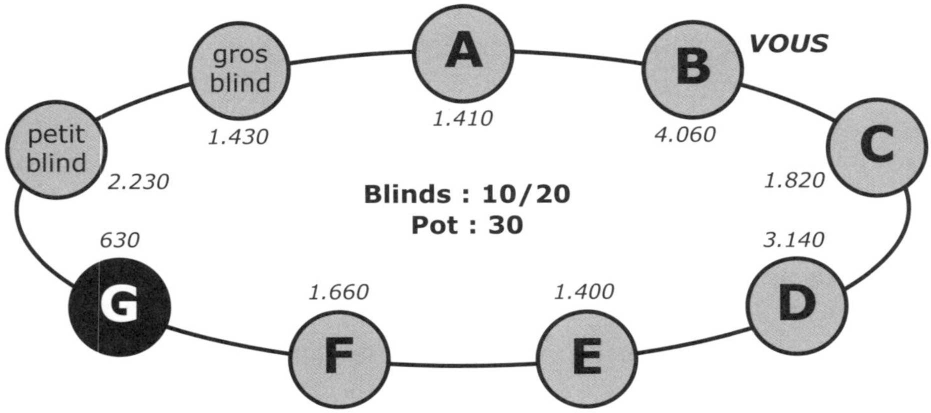

Votre main	Enchères avant vous
	Le joueur A passe.

La situation : Un tournoi majeur, au début du premier niveau de blinds. Vous avez gagné plusieurs gros coups en montrant de fortes mains.

Question : *Que faites-vous ?*

Réponse : Il n'y a pas de manière vraiment "correcte" de jouer une paire intermédiaire en début de parole mais il y en a deux qui ont un sens. Choisissez l'une d'elles suivant les circonstances ou variez vos habitudes au hasard pour éliminer vos poursuivants.

Le problème, bien sûr, est que votre main est probablement la meilleure de la table pour l'instant, mais qu'elle peut ne plus l'être après le flop. Vous ne voulez donc pas jouer cette main contre trop de joueurs pour qui vous auriez grossi le pot.

Une des approches est de suivre simplement avec l'espoir de voir le flop pour un prix minime contre un certain nombre d'adversaires, et ne décider qu'ensuite d'investir plus de jetons. Si vous touchez le troisième Dix, vous aurez une bombe en main et vous pourrez gagner beaucoup d'argent.

Si vous ne touchez pas le Dix, mais si trois petites cartes viennent au flop, votre main restera probablement la meilleure et vous pourrez jouer en conséquence. Si vous n'améliorez pas au flop et si des figures viennent, vous jetterez votre main et cela vous aura juste coûté votre mise avant le flop.

La seconde approche est de faire une importante mise maintenant (disons entre trois et cinq fois la grosse blind) en espérant soit remporter le pot tout de suite, soit n'avoir qu'un seul adversaire. Maintenant, vous pouvez survivre à une figure qui viendrait au flop, et évidemment, deux figures vous rendraient très nerveux.

Laquelle de ces approches devriez-vous appliquer dans ce cas ? Notez que vous avez déjà gagné quelques gros pots à cette table en montrant de fortes mains. Ce fait va déterminer votre manière de jouer. Voyons de quelle manière.

Quand les joueurs ont vu vos belles mains, ils s'en souviennent. Ils commencent inconsciemment à supposer que vous ne jouez que ces mains. Ils se rappellent également de vos jeux gagnants. Dans leurs têtes, leur inconscient leur dicte "je ne dois pas entrer dans des coups contre ce joueur. Il est dangereux".

Etant donné la perception que les autres joueurs ont probablement de vous à cet instant, le fait de relancer ne me semble plus aussi pertinent. Il est vrai que vous avez de grandes chances de voler ce pot de $30 en relançant à $80 ou à $100. Mais un joueur qui vous suivrait dans cette situation serait plus susceptible d'avoir une très grosse main et vous n'aimeriez pas ce ratio risque/rentabilité. Donc ici, vous devriez plutôt opter pour suivre simplement.

L'action : Vous suivez à $20. Les joueurs C et D passent. Les joueurs E et F suivent. Le joueur G, au bouton, fait tapis à $630. Les blinds passent. Le pot est maintenant de $720, et cela vous coûte $610 pour suivre.

Question : *Que faites-vous ?*

Réponse : Une relance à tapis venant du plus petit tapis ne doit pas vous effrayer. Vous voulez certainement jouer ce coup avec votre paire de Dix. Ce qui vous intéresse maintenant, ce sont les deux joueurs qui restent après vous. Un jeu logique est de faire une surrelance dans cette situation, disons à $1.200, avec l'idée de montrer plus de force et de décourager le joueur E ou le joueur F de suivre. Une fois qu'ils ont passé, vous êtes en tête à tête contre le joueur au bouton et c'est exactement ce que vous voulez.

C'est le jeu habituel dans cette situation, mais il y a un problème avec le montant des tapis. Les joueurs E et F ont tous deux environ $1.500. S'ils avaient l'intention de suivre une mise de $600 avec ces tapis, passeront-ils vraiment face à une relance à $1.200 ? Ce n'est pas certain, ils verront probablement cela comme une chance de faire tapis dans le but de doubler. Vous ne devez pas être freiné par ce raisonnement, mais vous ne voulez pas non plus risquer une importante portion de vos jetons avec T♥T♦. Si vous payez et s'ils payent aussi, vous aurez la confirmation de leurs jeux mais vous vous laissez une échappatoire pour sortir de ce coup. C'est une bonne stratégie.

L'action : Vous suivez à $610. Le joueur E passe mais le joueur F suit. Le pot est maintenant de $1940.

Le flop : Q♦Q♣6♥

Question : *Que faites-vous ?*

Réponse : Il est préférable pour vous qu'une paire de Dame soit venue au flop plutôt que, disons, une Dame et un Roi, car il est beaucoup moins probable que votre adversaire ait amélioré au flop avec une de ces cartes en main. (Si un Roi et une Dame viennent au flop, il reste encore un total de six Rois et Dames. Mais dans le cas présent il y a seulement deux Dames dehors. Souvenez-vous de ces petits détails – ils ont leur importance !)

Vous devez miser maintenant pour protéger votre main. Pour comprendre pourquoi, imaginez que vous checkez ; il peut également checker, et vous lui avez peut-être ainsi donné une carte gratuite qui lui permettra de vous battre. C'est le péché mortel du poker.

Combien devriez-vous miser ? La règle standard pour un continuation bet – la moitié du pot – ne s'applique pas ici. Vous n'ajouterez pas de jetons au pot central et il y a zéro jeton dans le pot entre vous et le joueur F. Au lieu de cela, regardez vos jetons et les jetons du joueur F. Il vous reste $3.430 et F a encore $1.030. Vous voulez miser suffisamment pour ne pas lui offrir la cote du pot nécessaire pour suivre, mais suffisamment pour le tenter de vous payer. Une mise de $500 me semble correcte.

L'action : Vous miser $500, et le joueur F jette sa main. Le bouton montre 4♥4♦, et la quatrième et la cinquième carte sont respectivement un 8♥ et un 5♦. Vous gagnez le pot.

Coup 5-16

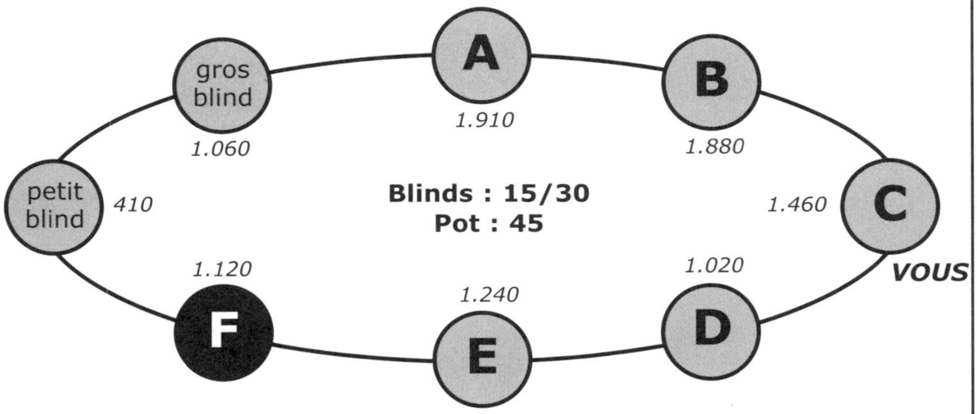

Votre main

Enchères avant vous

Les joueurs A et B passent.

La situation : Au début d'un satellite à une table.

Question : *Relancez-vous et, si oui, de combien ?*

Réponse : Comme expliqué précédemment, vous voulez relancer, mais vous n'avez pas vraiment envie d'être payé. Une relance de trois à cinq fois la grosse blind est adéquate, mais variez vos mises pour que votre action ne devienne pas limpide aux yeux de vos adversaires.

L'action : Vous relancez à $150. Les joueurs D, E, F et la petite blind passent tous. La grosse blind relance à $240, cela vous fait $120 de plus pour suivre. Le pot est maintenant de $435. *Que faites-vous ?*

Réponse : Le pot vous offre une cote entre 3 contre 1 et 4 contre 1, et votre main T♥T♦ pourrait bien être la meilleure car la grosse blind a très bien pu relancer avec As-Roi ou As-Dame. Vous êtes perdant à un peu plus de 4 contre 1 s'il a une paire supérieure à la vôtre, cela vaut donc la peine de suivre. Dans ces cas-là, quand vous touchez votre troisième Dix, vous pouvez gagner beaucoup d'argent après le flop.

L'action : Vous suivez. Le pot est maintenant de $555.

Le flop : Q♠9♠4♥

L'action : La grosse blind mise $85. Le pot est maintenant de $640. *Que faites-vous ?*

Réponse : Si vous êtes face à un bon joueur, une petite mise comme celle-ci pourrait être un piège qu'il vous tend, juste pour vous pousser à ajouter de l'argent dans le pot. Dans les premiers niveaux d'un tournoi, cela signifie en général "je n'ai pas amélioré mais je veux vous empêcher de miser contre moi."

Vous pouvez être battu mais vous avez une bonne main et la cote offerte par le pot est presque de 8 contre 1, donc vous êtes obligé, au minimum, de suivre.

Cependant, il existe une tactique alternative au simple fait de payer. Vous relancez d'environ $200. Vous pourriez évidemment gagner le pot avec cette relance mais vous donnez également à votre adversaire une chance de faire une faute en vous payant, ce qui est par définition bon pour vous. Si votre adversaire a As-Roi en main, il est donné perdant à 6 contre 1 avec deux cartes à venir. En relançant de $200, le pot lui offrira alors une cote de seulement 4 contre 1 pour suivre. S'il sur-relance fortement, vous pourrez être pratiquement sûr d'être battu et vous devrez simplement jeter vos cartes.

L'action : Vous suivez. Le pot est maintenant de $725.

La turn : Q♠9♠4♥Q♣

L'action : La grosse blind checke. *Que faites-vous ?*

Réponse : C'est une bonne carte pour vous. Si la Dame n'a pas permis à votre adversaire d'améliorer au flop, la deuxième Dame ne l'a pas aidé non plus.

Vous devez miser pour savoir ce qu'il en est et ne pas lui donner de carte gratuite. Si vous êtes payé, vous pourrez checker ensuite. Si vous êtes relancé, vous pourrez jeter votre main. Je recommanderais une mise aux alentours de $220, $250.

Il est tentant de checker mais vous n'aurez alors aucune information et ne saurez pas quoi faire s'il fait une forte mise à la fin. Mettez les choses au clair dès maintenant.

L'action : Vous checkez.

La river : Q♠9♠4♥Q♣8♥

L'action : La grosse blind mise $110. *Est-ce que vous suivez ?*

Réponse : Oui. Il a probablement quelque chose comme As-Roi, As-Neuf ou peut-être deux Valets. La cote offerte par le pot est énorme et étant donné ses différentes mises, vous avez probablement une chance sur deux d'avoir le meilleur jeu.

L'action : Vous suivez, il montre J♦J♣ et gagne le pot.

Ses mises sont logiques. Il a eu peur quand il a vu la Dame au flop, ce qui laissait supposer une paire ou un tirage en-dessous de la Dame, bien qu'As-Roi était également une possibilité.

Coup 5-17

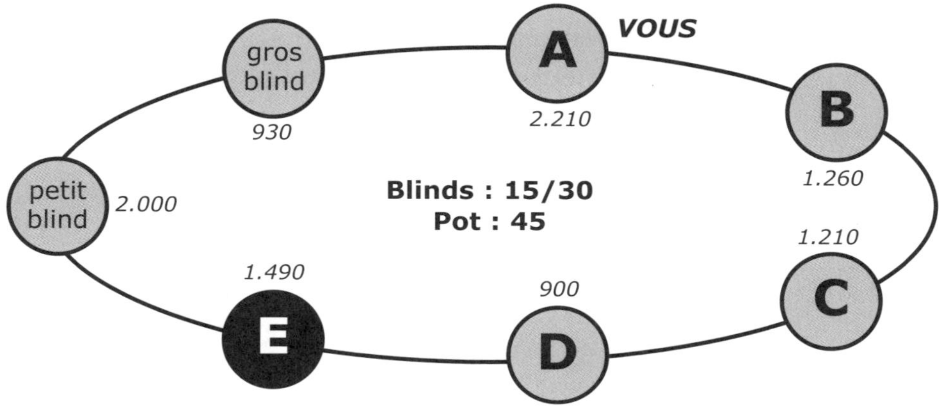

Votre main	Enchères avant vous
	Vous êtes le premier à parler.

La situation : Au début d'un tournoi satellite à une table. Le joueur C est très agressif, relançant ou faisant des check-raises contre la moindre tentative de vol. La petite blind possède un style similaire.

Question : *Est-ce que vous suivez ou relancez ?*

Réponse : Le jeu habituel dans cette situation est bien sûr de relancer (de trois à cinq fois la grosse blind). La vraie question ici est de savoir si la présence des deux joueurs agressifs après vous pourrait vous pousser simplement à suivre dans l'espoir que l'un d'eux tente de voler le pot, ce qui vous permettrait de les sur-relancer ensuite.

C'est une manière inventive de jouer mais ce n'est pas vraiment une bonne idée. Il y a trop de risque qu'en suivant vous encouragiez une succession de joueurs à suivre également et cela serait le pire scénario possible pour votre paire de Valets, qu'il y ait plusieurs joueurs dans le coup alors que vous n'avez même pas la position.

Faites simplement une relance importante et laissez les joueurs agressifs décider de ce qu'ils veulent faire.

L'action : Vous relancez à $100, et tout le monde passe.

Coup 5-18

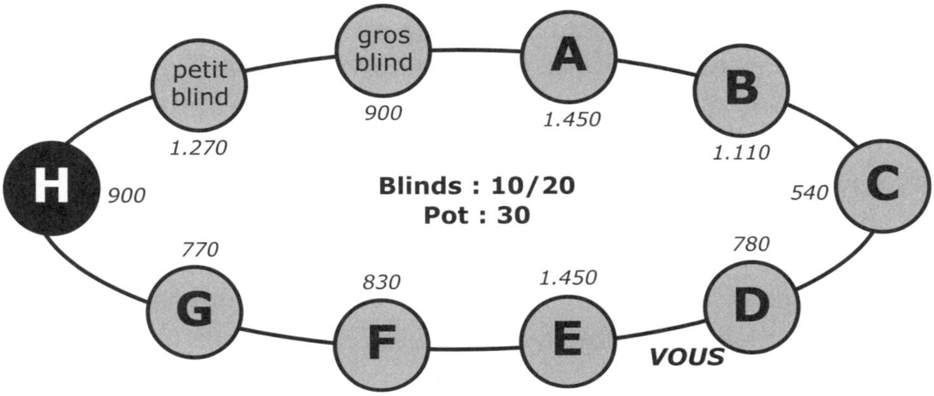

Votre main	Enchères avant vous
	Les joueurs A et B payent. Le joueur C passe. Il y a $70 dans le pot.

La situation : Au début d'un tournoi à une table, sur Internet. Plusieurs joueurs ont payé simplement pour voir des flops.

Question : *Est-ce que vous passez, suivez ou relancez ?*

Réponse : Beaucoup de joueurs renoncent à jouer avec une paire de Deux, se remémorant tous les coups qu'ils ont joués dans lesquels leur paire de Deux ne valait plus rien après le flop, ou était battue par d'autres cartes quand le coup se jouait jusqu'à l'abattage. Cependant, une paire de Deux est une paire et cela recèle une certaine valeur.

Il n'en reste pas moins que cette petite paire doit être maniée avec beaucoup de précautions.

Le meilleur moment pour jouer une paire de Deux est en fin de parole, après que plusieurs joueurs ont suivi. Dans ce cas, vous pouvez suivre comme tout le monde et, pourquoi pas, toucher votre brelan. Si cela vous arrive, la cote implicite pourrait vous faire gagner un gros pot. Sinon, vous pourrez toujours jeter vos cartes, sauf dans certaines circonstances particulières. Si, par exemple, vous étiez au bouton, si le flop était 7♥7♠3♣ et si les joueurs avant vous checkaient, vous pourriez faire une mise des deux tiers du pot. Les autres joueurs n'auraient probablement pas amélioré avec ce flop et vous pourriez très bien avoir la meilleure main.

Ici, vous êtes en début de parole mais vous avez remarqué que les joueurs de la table suivent souvent pour pouvoir voir le flop. Globalement, il semble que la situation soit assez favorable. Vous devriez donc suivre.

L'action : Vous suivez. Le joueur E passe. Le joueur F paye. Le joueur G relance à $40. Le bouton passe. La petite blind ajoute $30. La grosse blind passe. Le joueur A relance de $130. Le joueur B passe. Le pot est maintenant de $310 et cela vous coûte $130 pour suivre.

Question : *Que faites-vous ?*

Réponse : Il y a eu beaucoup plus d'action que vous ne souhaitiez en voir et la cote du pot est maintenant très défavorable. Le pot vous offre une cote de 2,5 contre 1 et les chances de toucher un brelan au flop sont de 7 contre 1. Il est difficile d'imaginer que vous puissiez gagner sans améliorer, alors passez.

L'action : Vous passez.

Coup 5-19

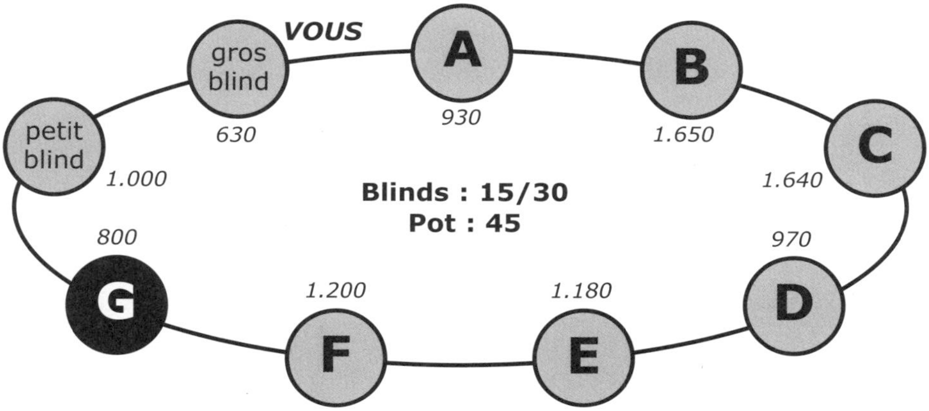

Votre main

Enchères avant vous

Le joueur A passe. Le joueur B relance à $60. Les joueurs C, D, E, et F passent tous. Le joueur G suit. La petite blind passe.
Le pot est maintenant de $165 et cela vous coûte $30 pour suivre.

La situation : Au début d'un tournoi à une table, sur Internet. Les joueurs B et G semblent être plutôt conservateurs.

Question : *Que devriez-vous faire ?*

Réponse : Avec le plus petit tapis et une main forte, vous allez visiblement jouer le coup, et le jouer fermement. Quelle est donc la manière adéquate de le jouer ?

Une approche est de faire tapis tout de suite. Beaucoup de joueurs de tournois vous répliqueront que c'est la bonne manière de jouer. Le pot ($165) est assez gros, il ne s'agit donc pas d'un montant insignifiant et une relance à tapis vous donne la meilleure chance de remporter le pot tout de suite. Vous n'avez également pas la position, faire tapis élimine le désavantage de votre position lors des prochains tours d'enchères. Pour finir, vous avez une bonne main, mais pas un jeu fait. Pour l'instant, vous avez juste As-Roi et vous devez améliorer pour gagner, alors remporter le pot tout de suite ne serait pas un mauvais résultat.

Tous ces arguments sont valables mais je jouerais néanmoins d'une manière différente. Ma préférence serait de relancer quelque chose entre $200 et $250. C'est une assez bonne main pour que je veuille trouver le juste milieu entre remporter le pot tout de suite et engendrer de l'action. La relance à tapis minimise l'action. Une relance légèrement supérieure au pot peut me faire remporter le pot tout de suite si personne n'a rien, mais me donne également une meilleure chance de doubler mon tapis si l'un de mes adversaires à un semblant de jeu en main. Je ne m'inquiète pas vraiment de ma position parce que si ma mise est suivie, le pot sera supérieur au montant de mon tapis et, dans ce cas, il est fort probable que je mise le reste de mes jetons de toute façon.

L'action : Vous misez votre tapis, et le bouton paye avec 8♦8♣. Le tableau donne K♠5♥4♠9♦7♣ et vous gagnez le pot avec votre paire de Rois.

Question : *Est-ce que la paire de Huit a eu raison de payer ?*

Réponse : Lorsque j'ai appris à jouer au hold'em no-limit, il y a maintenant près de vingt ans de cela, la réponse classique était "non". L'argument à l'époque était le suivant : "Environ la moitié du temps, quand vous vous retrouvez contre As-Roi, As-Dame ou deux autres figures, vous ne serez que légèrement favori. L'autre moitié du temps vous serez contre une grosse paire et vous serez donné perdant à 4,5 contre 1. Vous ne voulez donc pas miser votre argent dans ce cas."

Mais c'est un argument venant de joueurs de cash-games et quand vous jouez pour de l'argent, les gens ont tendance à avoir des grosses paires comme deux As, deux Rois ou deux Dames quand les pots sont gros. Cependant, de nos jours, en tournoi, il y a un éventail de mains que vous pouvez voir dans une situation similaire que vous n'auriez jamais vu dans les anciennes parties de cash-game :

des mains comme As-Six assortis, de petites paires ou même des bluffs.

Si vous ajoutez ces mains à l'éventail considéré, le fait de payer avec une paire de Huit devient une action potentiellement équitable pour vous, c'est-à-dire que les gains et les pertes s'équilibrent à long terme.

Vous devez maintenant prendre en considération la situation de la table. "Est-il agressif ?" "A-t-il un petit tapis ?" Ici, vous êtes le plus petit tapis de la table, il est donc tout à fait possible que vous ayez fait cette relance avec un jeu nul. Je suis donc d'accord avec sa décision de payer.

Coup 5-20

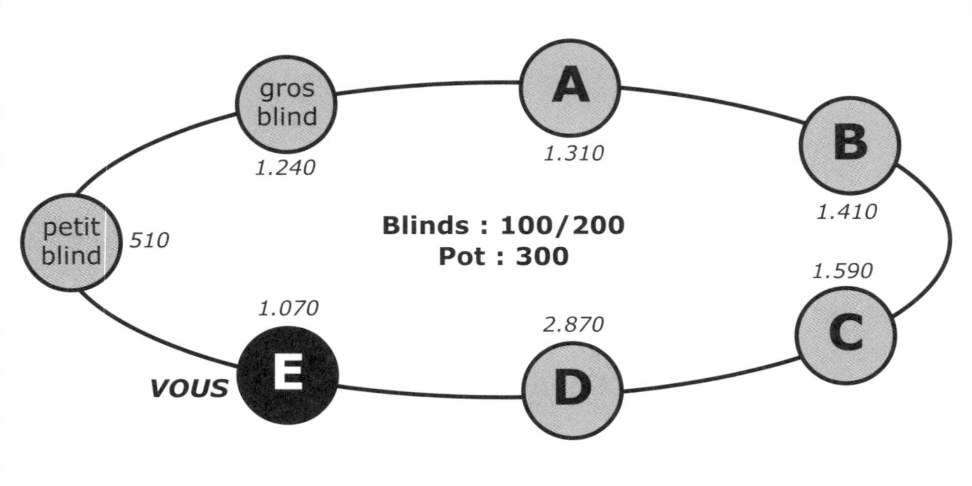

Votre main

Enchères avant vous

Les joueurs A, B, C et D passent tous.

La situation : Au milieu d'un satellite à une table. La grosse blind est un joueur solide qui entreprend de temps en temps des actions agressives. Au cours des deux derniers tours, une relance initiale de trois fois la grosse blind a permis de remporter de nombreux pots sans être contestée.

Question : *Que faites-vous ?*

Réponse : Au cours du tournoi, *vous devez faire attention au montant de la relance initiale qui poussera les joueurs de votre table à jeter leurs jeux.* Ce montant varie d'une table à une autre. A certaines tables, une relance minimum du double de la grosse blind chassera les joueurs. A d'autres tables, il faudra peut-être miser trois ou quatre fois la grosse blind avant que les mains marginales décident de se coucher. Prenez l'habitude de vous concentrer sur le montant de la première relance et notez si cette mise remporte le coup ou non. Au bout d'un certain temps, vous commencerez à voir les habitudes de mises émerger. C'est une des nombreuses autres choses que vous devez observer systématiquement quand vous n'êtes pas sur un coup.

Vous utiliserez cette information quand, sur un coup, les joueurs auront tous passé avant vous et que votre tour viendra d'agir. Décidez tout d'abord si vous voulez *décourager* l'action (parce que vous allez miser mais votre main n'est pas si forte que ça) ou au contraire l'*encourager* (parce que votre main est presque certainement la meilleure main encore dans le coup). Si vous voulez décourager l'action, misez le montant qui semble pousser les joueurs à jeter leurs mains. Si vous voulez encourager l'action, misez moins que cela.

Votre main A♦Q♦ est une bonne main et pourrait très bien être la meilleure main sur ce coup. Ce n'est pourtant pas une main assez forte pour que vous puissiez souhaiter un affrontement. Vous voulez décourager l'action dans cette situation, et comme une relance de trois fois la grosse blind a chassé les joueurs hors des coups, c'est ce que vous devriez miser.

L'action : Vous relancez en fait à $400, deux fois la grosse blind. La petite blind passe et la grosse blind suit pour $200 supplémentaires. Il y a maintenant $900 dans le pot.

Le flop : 9♥4♥4♦

L'action : La grosse blind fait tapis à $840. Il vous reste $670. *Que faites-vous ?*

Réponse : Plutôt évident. Vous payez.

Il y a $900 dans le pot plus $670, soit $1.570. (Au fait, ne faites jamais l'erreur de compter le montant du tapis de votre adversaire. Sa relance à tapis correspond au montant de votre tapis, pas du sien. Cela peut sembler évident, mais j'ai vu des joueurs commettre cette erreur dans le feu de l'action.) Vous devez mettre $670 pour suivre, votre cote est donc supérieure à 2 contre 1. C'est une bonne cote du pot et c'est une considération suffisante pour que vous soyez tenté de suivre.

Le flop, de toute façon, rend cette décision encore plus évidente. Un joueur ayant relancé ou payé une relance aura rarement amélioré avec ce type de flop. C'est donc un bon flop pour bluffer. Si vous aviez été le premier à parler au flop, vous auriez été heureux de relancer car il est peu probable que votre adversaire ait amélioré, mais c'est lui qui parle en premier. Laissez-lui le crédit d'avoir pu agir comme vous l'auriez fait vous-même.

Une fois que vous avez décidé que la cote du pot est bonne pour vous et qu'il est raisonnable de penser qu'il bluffe, votre travail est terminé. Il est clair que la majorité du temps, votre main est à ce moment-là la meilleure sur le coup. De plus, vous avez la possibilité de toucher une paire d'As, une paire de Dames ou encore deux carreaux consécutifs pour vous donner un jeu gagnant. Poussez simplement vos jetons et attendez de voir ce qui va se passer.

L'action : Vous payez. Il montre K♦2♣, un bluff total. Le turn et la river sont respectivement le 8♦ et le 9♦ et vous gagnez le coup avec votre couleur à carreau.

Ces flops avec une petite paire et une autre carte intermédiaire constituent un piège terriblement attrayant.

Vous regardez le flop et vous vous dites "eh, il n'a probablement pas amélioré avec ce flop. Je vais faire un relance." Mais si votre adversaire est attentif, il réalisera en faisant le même raisonnement que *vous* n'avez probablement pas amélioré avec ce flop non plus.

Coup 5-21

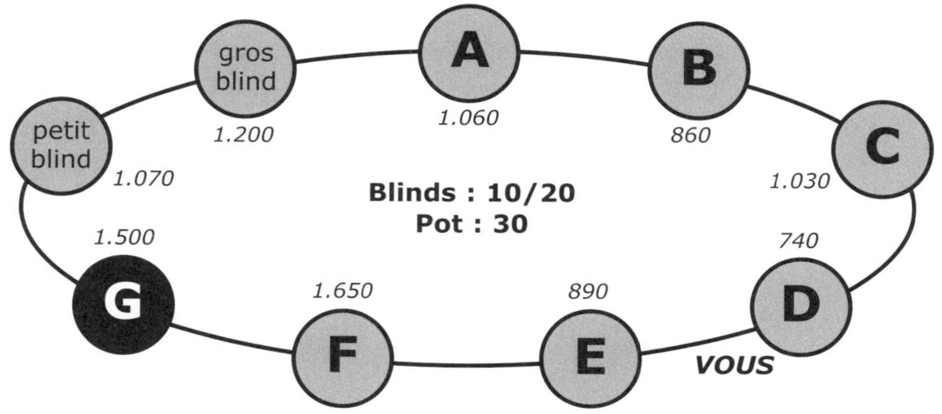

Votre main	Enchères avant vous
	Les joueurs A, B et C passent tous.

La situation : Au début d'un tournoi à une table, en ligne. Le joueur G et la grosse blind sont des joueurs agressifs, qui entrent dans beaucoup de coups.

Question : *Devriez-vous passer ou tenter de voler le pot en relançant ?*

Réponse : Il existe plusieurs raisons évidentes de ne pas tenter de voler le pot dans le cas présent. La plus importante est que cinq joueurs doivent encore parler après vous, et deux de ces joueurs sont connus pour être agressifs. Ils sont donc peu susceptibles de jeter leurs cartes. Une autre raison clé est que, alors qu'il ne vous reste plus que $740 et que vous êtes le plus petit tapis sur les neuf joueurs de la table, votre total de jetons est de 25 fois les blinds.

Vous n'êtes donc pas encore dans une situation désespérée. T♣8♠ dépareillés est une main franchement médiocre, et vous avez encore du temps devant vous pour espérer toucher une main qui soit supérieure.

Si vous aviez été au bouton et si tous les joueurs avaient passé avant vous, vous auriez pu tenter de voler le pot. Ici, ce serait stupide.

L'action : Vous décidez de voler le pot et relancez à $50. Les joueurs E et F passent. Le joueur G suit. Les blindeurs passent. Le pot est maintenant de $130.

Le flop : 5♦4♠3♠

Question : Vous parlez en premier. *Que faites-vous ?*

Réponse : Votre mise était trop faible pour réussir un vol à une table sur Internet. Vous auriez du miser au minimum $100, peut-être même $150 pour avoir une chance de voler le pot.

Le flop est un mélange de bonnes et de mauvaises nouvelles. Un seul joueur a payé, et il n'y a que des petites cartes au flop, vous avez donc deux cartes supérieures à celles du tableau. Il y a cependant deux piques au tableau, donc un joueur avec l'As de pique en main peut décider de jouer.

Vous devriez tenter de remporter le coup en misant environ la moitié du pot. La cote du pot à 2 contre 1 est favorable, et cette mise devrait vous permettre de l'emporter. Rappelons ce que cela signifie. Si vous misez la moitié du pot, vous ne devez gagner qu'une fois sur trois pour ne pas être perdant : la fois où vous gagnez, vous remportez un pot complet, et vous perdez un demi-pot les deux fois où vous perdez.

L'action : Vous misez $60.Le joueur G suit. Le pot est maintenant de $250.

La turn : 5♦4♠3♠K♠

Question : *Que faites-vous maintenant ?*

Réponse : Le temps se gâte. Le Roi est une carte très inquiétante et le joueur G ne semble pas avoir envie de quitter ce coup. Ne perdez pas un jeton de plus dans ce coup.

L'action : Vous checkez, et le joueur G mise $130. Vous passez et le joueur G remporte le pot.

Coup 5-22

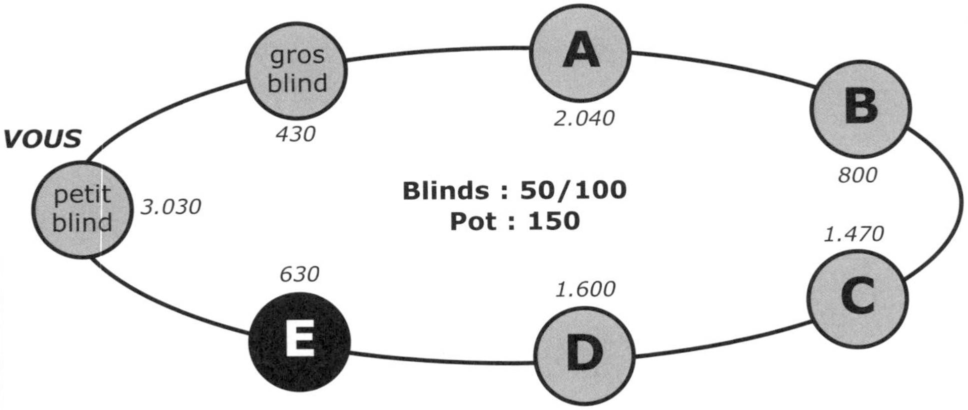

Votre main

Enchères avant vous

Le joueur A passe. Le joueur B relance à $200.
Les joueurs C, D et E passent.
Le pot est maintenant de $350.

La situation : Au milieu d'un tournoi à une table, en ligne. Les joueurs A et D sont très agressifs. Le joueur B semble solide.

Question : *Est-ce que vous suivez ou relancez ?*

Réponse : Vous avez une bonne main bien sûr, et vous avez certainement intérêt à relancer. Savoir de combien vous allez relancer dépend essentiellement du montant des tapis des joueurs qui sont encore dans le coup et de votre position à la table. Vous avez pour l'instant $2.980 devant vous et il a $600. Vous n'avez pas la position par rapport au joueur B lors des prochains tours d'enchères. Si vous le relancez d'un montant raisonnable, disons entre $200 et $300 et qu'il vous paye, il lui restera si peu de jetons que c'est comme s'il était déjà à tapis (on dit qu'il est "*pot committed*"). S'il ne vous sur-relance pas immédiatement, il misera probablement les jetons qui lui restent après le flop. Dans ces circonstances, vous devriez faire tapis afin qu'il prenne la décision de miser ou non tous ses jetons maintenant. Cette relance élimine le désavantage de devoir parler en premier au tour suivant et vous donne la meilleure chance de le chasser du coup (si c'est possible) pour gagner le pot tout de suite.

As-Roi est une bonne main, mais souvenez-vous que vous n'êtes pas favori contre une simple paire de Quatre. Cela ne vous contrarierait pas outre mesure de gagner le pot immédiatement.

L'action : Vous faites tapis, le joueur B vous suit et montre 7♥7♦. Le flop est A♣K♠5♠ et votre main tient pour remporter le pot.

Souvenez-vous que faire tapis avec As-Roi est un jeu habituel contre un plus petit tapis que le vôtre quand cette action vous permet d'éliminer le désavantage d'une position et vous garantit également de voir les cinq cartes du tableau.

Coup 5-23

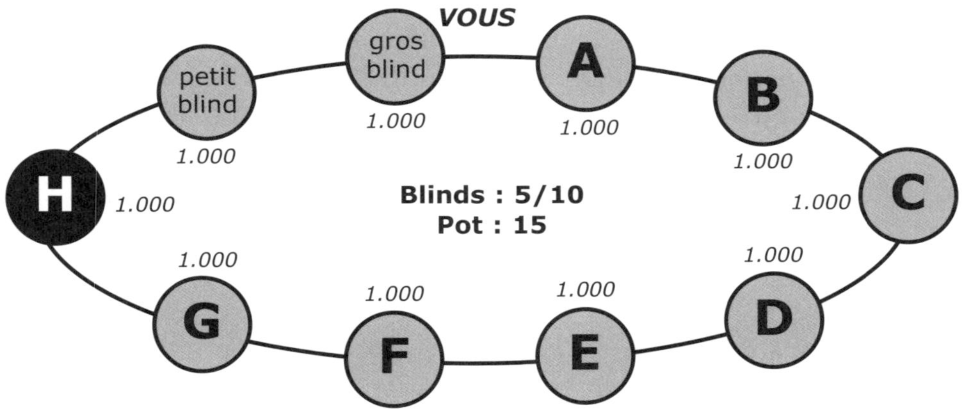

Votre main

Enchères avant vous

Le joueur A passe. Le joueur B suit. Les joueurs C, D et E passent. Les joueurs F et G suivent. Le joueur H relance à $30. La petite blind passe.
Le pot est maintenant de $75. Cela vous coûte $20 pour suivre.

La situation : Le premier coup d'un tournoi à une table, en ligne.

Question : *Est-ce que vous passez, suivez ou relancez ?*

Réponse : Dans certaines circonstances légèrement différentes, vous seriez ravi de jouer cette main (Q♥J♦) en grosse blind. Supposez par exemple que le joueur B ait relancé à $30 et que les joueurs F, G et H aient juste payé. Il y aurait alors $135 dans le pot et vous devriez ajouter $20 pour suivre. Votre cote du pot serait de 7 contre 1, et votre main vaudrait la peine de suivre à ce prix-là.

Quelle est la différence avec ce coup ? Outre le fait que la cote du pot est moins bonne (vous devez miser $20 pour une chance de gagner un pot de $75, légèrement moins de 4 contre 1), ce n'est pas le principal problème. La véritable difficulté est que vous êtes pris en sandwich. Si vous payez, les joueurs B, F et G sont toujours actifs après vous, et ils peuvent tous relancer. Vous ne savez pas réellement combien cela vous coûtera de jouer ce coup ou combien il y a aura de joueurs contre vous. Vous serez également dans la pire position possible après le flop. Dans ces circonstances, Dame-Valet dépareillés n'est pas une assez bonne main pour entrer dans le coup. Il est clair que vous devez passer.

Notez que si votre cote du pot était nettement meilleure, disons 6 contre 1 ou 7 contre 1, vous pourriez alors suivre même dans ces circonstances non favorables.

L'action : Vous passez.

Au flop, vous ou votre adversaire pouvez déjà avoir touché un énorme jeu. Cependant, il est plus probable que vous n'ayez pas amélioré, ou très peu, et que cela soit également le cas de votre adversaire.

Sixième partie

Sixième partie

Miser

Miser

au flop

au flop

INTRODUCTION

Le flop est un moment déterminant dans un coup de hold'em no-limit. 60% du tableau sont soudain révélés. Vous ou votre adversaire pouvez déjà avoir touché un énorme jeu. Cependant, il est plus probable que vous n'ayez pas amélioré, ou très peu, et que cela soit également le cas de votre adversaire.

Quand vous voyez les coups diffusés à la télévision, la plupart des mises, parfois même toutes, sont faites avant le flop. Cela se produit souvent à la fin d'un tournoi quand les blinds et les antes sont importants par rapport au montant total des jetons en jeu. Mais tout au long d'un tournoi, ce n'est pas toujours le cas. Vous allez devoir analyser la texture du flop et jouer votre main au flop : décider entre autres de miser, de suivre ou de relancer et prendre votre décision en fonction de ce que peut vous rapporter chacune de ces options.

Pour le dire autrement, beaucoup plus de choses se passent à ce moment-là que ne le pensent la plupart des débutants. Jouer au flop (et lors de l'ouverture des cartes qui vont suivre) peut être très complexe. Lisez donc ce chapitre attentivement.

30

LA TEXTURE DU FLOP

Quand vous êtes dans un coup et que le flop apparaît, il y a deux choses que vous souhaitez voir se produire :

1. Vous voulez que le flop améliore votre jeu.

2. Vous voulez que le flop n'améliore pas le jeu de votre adversaire.

Vous pouvez tout de suite savoir si le flop a amélioré votre jeu mais vous devez surtout déduire si le flop a aidé ou non votre adversaire. Au poker, on appelle cela *analyser la texture du flop*. Une bonne texture (pour vous) signifie soit que le flop n'a probablement pas aidé une main qui vous aurait raisonnablement suivi avant le flop, soit que le flop a probablement aidé une autre main, mais moins que la vôtre. Des textures du flop mauvaises ou dangereuses signifient que le flop peut très bien avoir aidé d'autres joueurs mais pas vous. Etudions quelques exemples et voyons à quoi ressemblent une bonne et une mauvaise texture du flop.

Exemple n°1
Vous êtes au bouton avec

Un joueur en milieu de parole fait une modeste relance, un joueur juste après lui paye et vous choisissez de suivre avec Q♠J♠. (Nous ne nous occupons pas pour le moment de savoir s'il était judicieux ou non de suivre avec cette main.) Dans tous les cas, le flop vous laisse avec une paire de Dames.

1. **Flop A :** Q♥8♠2♣

2. **Flop B :** Q♦T♦9♥

3. **Flop C :** A♣K♦Q♥

Quand vous analysez la texture d'un flop, gardez les faits suivants à l'esprit :

1. **Les gens aiment jouer les As (tout particulièrement sur Internet).**

2. **Les gens aiment jouer des cartes assorties. (Lors de tournois en ligne, tout particulièrement dans les premiers niveaux, vous serez face à de nombreux adversaires qui jouent n'importe quelles cartes assorties.)**

3. **Les gens aiment jouer deux figures.**

Ces choses étant dites, *que devons-nous penser de nos trois flops ?*

Réponse : Le flop A offre clairement une très bonne texture. Il n'y a pas de couleur au tableau, les cartes sont déconnectées les unes des autres, il n'y a donc pas de quinte possible. De plus, il n'y a pas de figure à part notre Dame. Vous ne pouvez qu'aimer ce flop, vous avez très probablement la meilleure main ici, vous devriez envisager de miser de manière agressive.

Le flop B n'est pas aussi bon pour vous. Vous avez une paire de Dames et un tirage quinte par les deux bouts mais un joueur ayant Roi-Valet peut avoir déjà touché sa quinte. De plus, il y a deux cartes de la même couleur au tableau, donc un joueur peut très bien être sur le tirage couleur à carreau. Vous devrez jouer ce coup très prudemment.

Le flop C est encore pire. Maintenant vous avez une paire de Dames et un tirage à quinte ventral (un Dix vous donne la quinte). Mais vous êtes donné grand perdant contre tout joueur ayant un As ou un Roi, ce qui est très probable. De plus, un joueur jouant Valet-Dix a déjà touché sa quinte. A moins que les mises soient faibles, vous devriez jeter vos cartes.

Vous pouvez utiliser la texture du flop pour essayer de voler des pots.

Exemple n°2
Vous avez suivi avant le flop avec

Un autre joueur qui a la position sur vous est resté dans le coup. Voici le flop :

Que devriez-vous faire ?

Réponse : C'est une bonne situation pour vous. Vous devriez miser environ la moitié du pot. Oui je sais, vous n'avez absolument rien touché au flop. Mais il est fort probable que ce soit également le cas de votre adversaire. Il n'y a pas de couleur ni de quinte au tableau, ni aucune des cartes que les joueurs aiment jouer.

Dans une situation comme celle-ci, le premier joueur qui mise remporte en général le pot. Soyez donc ce joueur. D'après mon expérience, vous gagnerez ce pot environ une fois sur deux, en misant la moitié du pot (et vous pourrez aussi gagner si toutefois vous êtes payé). Et en misant la moitié du pot, vous obtenez une cote de 2 contre 1 sur votre mise.

Exemple n°3
Une fois encore, vous payez avant le flop avec

Cette fois, il y a de nouveau quatre autres joueurs dans le coup, et vous êtes encore deuxième à parler. Le flop est

Le premier joueur checke. ***Que devriez-vous faire ici ?***

Réponse : Vous ne devriez pas vous impliquer dans ce coup, même si la texture est bonne. Il y a trop de joueurs à agir après vous et, en vertu du nombre de joueurs dans le coup, ils ne peuvent pas tous avoir de grosses cartes. Quelqu'un a probablement touché quelque chose sur ce flop. Les joueurs feront probablement le même raisonnement que le vôtre en sachant qu'ils ont la bonne position. Checkez simplement et jetez votre main si quelqu'un mise.

31 Analyse de flops pour des mains standard

Certains flops conviennent tout particulièrement à certaines mains. Voyons certaines mains typiques et ce que nous pensons de différents flops.

Main de départ n°1 : A♦A♣
Vous avez relancé de quatre fois la grosse blind en troisième position et avez été suivi par un joueur en sixième position.

C'est la meilleure main de départ possible, bien sûr, mais savez-vous au moins le flop que vous aimeriez vraiment voir avec cette main ? La réponse pourrait vous surprendre !

Flop n°1 : 3♠3♦3♥
Ce flop, et quelques autres du même genre, sont ce que vous pouviez voir arriver de mieux. Vous avez touché le full max, mais plus important encore, votre adversaire peut avoir touché un full inférieur au vôtre !

Notez que vous n'avez pas besoin de jouer ce coup en embuscade. Prenez simplement l'initiative des mises et attendez que votre adversaire vous suive.

Note : Mesurez combien ce flop est préférable à A♠3♦3♥, où vous auriez touché un full encore supérieur, mais où votre adversaire n'aurait probablement pas touché mieux que deux paires, et aurait été effrayé par la présence de l'As au flop.

Flop n°2 : J♠5♦5♥

Vous ne verrez pas le flop n°1 très souvent mais voici un flop que vous aurez fréquemment l'occasion de voir et qui est également excellent pour vous. Ce flop peut donner à votre adversaire deux paires, qui perdront contre vos deux paires. Avec cette main, contre un joueur large, vous devez checker pour le piéger.

En revanche, il vous faut miser contre un joueur serré qui pourrait craindre de le faire à votre place. Faites attention à ne pas donner une carte gratuite à un joueur que vous imaginez avec une paire et qui ne prendra pas l'initiative de miser.

Flop n°3 : A♠K♦Q♥

C'est un bon flop pour vous, mais qui pourrait ne pas vous rapporter grand chose. Vous aimeriez que votre adversaire ait deux Rois ou deux Dames, mais dès lors qu'il ne vous a pas sur-relancé avant le flop, c'est peu probable. Misez. S'il a une paire comme T♦T♣, il sait que sa main ne vaut plus rien et le fait que vous checkiez ne le poussera pas à miser. Prenez simplement l'initiative et attendez de voir si vous pouvez gagner un peu d'argent.

Flop n°4 : Q♠J♦T♥

C'est un flop que vous n'aimez pas du tout. Les cartes sont assez grosses pour que des joueurs encore dans le coup aient touché quelque chose. Il y a également la possibilité que vous ayez un tirage quinte contre vous. Commencez par checker avec vos deux As et préparez-vous à suivre deux modeste mises.

Flop n°5 : 9♠8♠7♠

Celui-ci n'est pas mauvais si vous avez l'As de cette couleur, mais dans le cas contraire, il n'est pas bon du tout à cause de toutes les quintes et couleurs possibles. Les cartes sont plus petites que dans le flop n°4, il est donc peu probable que vos adversaires aient amélioré leurs mains. Prenez l'initiative avec une mise et essayez de découvrir de quoi il retourne.

Flop n°6 : Q♠9♦4♥
Voilà un bon flop. Vos deux As sont certainement encore bons. Prenez l'initiative et espérez que votre adversaire ait touché quelque chose.

Main de départ n°2 : K♦K♣
Vous avez relancé en troisième position. Cette fois, vous avez été payé par deux joueurs après vous.

Une paire de Rois est évidemment une très bonne main mais elle n'est pas invincible. Votre signal d'alarme devrait sonner si un As apparaît au flop. Cela se vérifie encore plus sur Internet où les joueurs suivent religieusement lorsqu'ils ont en main un As accompagné d'une petite carte.

Flop n°1 : A♠K♦7♥
C'est un excellent flop. Il est plus que probable qu'un joueur ait touché une paire d'As. Il est donc fin prêt à perdre tout son argent. Le jeu que je recommande est soit de checker, soit de miser en premier en faisant une petite mise.

Flop n°2 : A♠Q♦T♥
Un flop dangereux, bien qu'il vous donne un tirage quinte ventral. Il est essentiel ici de définir votre main d'un seul coup. Prenez l'initiative avec une mise importante, peut-être des deux tiers du pot. Checker ici est hors de question parce que vous n'auriez alors aucune information sur le jeu de vos adversaires s'il l'un d'eux misait par la suite.

Flop n°3 : A♠5♦3♥
Pas aussi mauvais que le flop n°2, mais il reste dangereux à cause de l'As. Vous devez prendre l'initiative une fois encore. Si vous êtes relancé, vous n'avez plus rien à faire dans ce coup.

Flop n°4 : 9♠8♠7♠ (mais vous n'avez pas le K♠)
Vous êtes probablement gagnant pour l'instant mais le nombre de tirages possibles est trop important. Misez entre les trois quarts du

et la totalité du pot. Vous devez immédiatement écraser toute résistance en éliminant les mains à tirage.

Main de départ n°3 : 9♦9♣
Il y a eu une relance de deux fois la grosse blind du joueur situé en cinquième position. Le joueur assis en sixième position a suivi et vous avez payé au bouton.

Une paire de Neuf n'est pas une main fantastique, mais jusqu'ici aucun de vos adversaires n'a montré de force particulière.

Flop n°1 : A♠9♦4♥
Votre flop idéal. Avec un peu de chance, l'un de vos adversaires est entré dans le coup avec un As accompagné d'une petite carte ou d'une carte intermédiaire. Votre problème va être d'évaluer correctement la situation afin de savoir s'il vous faut miser ou tendre un piège s'ils checkent avant vous, et s'il vous faut relancer ou jouer en embuscade s'ils misent.

Flop n°2 : A♠Q♦5♥
Un mauvais flop. Vous êtes très probablement déjà battu, avec très peu de chance d'améliorer. Jetez votre jeu si quelqu'un mise.

Flop n°3 : 7♠4♦2♥
Un bon flop car vous avez une paire supérieure aux cartes du flop. Si les deux joueurs checkent avant vous, misez environ les deux tiers du pot.

Flop n°4 : J♠J♦6♥
C'est également un bon flop. Si personne n'a de Valets, vous avez probablement le meilleur jeu pour l'instant. Si les deux joueurs checkent avant vous, misez les deux tiers du pot. Si un joueur mise et si l'autre passe avant vous, payez simplement.

Vous avez toujours votre place dans ce coup à moins qu'un joueur fasse une grosse mise, auquel cas vous devrez prendre une décision difficile.

Flop n°5 : 8♠8♦6♥
Un autre bon flop car votre paire est supérieure aux cartes du tableau. Si un joueur checke et si l'autre mise avant vous, vous pouvez suivre. Si un joueur mise et s'il est payé, ce dernier a presque à coup sûr une paire en main. Là encore vous pouvez suivre.

Main de départ n°4 : J♠T♠
Deux joueurs ont suivi avant vous, vous avez fait de même. Un autre joueur paye après vous. Vous êtes troisième à parler après le flop.

Flop n°1 : A♠K♦Q♥
Un flop fantastique, évidemment. Laissez les autres joueurs prendre l'initiative de miser.

Flop n°2 : 9♠8♠3♥
Un autre très bon flop. Bien que votre jeu ne soit pas encore fait, vous avez 15 outs avec deux cartes à venir, vous êtes donc favori. (Ne faites pas l'erreur de compter deux fois les mêmes cartes. Dans le paquet, il y a encore neuf piques qui vous aident, plus quatre sept et quatre Dames. Cependant le 7♠ et la Q♠ appartiennent aux deux groupes, donc 15 cartes seulement vous améliorent, et non pas 17. Les autres Valets ainsi que les Dix peuvent vous donner le jeu gagnant, mais vous ne pouvez pas en être certain.) Vous devriez prendre l'initiative et ne pas vous inquiéter si vous êtes payé.

Flop n°3 : 8♦5♥2♣
Une bonne texture de flop, bien que vous n'ayez rien touché. Vous avez au moins deux cartes supérieures à celles du flop et on peut penser qu'aucun joueur n'a amélioré. Si les joueurs avant vous checkent, essayez de voler le pot.

Flop n°4 : 8♦7♥4♣
C'est un peu mieux que le précédent flop car vous avez également le tirage quinte ventral. Les Valets, les Dix et les Neuf sont tous des outs pour vous. Vous devriez jouer ce coup en tentant un semi-bluff et prendre l'initiative de miser.

Flop n°5 : Q♦9♠3♣
Un bon flop, avec un tirage quinte ainsi qu'un tirage couleur possible dit "backdoor" (si deux piques consécutifs viennent au tableau). Un tirage quinte ouvert signifie huit outs, on peut compter l'équivalent de 1,5 out pour le tirage couleur possible. Si les deux premiers joueurs checkent, vous pouvez soit miser et faire un semi-bluff ou checker avec l'espoir de voir ainsi une carte gratuite.

Main de départ n°5 : 6♦6♣
Vous suivez en cinquième position, le bouton et la petite blind payent également. La grosse blind checke.
Avec une petite paire, le nombre de très bons flops diminue. A moins de toucher un brelan, vous devez rester prudent.

Flop n°1 : A♠J♦9♥
Un mauvais flop, mais qui a le mérite de ne pas vous coûter d'argent. Quand quelqu'un mise, vous passez.

Flop n°2 : J♠J♦5♥
Celui-ci est modérément bon. Si personne n'a de Valet, vous avez probablement le meilleur jeu avec vos deux paires. Mais restez prudent. Une mise importante vous chassera probablement du coup.

Flop n°3 : 5♠4♦3♥
Un bon flop pour miser.

Flop n°4 : 7♠5♦4♥
Un autre bon flop pour miser.

Flop n°5 : A♠Q♦6♥
Un très bon flop. Laissez un autre prendre l'initiative de miser.

Flop n°6 : Q♠7♦2♥
Vous pouvez décider de miser mais soyez conscient du fait que si vous rencontrez de la résistance, la seule main probable que vous puissiez battre est As-Roi.

32

Le value bet

Un value bet n'a rien de mystérieux ni de trompeur. Vous misez simplement votre main pour sa valeur. Vous avez débuté avec deux bonnes cartes avant le flop. Le flop vous a aidé d'une manière ou d'une autre, et vous avez maintenant une main qui semble être la meilleure, comme la paire max du flop. Que devriez-vous faire ?

Inutile d'être grand clerc pour comprendre qu'à moins d'avoir touché un jeu monstre, en général vous ne voulez pas checker lorsque vous pensez avoir le meilleur jeu au flop. Prenez l'initiative des mises avec un jeu comme la paire max et espérez que quelqu'un vous suive avec le deuxième meilleur jeu et vous paye pour ce privilège. J'aime varier mes mises dans cette situation entre la moitié et la totalité du pot. Si j'ai bien évalué la situation, je gagne plus d'argent en faisant une mise plus importante.

Mais comme je l'ai longuement expliqué auparavant, vous devez poursuivre une stratégie équilibrée afin que vos adversaires ne puissent pas vous lire facilement. Miser juste la moitié du pot pourrait faire croire à un continuation bet ou à un probe bet (présentés ci-après) et c'est un bon moyen de déguiser la force de sa main tout en engraissant le pot.

Quelle doit être la force de ma main pour je me permette de checker ? Un brelan peut être joué en embuscade, mais je ne jouerais de cette manière avec aucun jeu plus faible, sauf dans certaines circonstances exceptionnelles. Vous ne devez pas donner à votre adversaire une carte gratuite et lui permettre ainsi de toucher le jeu pour vous battre. Il vous faut donc miser lorsque vous flopez la paire max du flop ou deux paires.

Lorsque vous regardez une table finale à la télévision, vous pouvez avoir le sentiment que les joueurs checkent *toujours* avec un bon jeu au flop. Ce n'est pas vraiment le cas. A la télévision vous ne voyez qu'une table de finale, avec peu de joueurs, au moment où les blinds sont chères et où les joueurs doivent essayer désespérément d'accumuler des jetons afin de pouvoir rester dans la partie. Dans ces circonstances, il est très rare que sur un coup tous les joueurs checkent au flop. Si vous êtes le premier à parler avec une bonne main et si vous checkez, le deuxième joueur misera presque toujours pour remporter le pot. Il sait bien que vous pouvez avoir checké avec une bonne main, mais il n'a probablement pas le temps d'attendre une meilleure situation. Dans ces circonstances, checker avec la paire max du flop avec l'idée de relancer ensuite est donc tout à fait valable.

En revanche, dans les premiers niveaux d'un tournoi, vos adversaires ne seront pas désespérés au point de miser en toutes circonstances au flop. C'est pourquoi prendre l'initiative en misant votre main pour sa valeur est en général plus profitable.

33

Le continuation bet

Un continuation bet est une mise faite au flop par le plus gros relanceur d'avant le flop. Son nom vient du fait qu'il continue l'action commencée au tour d'enchères précédent. C'est une action très importante que vous utiliserez tout en la combattant en même temps pendant la durée du tournoi.

Pour qu'une mise soit qualifiée de continuation bet, les conditions suivantes sont requises :

1. Le joueur qui mise est celui qui a pris l'initiative de relancer avant le flop, ou celui qui a sur-relancé en dernier.

2. Aucune autre mise n'a encore été faite au flop.

3. Le joueur qui mise n'a pas amélioré au flop.

Dans ces conditions, le joueur ayant relancé en premier préflop peut envisager de faire un continuation bet, même si le flop ne l'a pas aidé.

Quand vous faites un continuation bet, vous espérez évidemment remporter le pot tout de suite. Vous n'ayez pas amélioré au flop, c'est vrai, mais vos adversaires ne le savent pas. Ils peuvent également être dans la même situation. Comme vous avez annoncé une force certaine avant le flop, votre adversaire présume probablement que vous avez une meilleure main que la sienne et s'il n'a rien touché au flop, le fait que vous misiez l'incitera tout naturellement à jeter son jeu.

Exemple n°1
Vous êtes en début de parole et vous touchez

Les blinds sont de $50/$100 et vous relancez à $300. Un joueur en fin de parole vous suit. Le pot est maintenant de $750. Le flop est

(avec une carte de votre couleur). ***Devriez-vous miser ? Si oui, de combien ?***

Réponse : Un continuation bet entre $350 et $400 me semble approprié dans ce cas. Il est possible que votre adversaire ait amélioré sa main avec le Roi au flop, mais il est plus que probable que ce ne soit pas le cas. Si votre adversaire vous a suivi avec une paire de Sept, par exemple, il peut comprendre que les deux cartes supérieures aux siennes au flop réduisent d'autant ses chances d'améliorer avec les deux cartes encore à venir et jeter sa main.

Un continuation bet est une sorte de semi-bluff. C'est une action qui peut fonctionner de plusieurs manières. Vous pouvez avoir le meilleur jeu et votre mise vous permet d'alimenter le pot. Vous pouvez avoir le plus mauvais jeu, mais votre mise chasse vos adversaires du coup. Même si vous avez le plus mauvais jeu et si votre adversaire vous a suivi, votre mise pourrait l'inciter à checker au tour d'enchères suivant, vous donnant ainsi une carte gratuite.

Pour qu'un continuation bet soit une action profitable, le montant de la mise doit être soigneusement choisi par rapport au montant du pot. Dans l'absolu, vous souhaitez remporter le pot tout de suite. *Si vous misez trop cher, vous perdrez trop d'argent si votre adversaire décide de vous suivre avec une meilleure main que la vôtre. Si vous ne misez pas assez, vous offrirez à votre adversaire la cote du pot nécessaire pour vous suivre avec un tirage.* Aucune de ces deux situations n'est bonne pour vous, c'est pourquoi choisir le montant exact que vous devez miser est si important.

J'aime que mon continuation bet soit d'environ la moitié du pot : un montant assez raisonnable pour que je ne perde pas trop si je suis payé, mais suffisamment important pour chasser du coup bon nombre de mains à tirage. Quand vous misez la moitié du pot, vous n'avez besoin de remporter le coup qu'une fois sur trois pour ne pas être perdant sur le long terme. En même temps, vous ne donnez pas une cote très intéressante à votre adversaire. Supposez que vous misiez $100 pour un pot de $200. Du point de vue de votre adversaire, il devra maintenant payer $100 pour jouer un pot de $300. Sa cote du pot pour suivre est donc de 3 contre 1. La majeure partie des mains à tirage nécessitent de meilleures cotes que celle-ci.

Alors pourquoi ne pas miser un peu moins pour avoir une meilleure cote ? Si vous faites un continuation bet, disons d'un tiers du pot, vous n'aurez besoin de gagner qu'une fois sur quatre, mais en offrant une meilleure cote à vos adversaires pour suivre (4 contre 1), la logique fera que de nombreux joueurs suivront votre mise. D'un autre côté, si vous misez davantage pour chasser les joueurs du coup, vous perdrez trop d'argent si vous êtes payé. Miser la moitié du pot est un choix équilibré qui, dans la plupart des cas, vous confère le meilleur ratio risque/rentabilité.

N'oubliez pas, cependant, tout comme à chaque fois que vous misez, d'essayer de dissimuler à vos adversaires ce que vous êtes en train de faire.

Bien qu'une mise de la moitié du pot soit idéale, vos mises devront varier autour de ce montant, disons dans une fourchette de 40%-70%. Misez le montant que vous voulez entre ces deux extrêmes, cet éventail de mises sera assez large pour empêcher vos adversaires de comprendre le sens de vos actions.

Il n'est pas nécessaire qu'il n'y ait que des petites cartes au flop pour que celui-ci soit bon pour un continuation bet.

Exemple n°2
En quatrième position, vous avez relancé avant le flop avec

Le joueur en sixième position vous a suivi et tous les autres joueurs ont passé. Très souvent, lorsque des joueurs suivent une relance pré-flop alors qu'ils sont en fin de parole, cela signifie qu'ils ont une petite paire ou une paire intermédiaire en main. Un joueur avec une grosse paire ou As-Roi aura tendance à relancer, alors que bon nombre d'autres mains contenant des figures auront été jetées.

Le flop est

C'est une texture de flop favorable pour vous, vous devriez prendre l'initiative avec un continuation bet. Dans le cas fort probable où votre adversaire a une petite paire ou une paire intermédiaire en main, vous devez lui faire croire que vous avez un meilleur jeu que lui et que sa main ne vaut plus rien.

Dans la même situation, un flop comme

serait plus inquiétant, mais vous devriez quand même faire un continuation bet car il est toujours possible que votre adversaire détienne une main qu'il sera prêt à jeter.

Exemple 3
Vous avez relancé en sixième position avec

et vous avez été suivi par le joueur au bouton. Le flop est

et c'est un très mauvais flop pour vous. Il a pu améliorer votre adversaire de plusieurs manières. Ne tentez pas un continuation bet dans ce cas. Checkez simplement et essayez de voir une carte gratuite. Passez s'il mise.

34

Le probe bet

Un probe bet est similaire à un continuation bet, à ceci près que vous n'êtes pas le joueur qui a relancé avant le flop et que ce dernier a décidé de checker au flop.

Un probe bet vous donne une chance de remporter le pot tout de suite mais vous permet également d'évaluer votre jeu en poussant le relanceur du tour précédent à agir, qu'il jette, suive ou relance. Selon son action, vous aurez une idée plus claire de la manière dont vous devez jouer le coup.

Exemple n°1
Vous êtes en fin de parole et vous détenez

Les blinds sont de $50/$100. Le joueur A, en milieu de parole, a ouvert en relançant à $200. Vous avez suivi. Le pot est maintenant de $550. Le flop est

et le joueur A checke. ***Que devriez-vous faire ?***

Réponse : Dans ce cas de figure un probe bet est approprié. Vous pouvez avoir le meilleur jeu pour le moment car il n'y a qu'une seule carte supérieure à votre paire au flop. Si vous n'avez pas le meilleur jeu, il est important pour vous de savoir où vous en êtes avec votre main, et le plus tôt sera le mieux. Si vous checkez, vous n'aurez aucune information supplémentaire à votre disposition.

Faites donc une mise d'environ $200. Soit vous remporterez le pot tout de suite, soit vous aurez une idée plus claire de la valeur de votre jeu sur ce coup.

J'aime que le montant de mes probe bets soit légèrement inférieur à celui de mes continuation bets car je suis au départ dans une situation moins favorable. (C'est mon adversaire et non moi qui a relancé au tour d'enchères précédent.) Entre 30 et 50% du pot est un bon éventail de mises.

Vous pouvez également faire des probe bets lors des tours d'enchères suivants. Vous pouvez, par exemple, relancer en premier avant le flop, checker au flop, et faire un probe bet à la quatrième carte du tableau. Une approche comme celle-ci vous permet d'obtenir plus d'informations (si votre adversaire coopère) avant d'investir vos jetons.

GÉRER DES SCÉNARIOS PLUS COMPLEXES

Après le flop et la première mise, les configurations possibles sont si nombreuses qu'il ne serait pas facile de les regrouper sous forme de catégories. La meilleure approche est d'étudier attentivement les problèmes de ce chapitre, lesquels vous présentent la manière de raisonner pour vous en sortir au milieu de ce labyrinthe.

Dans tous les problèmes, veillez à mettre en relation les mises que votre adversaire fait après le flop avec les mises qu'il avait faites avant le flop. Quand les deux actions manquent de cohérence, cela doit faire hurler votre alarme intérieure. Il est probablement en embuscade… ou tout simplement en train de bluffer.

35

Bien jouer "avant" ou "après" le flop ?

Si vous avez souvent fréquenté les tournois, vous avez sûrement entendu certains joueurs être qualifiés de "très bons joueurs avant le flop" alors que d'autres sont plutôt décrits comme "de très bons joueurs après le flop".

De quoi sommes-nous en train de parler ici ? Pourquoi un bon joueur ne serait-il pas capable de bien jouer avant *et* après le flop ?

Tous les meilleurs joueurs de la terre jouent, bien sûr, au moins de manière acceptable dans les deux situations. Mais "bien jouer avant le flop" requiert des talents quelque peu différents de "bien jouer après le flop". C'est pourquoi certains joueurs font preuve de plus d'habileté dans une phase du coup plutôt que dans l'autre.

Avant le flop, vous avez relativement peu d'informations sur lesquelles baser vos décisions. Vous connaissez votre propre main, bien sûr, et vous avez certaines indications comme la position et les habitudes de mises de vos adversaires. En revanche, vous n'êtes en général pas le dernier joueur à parler et vous êtes donc forcé d'opérer à l'aveugle. Bien jouer avant le flop requiert une acuité, de l'intuition, et un courage considérable.

Après le flop, beaucoup plus d'informations sont à votre disposition pour travailler. Vous avez vu un tour entier d'enchères, ainsi que le flop, sans oublier la réaction de vos adversaires au flop. Vous pouvez désormais miser d'une manière qui vous permettrait d'influencer le déroulement du coup et de vous situer sur ce coup. Un bon jeu après le flop est davantage analytique. Les qualités essentielles sont maintenant la logique, la planification et l'habileté.

Au fur et à mesure que vous perfectionnerez votre jeu de no-limit, vous essayerez de bien jouer les deux phases du jeu. Mais si vous êtes comme la plupart des joueurs, vous vous découvrirez tout naturellement des prédispositions pour l'une ou l'autre de ces phases.

PROBLÈMES

Les problèmes 6-1 et 6-2 vous montrent les dangers de toucher au flop une petite paire ou une paire intermédiaire. Vous devez être prudent après le flop et être prêt à jeter votre main dès que le danger apparaît.

Les problèmes 6-3 à 6-8 traitent des continuation bets. Au fur et à mesure que vous avancerez dans les problèmes, vous noterez qu'un continuation bet est surtout efficace contre un seul adversaire, un peu moins contre deux adversaires et dangereux contre trois adversaires ou plus.

Les problèmes 6-9 à 6-11 traitent des probe bets. Prêtez une attention toute particulière au problème 6-9, lequel insiste sur la nécessité d'une réflexion claire et logique à la table. Le problème 6-11 montre toute la force qu'il peut y avoir à se contenter de traiter la plupart des coups de la façon la plus évidente.

Certains exemples d'analyse de la texture du flop sont donnés dans les problèmes 6-12 à 6-14. Prêtez attention au danger qui vous guête si vous ne tenez pas compte de l'aide qu'a pu apporter le flop aux autres joueurs.

Savoir tendre un piège après le flop avec une main très forte est un autre talent essentiel. Les problèmes 6-15 et 6-16 vous en donnent un aperçu.

Les deux problèmes restants couvrent deux sujets divers. Le problème 6-17 montre le danger de donner une carte gratuite. Le problème 6-18 illustre bien l'intérêt qu'il peut y avoir à laisser votre adversaire prendre les décisions difficiles à votre place.

Coup 6-1

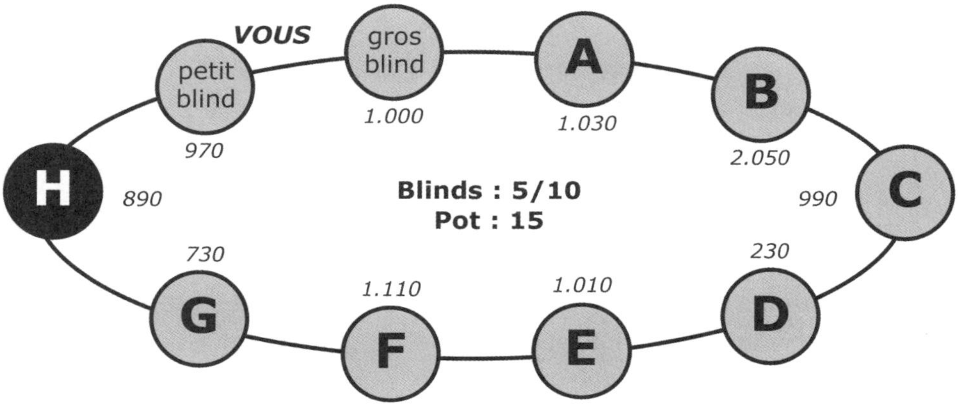

Votre main	Enchères avant vous
	Les joueurs A, B et C suivent tous. D et E passent. Le joueur F suit. Les joueurs G et H passent. Le pot est de $55.

La situation : Au début d'un satellite à une table.

Question : *Est-ce que vous restez dans le coup ?*

Réponse : Oui, bien que cette main ne suscite pas en vous un enthousiasme démesuré. Vous êtes de petite blind, cela ne vous coûte que $5 pour suivre ce pot de $55, ce qui représente une cote irrésistible. Vous avez une chance de toucher au flop une couleur max, ou plus vraisemblablement un tirage couleur max, et vous pourriez toujours toucher des As ou des Sept.

Gardez cependant à l'esprit que vous suivez avec une main fondamentalement faible en étant en début de parole. Soyez prudent au flop.

L'action : Vous suivez et la grosse blind checke. Le pot est maintenant de $60.

Le flop : 7♥3♣2♣

Question : Vous êtes le premier à parler. *Que faites-vous ?*

Réponse : La première des règles : ne vous emballez pas. Bien sûr, vous avez touché la paire max du flop, mais vous êtes dans la pire position qui soit, contre cinq adversaires (!), et vous n'avez touché ni votre tirage couleur ni un autre As. Certains joueurs, en voyant qu'ils ont touché la paire max du flop, pensent immédiatement qu'ils ont un super jeu. En fait, beaucoup de choses pourraient vous inquiéter ici, en commençant par le tirage couleur au tableau.

N'oubliez pas que l'action est rapide et débridée en ligne et lors de satellites. Les joueurs adorent entrer dans les coups avec deux cartes assorties. (En fait, tous vos adversaires ici peuvent avoir deux cartes assorties !) Vous pouvez très bien être face à deux tirages couleur qui vous battront s'ils touchent leur carte améliorante.

Je vous ai annoncé les mauvaises nouvelles, mais maintenant vous devez quand même prendre une décision. Vous avez la paire max du flop avec le kicker max, vous êtes donc autorisé à miser votre main pour sa valeur.

Cela n'a aucun sens de checker, parce qu'avec cinq autres joueurs dans le coup, quelle que soit la carte qui viendra à la quatrième, elle sera dangereuse. Je miserais ici, peut-être les deux tiers ou les trois quarts du pot ($40 ou $45). Vous pouvez gagner le pot tout de suite, ou au moins réduire l'opposition et éliminer les curieux.

L'action : Vous misez $55. La grosse blind et les joueurs A et B passent. Le joueur C vous suit. Le joueur F passe. Le pot est maintenant de $170.

La turn : 7♥3♣2♣T♦

Question : *Et maintenant ?*

Réponse : C'est une bonne séquence pour votre jeu. Vous avez éliminé quatre de vos adversaires sur cinq, et une carte d'une couleur autre que les trèfles est venue au flop. Votre adversaire peut avoir touché une paire avec le Dix, mais c'est un risque que vous êtes bien obligé d'accepter.

Ici, vous devriez miser environ $100. S'il est sur un tirage couleur (le danger le plus probable), vous ne lui donnez pas la cote correcte pour suivre. En effet, il devrait payer $100 pour suivre alors que le pot est de $270. C'est léger par rapport à sa cote de 4 contre 1 de toucher sa couleur à trèfles. Vous ne voulez pas miser trop d'argent afin de ne pas trop vous engager dans le coup.

L'action : Vous misez $160 et le joueur C paye. Le pot est maintenant de $490.

C'est à mon avis une mise trop importante, tout comme la première mise. Notez bien ce qui est en train de se passer. Vous construisez un pot de plus en plus gros, mais vous ne savez pas ce que vaut votre jeu, ni même si vous êtes favori. Quand vous pensez être favori mais que vous ne pouvez pas en être certain, essayez d'atteindre vos objectifs avec des mises moins importantes.

La river : 7♥3♣2♣T♦9♣

Question : *Et maintenant ?*

Réponse : Vous devez checker. Il a suivi vos mises de $55 et $160, et cela n'aurait aucun sens de croire qu'il l'ait fait à moins d'avoir déjà du jeu ou un tirage. S'il avait un tirage, il vient de toucher sa couleur. S'il a un bon jeu, il est probablement meilleur que votre paire de Sept. Il n'y a donc aucune raison de miser.

L'action : Vous checkez, et il fait tapis. *Est-ce que vous payez ?*

Réponse : Non. Il dit que vous êtes battu et vous n'avez absolument aucune raison de douter de lui. Jetez votre main.

Coup 6-2

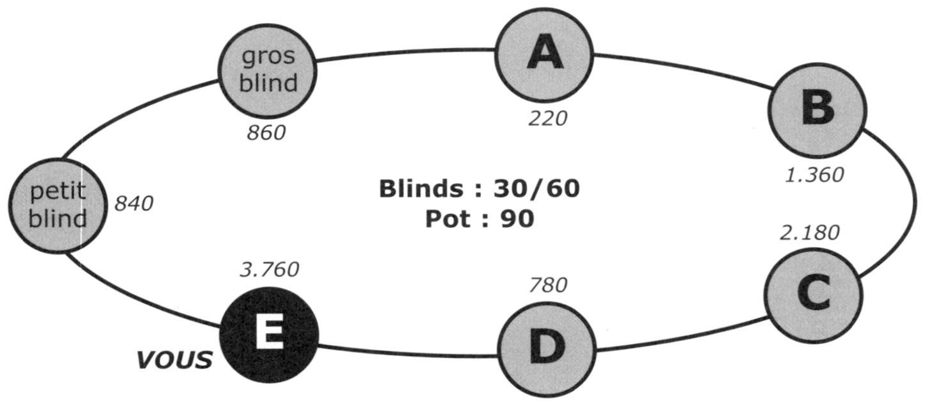

Votre main	Enchères avant vous
	Les joueurs A à D passent tous.

La situation : Au milieu d'un tournoi à une table, en ligne. La grosse blind et le joueur C ont été très agressifs, attaquant sur la plupart des coups. La grosse blind a fait plusieurs check-raises au cours du tournoi.

Question : *Est-ce que vous passez, suivez ou relancez ?*

> **Réponse :** Vous devriez passer car votre main est trop faible pour jouer. Mais en réalité, le joueur qui se trouve au bouton a essayé de voler le pot.

L'action : Vous misez $120. La petite blind paye, ajoutant $90, et la grosse blind met $120, soit $60 de plus pour suivre. Le pot est maintenant de $420. *Que faites-vous ?*

Réponse : Votre tentative de vol a été une erreur pour deux raisons. La première : la grosse blind est connue pour être un joueur agressif, qui joue beaucoup de coups. Les joueurs comme lui ont tendance à chercher la bagarre quand vous essayez de voler leurs blinds. Si vous tentez une action contre eux, il vous faut donc au moins un jeu à peu près potable en main. Votre main, 8♦4♦ assortis, n'entre certainement pas dans cette catégorie.

La seconde raison : le montant de votre relance, deux fois la grosse blind, était vraiment insuffisant. Imaginez un instant que la petite blind ait passé au lieu de suivre, la grosse blind aurait alors eu besoin d'ajouter $60 pour jouer un pot de $210. C'était une invitation à suivre, et comme vous étiez au bouton, donc dans la position idéale pour tenter de voler un coup, il aurait probablement suivi avec n'importe quelle main. Pour que votre tentative de vol ait eu une chance de réussir, vous deviez miser plus de jetons, peut-être entre $180 et $200. La grosse blind aurait alors eu une décision difficile à prendre.

Après que le premier joueur a suivi et que l'autre joueur a fait une petite relance, cela ne vous coûte que $60 pour voir un pot de $420. Cette cote de 7 contre 1 est énorme, alors payez et attendez de voir ce qui se passera ensuite.

L'action : Vous payez. Le pot est maintenant de $480.

Le flop : A♠8♣3♥

L'action : Les deux blindeurs checkent. *Que devriez-vous faire ?*

Réponse : Il n'y a pas de carreaux au flop mais vous avez la deuxième paire du flop. Cependant, la présence d'un As est vraiment ennuyeuse. N'importe lequel des blindeurs peut être entré dans le coup avec un As accompagné d'une petite carte et vous tendre un piège. Sachant ce que vous savez de la grosse blind, une petite mise serait simplement perçue comme un appât. Vous devriez checker pour voir une carte gratuite.

Si vous n'aviez eu aucune information sur le fait que la grosse blind est un joueur qui tend régulièrement des pièges, vous auriez alors pu faire un value bet standard de la moitié du pot. La mise vous aurait alors permis de vous situer et d'empêcher d'autres joueurs de rester dans le coup avec des tirages pour vous battre.

L'action : En réalité, vous misez $60. La petite blind passe mais la grosse blind relance à $250. *Que faites-vous ?*

Votre tentative de vol peu judicieuse vous a pour l'instant coûté $240. Il est temps d'arrêter les frais et d'abandonner le coup.

L'action : Vous passez et la grosse blind remporte le pot.

Coup 6-3

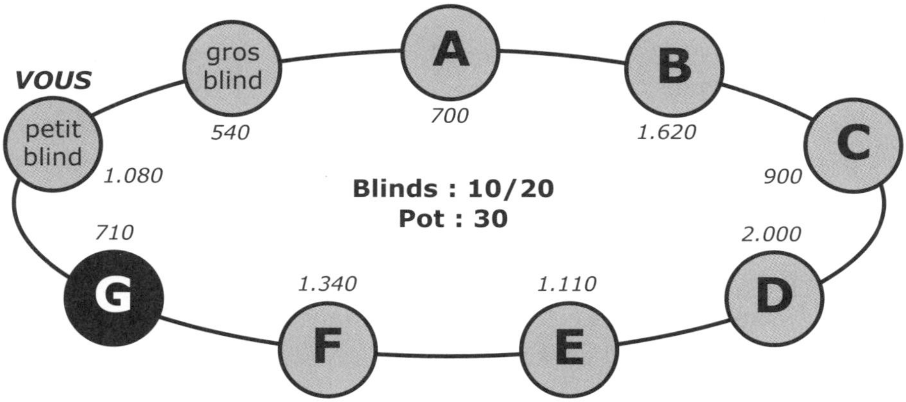

Votre main	Enchères avant vous
	Les joueurs A, B, C et D passent. Le joueur E suit. Le joueur F suit. Le joueur G passe. Le pot est maintenant de $70.

La situation : Au début d'un tournoi à une table, en ligne.

Question : *Est-ce que vous passez, suivez ou relancez ?*

Réponse : Vous avez là une main raisonnable même si votre position à partir du flop sera probablement médiocre. Vous êtes cependant contre deux joueurs qui ont juste suivi. Dans un tournoi live, cela peut indiquer une bonne main, mais en ligne, les joueurs peuvent entrer dans les coups avec pratiquement rien. Sur ce coup, vous êtes justifié à tenter quelque chose pour remporter le pot. Vous pouvez miser gros, environ $100, ce qui peut vous faire remporter le pot tout de suite. Si ce n'est pas le cas, vous avez toujours une main pour jouer et qui pourrait bien être la meilleure.

L'action : Vous relancez à $100. La grosse blind passe. Le joueur E paye. Le pot est maintenant de $260.

Le flop : 9♦7♠3♦

Question : *Que faites-vous ?*

Réponse : Ce n'est probablement pas un flop dangereux pour vous. Il est possible que votre adversaire soit entré dans le coup avec quelque chose comme Dix-Neuf ou Valet-Neuf et qu'il ait maintenant une paire. Mais en général, c'est un flop que vous êtes heureux de voir quand vous n'avez pas amélioré votre jeu.

Vous devez maintenant miser pour savoir où vous en êtes. Vous êtes face à un seul adversaire, faites donc un continuation bet standard d'approximativement la moitié du pot, disons environ $150, et voyez ce qui se passera ensuite. En misant la moitié du pot, vous avez une cote très favorable. En faisant trois fois la même mise, si vos adversaires passaient une fois, et payaient et gagnaient deux fois, vous seriez à jeu, même si vous ne gagniez jamais lorsque vous êtes payé. S'ils passent plus d'une fois sur trois, vous générez un profit à coup sûr.

L'action : Vous misez en réalité $100 et votre adversaire paye. Le pot est maintenant de $460.

La turn : 9♦7♠3♦6♣

Question : *Que faites-vous maintenant ?*

Réponse : Votre mise précédente était un peu trop faible. Elle a pu encourager une main marginale à rester dans le coup avec l'espoir que vous n'ayez rien non plus. Vous avez tenté votre chance pour remporter le pot et ça n'a pas marché, vous vous retrouvez hors de position avec une hauteur As. A ce stade, c'en est fini pour vous. Voyez si vous pouvez checker jusqu'à la fin du coup.

L'action : Vous checkez et il checke.

La river : 9♦7♠3♦6♣Q♥

Question : *Et maintenant ?*

Réponse : C'est une mauvaise carte pour vous car beaucoup de mains susceptibles de vous avoir suivies jusque-là peuvent avoir amélioré avec cette carte. Checkez et espérez qu'il checke également.

L'action : Vous checkez et il mise $100. Le pot est maintenant de $560.

Question : *Que faites-vous ?*

Réponse : Vous êtes probablement battu, mais le pot vous offre une cote de 5,4 contre 1, ce qui est tout simplement trop tentant. Payez. Votre hauteur à l'As peut être le jeu gagnant et vous serez bien payé pour l'avoir découvert.

Dénouement : Vous payez, il abat K♦Q♦ et gagne le pot avec une paire de Dames.

Vous avez été malchanceux car il n'aurait pas dû payer votre mise au flop – il pouvait être battu de trop de manières différentes. Mais votre mise était bien trop faible, la cote du pot représentait une tentation trop forte pour qu'il jette sa main.

Coup 6-4

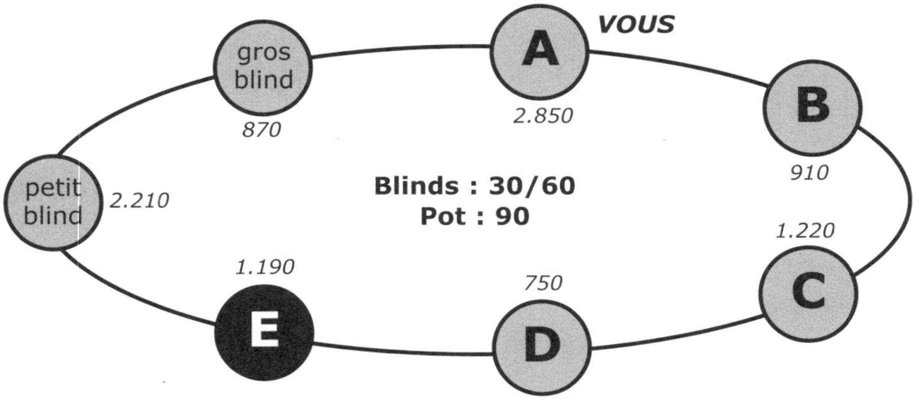

Votre main

Enchères avant vous

Vous êtes premier de parole.

La situation : Au milieu d'un tournoi satellite à une table. La petite blind et le joueur C sont des joueurs très agressifs.

Question : *Est-ce que vous passez, suivez ou relancez ?*

Réponse : À une table pleine, cette main est clairement trop faible pour ouvrir en première position. Même à une table de sept joueurs, c'est un peu moins que ce que vous devez avoir pour ouvrir : As-Valet ou As-Dix assortis. Passez.

L'action : En réalité, vous relancez à $120. Le joueur C vous paye et tous les autres joueurs passent. Le pot est maintenant de $330.

Le flop : T♦4♥3♥

Question : *Qu'allez-vous faire maintenant ?*

Réponse : Comme toujours, votre premier objectif est d'évaluer la texture du flop. Vous n'avez rien touché, bien sûr, mais c'est un flop relativement sans danger qui n'a probablement pas aidé votre adversaire non plus. Les cartes sont basses, la plus haute étant un Dix. Les deux cœurs peuvent donner au joueur C un tirage couleur, alors qu'un tirage quinte semble très improbable. Si le joueur C avait également en main As-x ou deux figures, il n'a probablement pas amélioré au flop.

Comme dans le problème précédent, vous devez faire ici un continuation bet de la moitié du pot, disons $160 et voir ce qui se passera ensuite.

L'action : Vous checkez et le joueur C checke.

Ne pas avoir pas misé ne représente qu'une erreur mineure (après tout, vous n'avez encore rien), mais le fait que le joueur C n'ait pas relancé peut être considéré comme une erreur majeure quelle que soit sa main. Toutes les raisons qui vous auraient poussé à miser auraient dû également inciter le joueur C à miser. De plus, le joueur C disposait d'une information que vous n'aviez pas : vous avez checké.

La turn : T♦4♥3♥A♦

Question : *Et maintenant ?*

Réponse : Vous avez touché votre jeu, votre adversaire ne vous a donné aucune raison de penser que vous pouviez être battu. Avec le pot à $330, le moment est venu de miser quelque chose entre la moitié et les trois quarts du pot. Vous ne voulez pas trop miser parce que vous souhaitez un peu d'action de la part d'un joueur large. Mais vous ne voulez pas miser trop peu non plus, au cas où votre adversaire serait sur un tirage couleur à cœur ou à carreau. Une mise de $200 semble un bon montant.

L'action : Vous misez \$60, et le joueur C vous suit.

La river : T♦4♥3♥A♦J♣

Question : *Devriez-vous miser à la fin ?*

Réponse : Vous n'avez pas misé suffisamment à la quatrième. Le joueur C n'a eu qu'à mettre \$60 pour suivre un pot de \$390. S'il avait un tirage couleur vous lui avez donné la cote dont il avait besoin.

Devriez-vous miser maintenant ? Habituellement oui. Il n'y a pas de tirage à couleur ni à quinte et le joueur C n'a pas agi comme un joueur ayant un As en main accompagné d'un meilleur kicker. Vous avez donc probablement toujours la meilleure main. Misez la moitié du pot et voyez ce qui se passera.

L'action : Vous checkez et il checke. Sa main est 5♥5♣ et vous remportez le pot avec votre paire d'As.

Coup 6-5

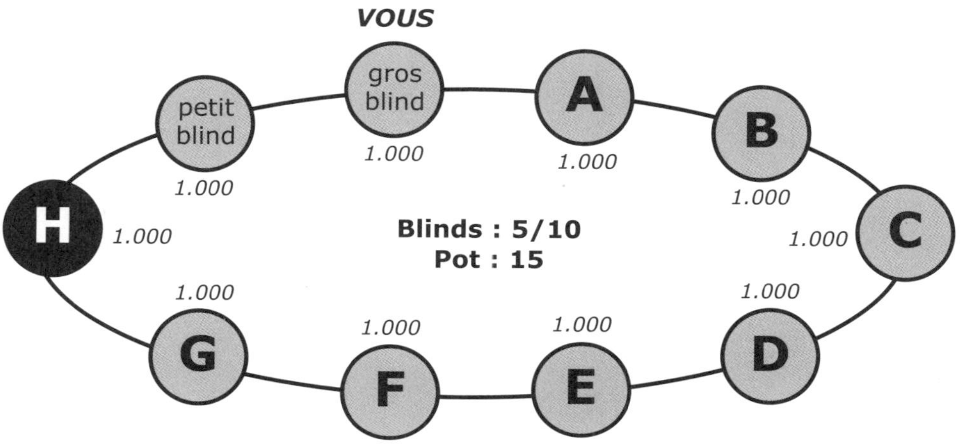

Votre main	Enchères avant vous
	Les joueurs A, B, C, D et E suivent. Les joueurs F, G et H passent. La petite blind suit. Le pot est maintenant de $70.

La situation : Premier coup d'un tournoi à une table, en ligne. Vous ne savez rien des autres joueurs.

Question : *Est-ce que vous relancez, et si oui, de combien ?*

Réponse : Sur Internet, il n'est pas rare de voir cinq ou six joueurs entrer dans un pot les premiers coups d'un tournoi. La plupart de ces joueurs jouent avec deux cartes assorties mais certains suivent avec rien, juste pour voir un flop.

Vos deux Valets sont probablement, à ce moment-là, la meilleure main, mais avec six autres joueurs dans le pot contre vous, il est peu probable qu'elle le reste après le flop. Il est essentiel de relancer et de chasser du coup certaines mains à tirage. La vraie question est de savoir de combien relancer. Lors de tournois en ligne, une relance à $50 ou à $60 ne chassera pas grand monde. Les joueurs qui suivront une mise à $10 avec pas grand-chose en main payeront aisément une relance à $50 avec la même main, une fois qu'ils auront déjà investi un peu d'argent dans le pot. Une meilleure manière de jouer serait de relancer d'environ $200. Cela correspond au triple du pot actuel et c'est suffisant pour que seules les mains légitimes restent dans le coup. Idéalement, vous voulez remporter le pot tout de suite ou vous retrouver face à un seul adversaire.

Vous ne voulez pas miser plus que ce que vous devez et, objectivement, une mise de $150 devrait suffire pour atteindre votre but. Mais les joueurs en ligne ne sont pas si objectifs et, psychologiquement, une mise de $200 semble beaucoup plus importante qu'une mise de $150 ou $180.

L'action : Vous misez seulement $150 et êtes suivi par les joueurs C et E. Le pot est maintenant de $520.

Le flop : A♦7♣2♣

Question : *Quel est votre jeu à ce moment-là ?*

Réponse : Vous n'appréciez pas qu'un As soit apparu mais vous devez jouer. Vous avez montré de la force avant le flop, vous devez donc faire un continuation bet, même si vous avez maintenant deux adversaires. Un continuation bet n'est pas aussi rentable contre deux adversaires que contre un seul car les chances sont moins grandes de voir deux joueurs passer plutôt qu'un seul. Mais c'est toujours une bonne manière de jouer dans la plupart des cas. Comme face à un seul adversaire, le bon montant est d'environ la moitié du pot. Si le pot est important par rapport aux tapis, comme ici, un peu moins de la moitié serait très convenable.

Vous devriez miser ici environ $200. C'est une manière de faire savoir à vos adversaires que le flop vous a aidé ou qu'au moins il vous convient. Bien sûr, vous voulez en réalité gagner le pot tout de suite, et si quelqu'un vous relance, vous devrez jeter votre jeu.

L'action : En fait, vous checkez au lieu de miser. Le joueur C mise $20 et le joueur E relance à $250. Il y a maintenant $790 dans le pot.

C'est pourquoi vous auriez dû miser plutôt qu'attendre. Le joueur E a-t-il relancé parce qu'il a touché une paire d'As ? A-t-il relancé parce que personne d'autre n'a montré de force et qu'il était temps de voler le pot ? Vous ne le savez pas.

N'oubliez pas que le poker est un jeu d'informations. Moins vous en avez, plus vous êtes en difficulté. Maintenant, vous devez faire une supposition raisonnable. Il y a un As au tableau, la carte qui aurait le plus poussé un joueur à suivre votre relance avant le flop. L'un de vos adversaires "dit" qu'il a une paire d'As. Votre position est mauvaise. J'arrêterais les frais et je m'en irais maintenant.

L'action : Vous passez. Le joueur C paye. La quatrième carte est un 8♠. E mise encore $250 et C le paye. La river est le 7♦ et les deux joueurs checkent. Le joueur E montre A♣6♣ et perd contre le joueur C qui abat A♠9♠.

Le joueur E a suivi initialement avec A♣6♣, ce qui est discutable, puis a relancé de manière agressive avec une paire d'As plus un tirage couleur max, ce qui est raisonnable. A la fin, son petit kicker lui coûte le coup et la plus grande partie de ses jetons.

Coup 6-6

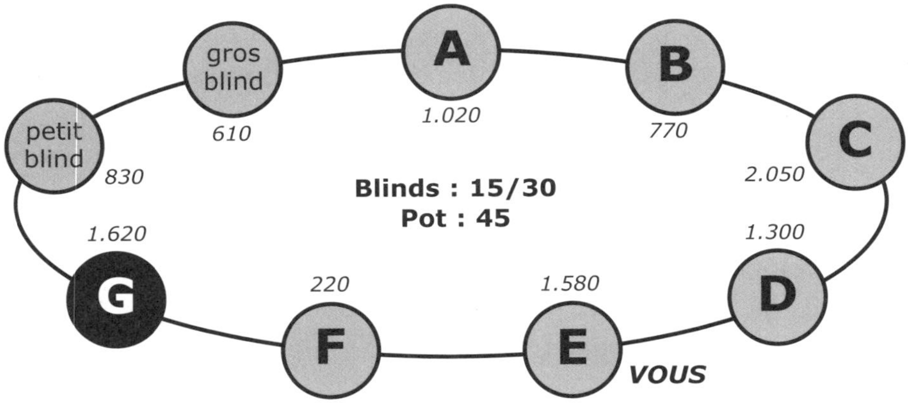

Votre main

Enchères avant vous

Le joueur A passe. Le joueur B suit. Les joueurs C et D passent.
Le pot est maintenant de $75.

La situation : Au début d'un tournoi à une table, en ligne.

Question : *Est-ce que vous suivez ou relancez, et si vous relancez, de combien ?*

Réponse : As-Dame assortis est une bonne main. Elle vaut la peine d'être jouée dans toutes les positions. Vous êtes en milieu de parole, après un seul joueur qui a suivi. Une relance est donc appropriée. Vous devriez relancer entre trois et quatre fois la grosse blind, c'est-à-dire entre $90 et $120. Tout en apportant plus d'argent dans le pot quand vous avez une bonne main, une relance a également trois autres objectifs :

1. En décourageant les joueurs après vous d'agir, cela vous aide à vous retrouver en tête à tête contre le joueur B.

2. Cela vous permet d'avoir une bonne position après le flop.

3. Cela vous permet de situer votre main. Tout joueur qui entrera dans le coup après vous entrera dans un pot qui a été relancé avant lui. Vous pourrez tabler sur le fait qu'il aura une très forte main.

L'action : Vous relancez à $100. Les joueurs F et G et les deux blinds passent. Le joueur B suit pour $70 supplémentaires. Le pot est maintenant de $245.

Le flop : 8♠7♠6♣

L'action : Le joueur B checke. *Que faites-vous ?*

Réponse : Vous devez miser. Il y a de grandes chances pour que vous ayez la meilleure main mais, si pour l'instant ce n'est pas le cas, vous pouvez toujours être favori pour gagner le pot. (Vous avez un tirage couleur max et deux cartes supérieures à celles du flop, vous avez donc beaucoup d'outs si votre adversaire reste avec vous.) De plus, votre mise pourrait faire passer votre adversaire, ce qui est plus que souhaitable. Je recommanderais une mise d'environ $160.

L'action : Vous misez en fait $200 et le joueur B vous suit. Le pot est maintenant de $645.

La turn : 8♠7♠6♣J♦

L'action : Le joueur B checke. *Est-ce que vous checkez ou relancez de nouveau ?*

Réponse : Votre mise était légèrement supérieure à celle que j'aurais aimé voir. Les joueurs font cette erreur parce qu'ils sont impatients de voler le pot et qu'ils pensent qu'une mise plus importante est plus susceptible de résoudre l'affaire. C'est parfois un peu vrai mais un joueur qui a l'intention de passer face à une mise de $200 passera presque toujours face à une mise de $160. Le joueur qui suit la mise de $200 vous a presque certainement battu à ce moment-là. (Souvenez-vous, votre jeu pour l'instant est seulement hauteur As.)

Même si je pense que le joueur B a un meilleur jeu que vous à ce moment-là, il a checké. Vous devriez donc checker également et voir une carte gratuite.

L'action : En fait vous misez $200. Le joueur B vous suit.

Mauvaise décision. Quand vous jouez de cette manière, vous devez faire une pause et penser à ce que vous êtes en train de faire. Dans ce cas, vous êtes simplement en train de jeter de l'argent par les fenêtres.

Vous avez misé au flop parce que vous aviez une chance significative que le joueur B n'ait rien et qu'il jette sa main. Au lieu de cela, il a suivi une mise de $200. Par conséquent, il a quelque chose de mieux que vous.

Le J♦ vient, cela ne vous aide pas mais cela peut l'avoir aidé. Pouvez-vous croire qu'il jettera son jeu avec cette mise de $200 alors qu'il a suivi la précédente ? Tout ce que vous êtes en train de faire est de construire un pot dans lequel vous êtes certain d'avoir le deuxième jeu avec encore une carte à venir. Ce n'est pas du très beau poker. (Vous auriez pu miser si vous aviez été premier de parole pour tenter ainsi de voir la river pour moins cher que si vous aviez checké puis payé une mise. En dernière position, toutefois, ce n'est pas justifié.)

La river : 8♠7♠6♣J♦7♦

L'action : Le joueur B checke. Que faites-vous?

Réponse : Vous checkez. Vous n'avez toujours rien et vous êtes presque certainement battu. S'il avait misé, vous auriez jeté votre main, alors soyez reconnaissant d'avoir pu voir la dernière carte gratuitement.

L'action : Vous checkez. Il montre 9♥6♥. Sa paire lui destine le pot.

Une main plus faible que celle à laquelle vous vous attendiez, mais assez bonne pour vous battre. Il n'avait aucune raison de suivre avant le flop avec cette main, mais il touche ensuite une paire plus un tirage quinte ouvert. Sa décision de suivre vos mises était donc raisonnable.

Coup 6-7

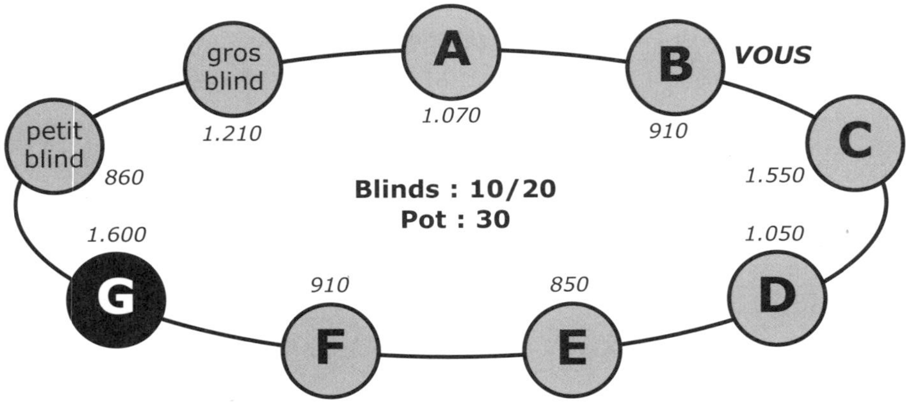

Votre main	Enchères avant vous
	Le joueur A paye.

La situation : Au début d'un tournoi à une table, en ligne. Les joueurs A et C ont été très agressifs jusque-là.

Question : *Est-ce que vous passez, suivez ou relancez ?*

Réponse : Un joueur conservateur jetterait simplement son jeu dans cette position. As-Sept dépareillés n'est pas un jeu assez fort pour jouer en début de parole. Ici, vous parlez après un joueur qui a suivi, ce qui indique une certaine force. Dès lors qu'il est connu pour être agressif, vous devez relativiser la force de sa main mais vous ne pouvez pas l'ignorer.

Les joueurs agressifs et super-agressifs aiment voler des pots, mais même ces joueurs attendent d'avoir des raisons pour le faire, comme une bonne position après le flop, ou le fait de savoir que plusieurs joueurs ont déjà jeté leurs mains. Ce n'est pas le cas ici, alors jetez simplement votre jeu.

L'action : Vous décidez en fait de relancer à $40. Tout le monde passe jusqu'à la grosse blind qui suit ainsi que le joueur A.

Le flop : J♥5♣2♠

L'action : La grosse blind et le joueur A checkent tous les deux. *Que devriez-vous faire maintenant ?*

Réponse : Il y a eu une succession de bons résultats pour vous. Pas de relance, juste deux joueurs qui vous suivent, et vous finissez en ayant la position sur eux. (Notez au passage que la grosse blind et le joueur A ont commis tous deux l'erreur de ne pas relancer et n'ont donc aucune information sur la valeur de leurs mains.) La texture du flop est également excellente : deux petites cartes, trois couleurs différentes, et toutes déconnectées les unes des autres. Il y a un minimum de chances pour que vos adversaires aient amélioré avec ce type de flop. Pour finir, les deux joueurs ont checké.

En tant qu'agresseur sur le coup, vous devez tenter quelque chose maintenant. Contre deux adversaires, vous voulez miser un peu plus que le montant habituel d'un continuation bet : quelque chose comme les deux tiers ou les trois quarts du pot. C'est assez important pour remporter le pot tout de suite si aucun des joueurs n'aime sa main, mais ce n'est pas trop cher payé au cas où vous seriez relancé.

L'action : Vous misez $100, et les deux autres joueurs passent.

"C'est le poker."

C'est ce que les joueurs disent lorsqu'ils ont subi ce qui semble être une horrible défaite, quand leur adversaire touche une quinte ventrale à la river, ou quelque chose comme ça. Mais il y a un concept-clé au poker. *Seule votre malchance est visible – votre chance passe souvent inaperçue.* Vous avez été en réalité exceptionnellement chanceux sur ce coup. Une mauvaise relance a poussé plusieurs joueurs à jeter leurs jeux, il n'y a pas eu de sur-relance, vous aviez la bonne position contre les deux seuls joueurs qui vous ont payé, ils n'ont rien touché au flop et vous avez remporté le pot.

La plupart des joueurs ramasseraient le pot d'un air suffisant, se féliciteraient eux-mêmes de leur grand talent et passeraient au coup suivant. Evitez de tomber dans ce piège. Restez conscient de votre bonne fortune ainsi que de votre malchance, et vous trouverez plus facile de maintenir votre équilibre quand les choses n'iront pas (ce qui se produira forcément tôt ou tard).

Coup 6-8

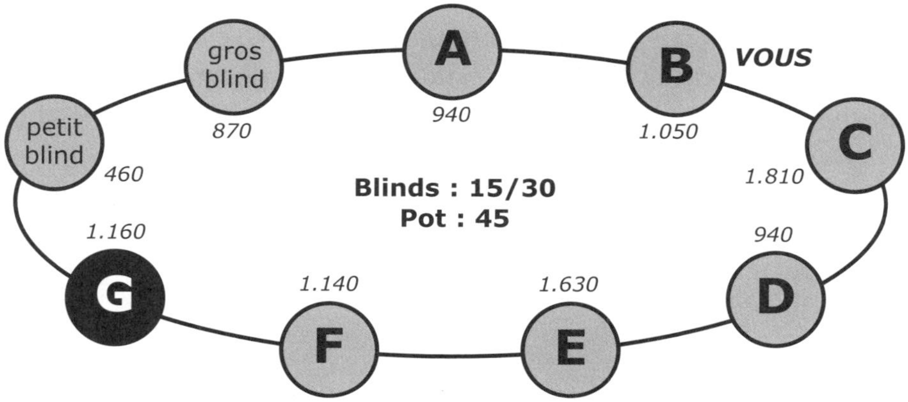

Votre main

Enchères avant vous

Le joueur A passe.

La situation : Au début d'un tournoi en ligne.

Question : *De combien relancez-vous ?*

Réponse : Vous devez faire une relance importante lorsque vous avez As-Roi en début de parole. Vous ne voulez pas que vos adversaires puissent entrer dans le coup à moindres frais. Une relance entre $120 et $150, c'est-à-dire entre quatre et cinq fois la grosse blind, paraît convenir ici.

L'action : Vous relancez simplement à $60. Les joueurs C et D payent. Les joueurs E et F passent. Le joueur G suit. Les blinds passent. Le pot est maintenant de $285.

Le flop : 8♥7♣4♦

Question : Vous êtes le premier à agir, avec trois joueurs qui vous ont suivi ensuite. *Que faites-vous ?*

Réponse : Checkez. Trois joueurs après vous, c'est trop pour faire un continuation bet. Vos chances de remporter le pot sont trop faibles et vous ne feriez que grossir le pot en ayant le plus mauvais jeu. Le flop ne vous a pas aidé, c'est certain, mais il peut avoir aidé au moins un des trois autres joueurs. Vous devez quitter ce coup.

L'action : Vous checkez. Les joueurs C et D checkent également mais le joueur G mise $230.

Question : *Que faites-vous ?*

Réponse : Passez. Vous n'avez rien et le joueur G qui a la position contre vous, dit qu'il a quelque chose. Vous n'avez aucune raison de douter de lui alors sauvez vos jetons.

L'action : Vous passez, les joueurs C et D également. Le joueur G remporte le pot.

Coup 6-9

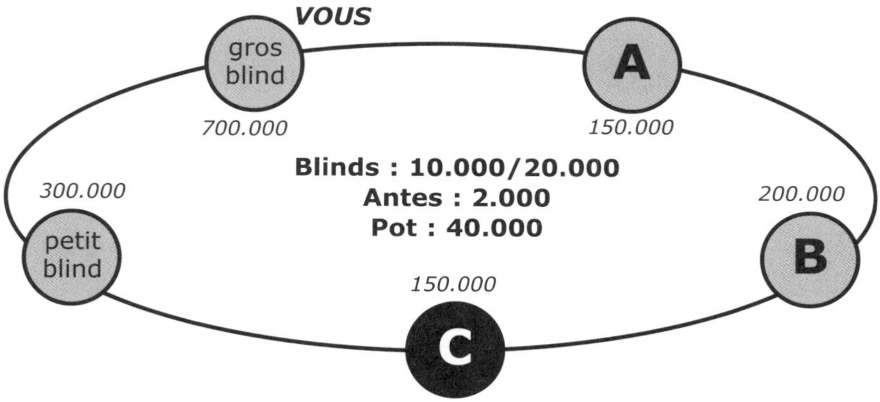

Votre main

Enchères avant vous

Les joueurs A, B et C passent tous. La petite blind relance à $35.000.

Le pot est maintenant de $75.000. Cela vous coûte $25.000 pour suivre.

La situation : Table finale d'un tournoi majeur. Vous êtes le plus gros tapis. La petite blind est un joueur très fort et performant en tournoi.

Question : *Est-ce que vous passez, suivez ou relancez ?*

Réponse : Dame-Valet n'est certainement pas une main fantastique à une table pleine. Mais ici, vous n'êtes plus nombreux à la table et trois joueurs ont déjà passé. Vous devez donc évaluer votre main dans le contexte d'une situation en tête à tête. Contre une main donnée au hasard, Dame-Valet est grand favori.

La petite blind a cependant déjà misé, dénotant ainsi une main au dessus de la moyenne. Mais la relance était curieusement faible, vous offrant une cote de 3 contre 1 pour entrer dans le coup. Quand vous savez que votre adversaire est un joueur fort, ce qui est le cas ici, soyez prudent. Une telle mise pourrait indiquer une main très forte.

Vous avez quand même la position et le pot vous offre une cote de 3 contre 1, donc vous ne pouvez tout simplement pas jeter Q♣J♠, c'est largement suffisant ici pour suivre.

L'action : Vous suivez. Le pot est maintenant de $100.000.

Le flop : 9♦7♣4♥

L'action : La petite blind checke. *Devriez-vous checker, miser $20.000, $50.000, $60.000, ou $100.000 ?*

Réponse : La mauvaise nouvelle est que vous n'avez pas amélioré au flop. La bonne nouvelle est que, comme la majorité des joueurs jouent des grosses cartes, il est fort probable que votre adversaire n'ait pas amélioré non plus. Le fait qu'il ait checké pourrait le laisser croire.

Pour le découvrir avec certitude, vous devez faire un probe bet. Mais de quel montant devrait être cette mise ?

Vous voulez miser suffisamment de telle sorte que votre adversaire abandonne le pot s'il n'a rien, mais pas davantage. Si vous misez plus que ce dont vous avez besoin pour le chasser du coup, et qu'il a en fait du jeu, vous aurez simplement gaspillé de l'argent. Une mise de la moitié du pot ou d'un peu moins constitue le bon montant pour atteindre ce but. Quand vous misez la moitié du pot pour gagner la totalité du pot, votre cote du pot est de 2 contre 1. Ce qui est excellent, en considérant que vous remporterez probablement le pot dans cette situation une fois sur deux. La moitié du pot est un très bon montant pour la plupart des probe bets.

Si les deux joueurs jouaient avec de grosses cartes, le flop n'aurait aidé aucun des deux. Par conséquent, si ce flop a aidé votre adversaire, il est fort probable qu'il ait le meilleur jeu. Qui plus est, *si c'est un bon joueur, il le sait.* Alors quand vous misez, une des deux situations suivantes va se produire :

1. Votre adversaire n'a absolument pas amélioré au flop et maintenant vous misez. Il n'arrivera pas à vous chasser du coup. Au lieu de cela, il jettera simplement ses cartes et passera au coup suivant.

2. Votre adversaire a quelque chose en main au flop. Il va maintenant suivre ou relancer votre mise, cela indiquera qu'il en est fini de vous dans ce coup, sauf si des cartes fantastiques pour vous viennent au turn ou à la river.

Le poker n'est-il pas merveilleusement logique ?

La différence entre un probe bet et un continuation bet est l'identité du joueur qui a relancé avant le flop. Si vous prenez l'initiative avant le flop, puis misez alors que vous n'avez pas amélioré au flop, la mise est un continuation bet (c'est une continuation de votre action précédente). Si votre adversaire prend l'initiative avant le flop et qu'il checke ensuite, votre mise est appelée un probe bet. (Vous faites un sondage pour savoir s'il pense que sa main vaut la peine d'être jouée.) Ces deux mises sont des moyens d'obtenir des informations et de définir votre main. Un continuation bet doit être légèrement supérieur à un probe bet parce que vous annoncez une main plus forte avec un continuation bet.

L'action : Vous misez $60.000 et la petite blind suit.

La turn : 9♦7♣4♥3♣

L'action : La petite blind checke. *Que faites-vous ?*

Réponse : Votre mise de $60.000 au flop était trop importante. Vous lui avez offert une cote de 3 contre 2 plutôt qu'une cote de 2 contre 1. Votre adversaire a suivi, indiquant ainsi qu'il a touché quelque chose au flop. Mais il n'a pas misé cette fois. Il a probablement donc un Sept ou un Quatre en main. Vous n'avez pas grand-chose, vous devriez donc checker également.

L'action : Vous checkez.

La river : 9♦7♣4♥3♣7♦

L'action : La petite blind checke également. *Devriez-vous encore checker ou essayer de voler le pot en misant $100.000 ?*

Réponse : Ne bluffez pas ici. Le fait qu'il ait checké était un piège et vous allez tomber dedans.

Votre adversaire ne pense pas que vous ayez grand-chose en main pour les raisons que j'ai expliqué précédemment. Si vous aviez quelque chose, vous auriez misé à la quatrième pour l'empêcher de voir une carte gratuite à la river. Comme vous avez checké, il était sûr que vous n'aviez rien à ce moment. Si vous n'aviez rien à la quatrième, un autre Sept à la river ne vous a certainement pas aidé. Il sait donc maintenant qu'il a la meilleure main et il vous donne une chance de perdre un peu plus d'argent en tentant de voler le pot.

Dénouement : Vous misez en fait $100.000, votre adversaire vous suit et montre K♠4♣. Ses deux paires lui permettent de remporter le pot.

Ce coup récompense une analyse attentive, alors étudiez de nouveau ce coup et soyez sûr de l'avoir compris. C'est un coup sur lequel un très bon joueur aurait perdu $110.000 de moins que le joueur assis en grosse blind, en tirant simplement les bonnes conclusions après le flop [12] et en s'en tenant à ces conclusions tout au long du coup.

Souvenez-vous, la différence entre un bon joueur et un joueur faible ne se résume pas à l'argent qu'ils gagnent avec leurs bonnes mains. N'importe qui peut gagner un gros pot avec une paire d'As en main servie ou après avoir touché un brelan. *Un bon joueur perd moins d'argent avec ses mains marginales,* et sur la durée d'un tournoi, cette différence change énormément de choses.

[12] On pourrait bien entendu argumenter que même votre probe bet était mauvais parce que cela n'avait aucun sens pour votre adversaire solide de ne pas faire un continuation bet de routine au flop alors qu'il l'aurait fait s'il n'avait rien touché.

Coup 6-10

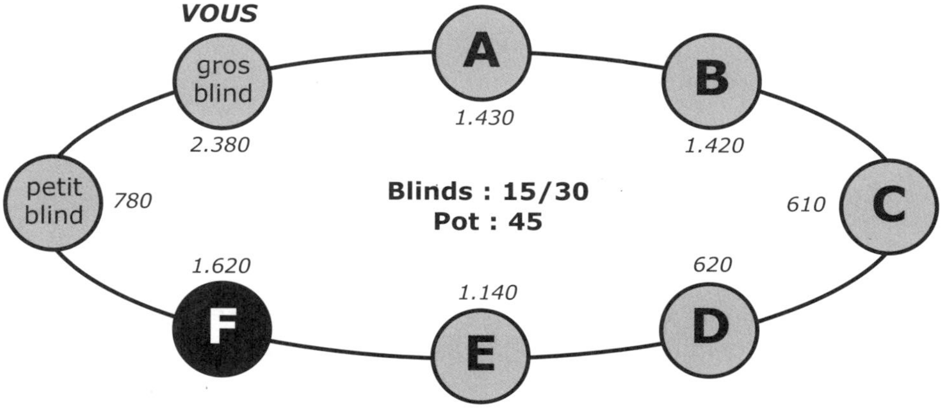

Votre main	Enchères avant vous
	Les joueurs A, B et C suivent. Le joueur D passe. Le joueur E relance à $60. Le joueur F et la petite blind passent. Le pot est maintenant de $195.

La situation : Au début d'un tournoi en ligne d'une table. Les joueurs B et F sont extrêmement agressifs.

Question : *Est-ce que vous passez, suivez ou relancez ?*

Réponse : Vous êtes la grosse blind, cela ne vous coûte donc que $30 pour suivre alors qu'il y a $195 dans le pot. Vous devez suivre à cause de la combinaison des cotes implicite et explicite du pot. La cote explicite du pot est de 6,5 contre 1. Votre cote pour toucher votre brelan au flop est de 7 contre 1. (Vous n'avez pas besoin de vous occuper des cotes au-delà parce que si vous n'améliorez pas au flop avec votre petite paire, vous serez hors du coup.) La cote explicite n'est pas suffisante pour justifier que vous suiviez, mais si vous touchez votre brelan, vous gagnerez probablement un pot substantiel. Votre cote implicite est donc excellente.

Si vous êtes attentif, vous devriez avoir une autre inquiétude dans ce coup. Trois joueurs actifs doivent encore parler après vous. S'il l'un d'eux décidait de relancer, vous pourriez ne plus avoir la cote dont vous avez besoin au moment où vous aurez de nouveau la parole.

Vous verrez rarement cette action (un joueur qui paye simplement pour ensuite sur-relancer) sur Internet. Vous la verrez également rarement lors des tournois live, mais c'était autrefois une action habituelle. J'ai fait cela moi-même à plusieurs reprises. Vous devez toujours vous méfier des joueurs actifs après vous, mais dans ce cas vous devriez juste y aller et suivre quoi qu'il arrive.

L'action : Vous payez $30. Les joueurs A, B et C suivent également. Le pot est maintenant de $315.

Le flop : T♦6♣2♥

Question : Vous êtes premier de parole. *Que devriez-vous faire ?*

Réponse : Votre première impression devrait être que c'est un bon flop pour votre paire de Sept : trois petites cartes, trois couleurs différentes et trois cartes très déconnectées les unes des autres. Si vous étiez face à juste un ou deux adversaires, vous pourriez prendre l'initiative avec un probe bet de la moitié du pot et être confiant dans le fait que vous allez soit remporter le pot tout de suite, soit avoir le meilleur jeu si vous êtes payé.

Le problème dans ce coup est que vous affrontez quatre joueurs. Il est trop probable qu'un joueur à la table vous a déjà battu. Contre ce nombre d'adversaires, vous aviez réellement besoin d'avoir touché votre brelan pour pouvoir maintenant rester dans le coup. Checkez et passez s'il y a une mise. Les enchères de type probe bets ne sont pas utiles contre plusieurs adversaires parce que la probabilité de remporter le pot sans rencontrer de résistance est trop faible.

L'action : Vous checkez. Le pot est finalement remporté par le joueur E avec une paire de Rois en main.

Soit dit entre nous, le joueur avec la paire de Rois a mal joué en laissant trop de joueurs entrer dans le coup pour une somme modique.

Coup 6-11

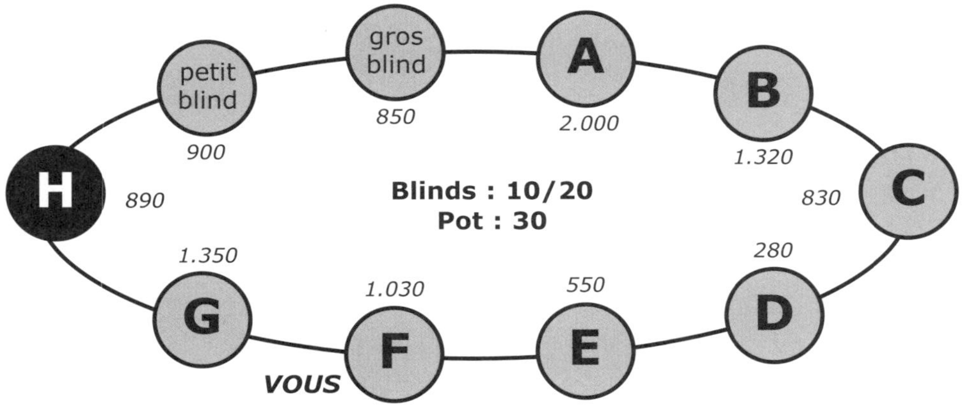

Votre main	Enchères avant vous
	Les joueurs de A à E passent tous.

La situation : Premier niveau d'un tournoi en ligne. La table semble conservatrice, avec peu d'action et peu de joueurs dans chaque pot.

Question : *Quel est votre jeu ?*

Réponse : Vous devez miser entre $60 et $80. Vous ne voulez certainement pas passer, et suivre serait une médiocre stratégie également. Vous avez presque certainement la meilleure main pour l'instant mais vous ne voulez pas laisser un groupe de mains à tirage entrer dans le coup à peu de frais. Idéalement, vous voudriez remporter le pot tout de suite ou le jouer contre un seul adversaire. Une mise de $60 semble être un bon montant pour chasser le tout venant.

L'action : Vous misez $60, les joueurs G, H et la petite blind passent et la grosse blind suit, ajoutant $40. Le pot est maintenant de $130.

Le flop : 7♦6♦5♠

L'action : La grosse blind mise $70.

Question : *Quel est votre jeu ?*

Réponse : Votre premier objectif est de découvrir ce que signifie la mise de votre adversaire. Ne vous faites pas d'illusion en pensant que vous pourriez être précis sur ce point. C'est déjà bien beau d'arriver à dégager les possibilités les plus probables. C'est tout ce que peuvent faire les meilleurs joueurs, quoi qu'ils puissent en dire.

Manifestement, il peut avoir une paire que vous pouvez battre. D'un autre côté, il est possible que sa mise soit un probe bet. S'il n'avait pas misé, vous l'auriez certainement fait, il peut donc être en train de faire la seule chose qui lui permette de remporter le pot. Le moment est venu d'élaborer une défense contre un probe bet.

Notez que la texture du flop était bonne pour vous car sans carte supérieure à votre paire. Mais cela aurait pu être mieux, s'il y avait eu trois couleurs différentes au flop ou pas de quinte possible, mais ces tirages représentent un faible risque. Vous ne devriez pas vous inquiéter outre mesure à l'idée que votre adversaire ait pu rester dans le coup avec Neuf-Huit ou Quatre-Trois. Il est plus probable qu'il ait une des cinq mains suivantes :

1. Il a touché une paire au tableau.

2. Il a touché une quinte.

3. Il a touché un tirage couleur.

4. Il bluffe parce que trois petites cartes sont venues au flop.

5. Il a une grosse paire ou un brelan.

Vous avez deux possibilités. Vous pouvez tout simplement suivre, ou faire une relance à la hauteur du pot – quelque chose entre $200 et $250. Si cette relance est sur-relancée, cela signifie que vous êtes face à une grosse paire ou à un brelan et vous jetterez vos cartes. L'approche à moindre risque dans ce coup est de suivre simplement. Si votre adversaire n'a rien, vous le découvrirez à la turn.

L'action : Vous suivez. Le pot est maintenant de $270. La quatrième carte est l'A♥. La grosse blind checke cette fois-ci.

Question : *Que faites-vous ?*

Réponse : La grosse blind vous tend peut-être un piège élaboré mais vous devriez envisager une hypothèse plus simple. Il a deux grosses cartes en main, il n'a rien touché au flop, et maintenant l'As ne l'a pas aidé. Il a fait une tentative pour remporter le pot mais il n'a pas l'intention d'en faire une seconde. Vous devriez donc miser, en espérant qu'il passera.

Les débutants sont enclins à tomber dans le piège de croire que leurs adversaires sont totalement impénétrables et que chaque action est un traquenard alambiqué. En fait, la plupart des mises sont ce qu'elles semblent être. Souvenez-vous en, cela vous aidera à gagner beaucoup d'argent. Si l'action autour de la table indique que vous avez la meilleure main, dites-vous que c'est probablement le cas et misez en conséquence.

Dénouement : Vous misez $250 et la grosse blind passe.

Coup 6-12

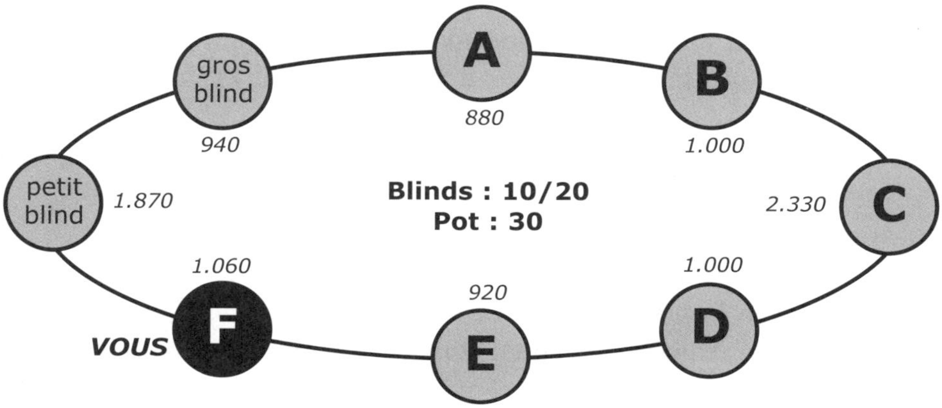

Votre main	Enchères avant vous
	Le joueur A relance à $40. Le joueur B suit. Les joueurs C, D et E passent tous. Le pot est maintenant de $110.

La situation : Au début d'un tournoi satellite d'une table.

Question : *Est-ce que vous passez, suivez ou relancez ?*

Réponse : Avant de vous emballer avec vos deux figures et votre position favorable, commencez par faire le point sur ce qui vient de se passer. Le joueur qui est premier de parole a ouvert avec une relance, ce qui indique une forte main. Le joueur placé juste après a suivi. Selon le Gap Concept, vous avez besoin d'une main plus forte pour suivre une relance que celle dont vous auriez eu besoin pour ouvrir le pot.

Pour l'instant, il n'y a pas de raison de penser que votre main n'est autre que la troisième meilleure main.

C'est vrai, vous avez la position, et c'est bien, mais ce n'est pas suffisant pour compenser le fait que votre main n'a rien à faire dans ce coup. Jetez vos cartes.

L'action : En fait, vous décidez de suivre. La petite blind décide de suivre également et la grosse blind passe. Il y a maintenant $170 dans le pot.

Le flop : J♣T♥9♠

Question : *À quel point êtes-vous emballé par ce flop ?*

Réponse : Savoir évaluer la texture d'un flop est une aptitude cruciale. Une impression un peu hâtive pourrait vous faire dire que c'est un bon flop pour vous. Vous avez maintenant la paire max du flop plus un kicker Roi, ce qui semble bien. Réfléchissons néanmoins à *l'impact de ce flop sur les autres mains probables.*

Vraisemblablement, il n'y a pas de grosses paires à la table. (Vous feriez bien d'espérer qu'il n'y en ait pas car vous n'auriez alors tout simplement pas votre place dans ce pot.) Mais si ce n'est pas le cas, avec quoi les trois autres joueurs ont-ils suivi ? En fait, avec une des trois mains suivantes : deux figures, une paire intermédiaire ou une petite paire.

Un joueur qui aurait suivi avec une petite paire n'a pas été aidé par ce flop. C'est bon pour vous. Un joueur avec une paire intermédiaire a touché son brelan. C'est très mauvais pour vous. Mais les deux figures sont très dangereuses également. Roi-Dame fait quinte, Valet-Dix fait deux paires, et beaucoup d'autres mains font au moins tirage quinte.

Votre sentiment pour l'instant devrait être d'avancer comme si vous "marchiez sur des œufs". Vous n'êtes pas à plaindre avec votre paire max au flop mais un ou deux de vos adversaires est probablement satisfait lui aussi de ce flop . Vous êtes très heureux d'agir en dernier sur ce coup. Vous pourrez voir l'action et agir en conséquence.

L'action : La petite blind mise $320. Le joueur A relance à $650. Le joueur B fait tapis à $960. Le pot est maintenant de $2100. *Que faites-vous ?*

Réponse : Vous avez apparemment eu les réponses à toutes vos questions. Vos deux Valets ne valent plus rien. Sortez de là.

L'action : Vous passez. La grosse blind paye la relance à tapis. Le joueur A fait tapis avec les jetons qui lui restent. Les mains étaient : la grosse blind (8♠7♥), le joueur A (A♥J♦), le joueur B (9♦9♣). La grosse blind remporte le pot avec une quinte.

En résumé, le coup nous montre que la relance initiale du joueur A, premier de parole avec A♥J♦, était un peu large. Le fait que le joueur B ait suivi avec une paire de Neuf était normal. Le fait que la petite blind ait suivi avec 8♠7♥ dépareillés dans une mauvaise position était un jeu pitoyable, qui lui a finalement permis de remporter un énorme pot. (Toutefois, "c'est le poker"...) Après le flop et la mise de deux fois le pot de la petite blind, le joueur A aurait dû réaliser que sa paire de Valets n'était plus compétitive.

Votre décision de passer au flop vous a permis d'éviter des pertes substantielles. Félicitez-vous de vous en être sorti à si peu de frais.

Coup 6-13

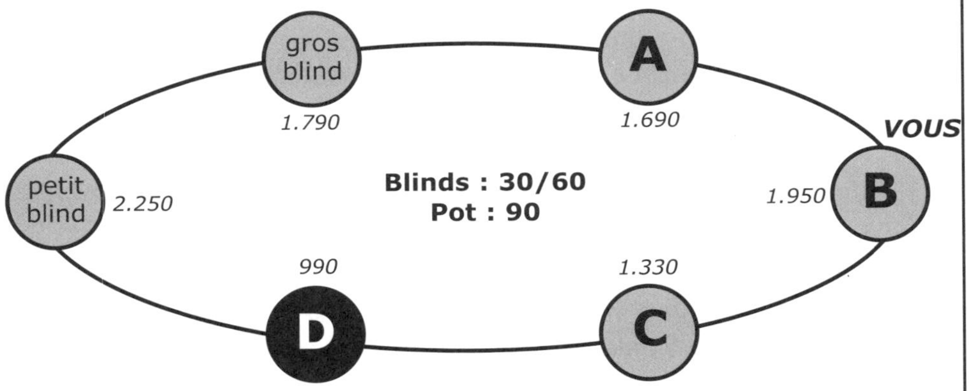

Votre main	Enchères avant vous
	Le joueur A passe.

La situation : À un stade avancé d'un tournoi à une table, en ligne. La petite blind est un joueur agressif.

Question : *Est-ce que vous suivez ou relancez ?*

Réponse : Avec une paire intermédiaire, vous ne pouvez pas laisser entrer les joueurs dans le coup pour un prix trop bas. Vous devez relancer suffisamment dans l'espoir de chasser la majorité des joueurs et de vous retrouver face à un seul adversaire.

Par ailleurs, remporter le pot tout de suite n'est pas un mauvais résultat non plus. Vous devriez relancer trois ou quatre fois la grosse blind.

L'action : Vous relancez à $200. Le joueur C vous paye. Tous les autres joueurs passent. Le pot est maintenant de $490.

Le flop : K♣T♠9♣

Question : Vous avez touché un brelan. *Comment allez-vous le jouer ?*

Réponse : Votre premier objectif est d'analyser attentivement la texture du flop. Beaucoup de joueurs, quand ils touchent un bon jeu au flop, oublient simplement de considérer ce que le flop peut signifier pour les autres mains encore dans le coup.

Le flop est en réalité très dangereux. Il y a deux trèfles, plus trois cartes relativement fortes, de surcroît trois cartes très proches les unes des autres. Un joueur avec Dame-Valet, assortis ou non, vous a déjà battu. Vous pouvez également craindre que votre adversaire ait un tirage couleur ou quinte.

Checker dans ce cas est un peu trop malin. Rien ne vous permet d'affirmer que le joueur C est un joueur agressif, il n'y a donc aucune assurance qu'il mise si vous checkez, et vous ne voulez pas lui donner une carte gratuite pour gagner.

Vous devriez miser environ $250. De cette manière vous lui proposez une cote du pot de 3 contre 1. Quoi qu'il soit en train d'essayer de faire, cela devrait être suffisant pour le garder dans le coup. Cela pourrait également être interprété comme un continuation bet standard et n'indiquerait ainsi aucune force particulière. Dans certaines circonstances, vous pourriez vouloir miser plus, mais $400 serait vraiment trop.

L'action : En fait, vous faites tapis et il passe.

Commentaire : Faire tapis est une typique faute de débutant. Vous la voyez tout le temps chez les joueurs qui participent à leur premier ou deuxième tournoi. Les débutants, dont la seule vision qu'ils ont du poker est celle donnée par la télévision, tendent à considérer le hold'em no-limit comme une bataille d'énormes bluffs et de relances à tapis. Quand ils touchent enfin un jeu avec lequel ils envisagent légitimement d'envoyer le tapis, ils tombent pratiquement de leur chaise en poussant leurs jetons (c'est un tell très fiable).

Dans quelques rares circonstances, la relance à tapis avec un très bon jeu est justifiée. Vous devez être contre un adversaire très solide qui vous considère également comme un bon joueur qui ne pousserait jamais tous ses jetons avec un très bon jeu. Il peut alors penser que vous essayez de voler le pot avec une main faible, et vous payer. Cela peut aider si, à ce moment-là, vous n'avez plus qu'un tapis plutôt réduit devant vous, disons entre quatre et six fois les blinds et les antes. Il pourrait alors interpréter votre action comme étant motivée par la nécessité d'agir rapidement.

Coup 6-14

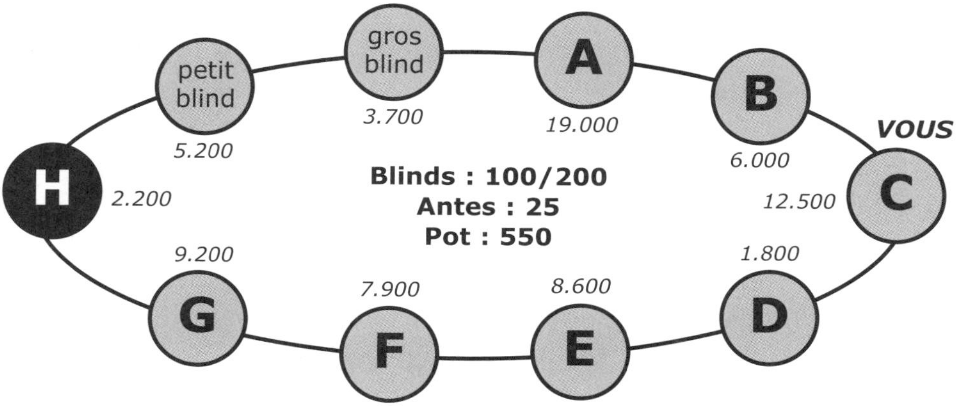

Votre main	Enchères avant vous
	Les joueurs A et B passent.

La situation : Au milieu d'un tournoi majeur. Le montant de votre tapis est largement au-dessus de la moyenne mais encore bien inférieur à ceux des chip leaders. Les joueurs E et G semblent solides, serrés et sans originalité.

Question : *Que faites-vous ?*

Réponse : Vous avez une main standard pour relancer dans votre position, alors faites simplement une forte relance.

L'action : Vous relancez à $600. Le joueur D passe. Le joueur E suit. Le joueur F passe. Le joueur G paye. Le bouton et les blinds passent. Le pot est maintenant de $2.350.

Rapidement, avant que ne vienne le flop : quelles sont les mains probables avec lesquelles les joueurs E et G vous ont suivi ?

Vous devez prendre l'habitude de toujours vous poser cette question avant le flop. Une fois que le flop est ouvert, il est facile d'être distrait par les cartes que l'on voit et d'imaginer toutes sortes de mains possibles qui auraient amélioré au tableau. Au lieu de cela, répondez à la question *maintenant*, pendant que votre esprit est clair. Deux joueurs relativement serrés ont suivi une relance importante faite en troisième position. Qu'ont-ils le plus vraisemblablement en main ?

La réponse est : des petites paires ou des paires intermédiaires. Aucun de vos adversaires ne devrait avoir de grosses paires car sinon ils auraient pu (et ils auraient dû) relancer. Les mains comme Roi-Valet sont trop faibles, et il n'y avait pas la cote du pot nécessaire pour suivre avec des connecteurs assortis. Il est tout à fait raisonnable de penser que l'un d'eux à une paire, peut-être même les deux.

Le flop : 3♥3♦3♣

Question : *Que faites-vous maintenant ?*

Réponse : Ce n'est pas un bon flop pour vous car les mains les plus probables de vos adversaires sont des petites paires ou des paires intermédiaires. Il y a des chances pour que l'un d'eux ait déjà touché un full et vous ait donc battu, et dans ce cas, vous avez seulement six outs.

Mais il est encore trop tôt pour renoncer à votre main. Il est tout à fait possible que vous soyez face à des combinaisons comme Roi-Dame ou Valet-Dix assortis, ou même As-Valet, As-Dix ou des mains de ce style. Il se peut également que l'un de vos adversaires ait une paire de Six mais qu'il aura le courage et la discipline de la jeter face à ce qu'il pense être une paire supérieure chez vous.

Il va falloir tenter de remporter le pot. L'essentiel est de vous donner de bonnes cotes, dans l'idée que votre mise reste rentable même si elle ne parvient que dans une faible proportion des cas à faire passer les deux adversaires. Avec le pot à $2.350, misez environ $800, soit un tiers du pot. Si vous gagnez une fois sur quatre, vous serez juste à jeu même si vous êtes battu à chaque fois qu'on vous paye. (Une victoire = + $ 2.350, trois pertes = –$2.400, soit –$800 pour chacune.) Quiconque vous suivra aura une paire et il vous faudra abandonner le coup, à moins que vous ne touchiez un As ou une Dame à la quatrième.

L'action : Vous misez $800. Le joueur E passe mais le joueur G vous suit.

La quatrième carte : 3♥3♦3♣9♥

Question : *Et maintenant ?*

Réponse : Vous avez fait ce qu'il fallait mais maintenant c'en est fini pour vous. N'investissez pas plus d'argent. Checkez et jetez votre jeu s'il mise.

L'Action : Vous checkez, il mise $2.000 et vous passez.

Coup 6-15

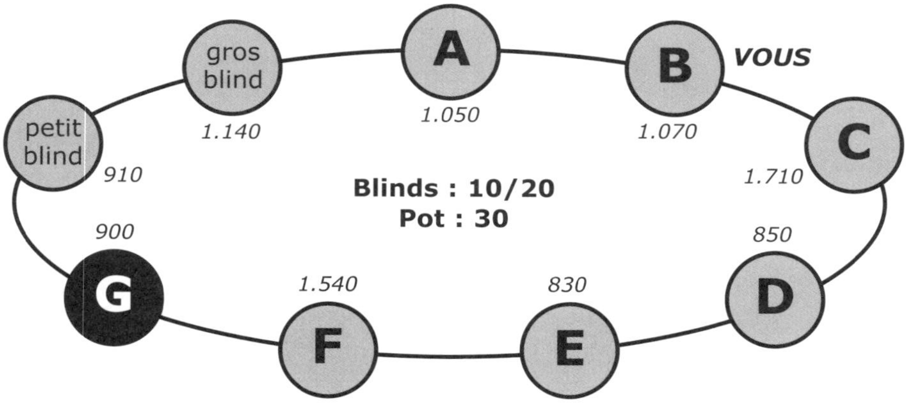

Votre main

Enchères avant vous

Le joueur A passe.

La situation : Au début d'un tournoi en ligne d'une table. Vous ne savez pas grand'chose des autres joueurs mais la table semble jouer serré.

Question : *Est-ce que vous jouez ce coup ?*

Réponse : Non. Un Dix est un kicker faible et vous êtes en début de parole. Ne perdez pas votre temps. Passez simplement et observez l'action autour de la table.

L'action : En fait, vous décidez de relancer à $40. Les joueurs C et D passent. Le joueur E paye $40. Le joueur F passe. Le joueur G suit les $40. La petite blind passe et la grosse blind suit en ajoutant $20. Le pot est maintenant de $170.

Ce n'est pas un très bon résultat pour vous. Vous avez réussi à créer un gros pot avec une main faible. Il y a quatre joueurs dans le coup et vous agirez en second. Au final, vous ne devriez pas être satisfait de cette situation.

Le flop : A♠T♥5♠

L'action : La grosse blind checke. *Que faites-vous ?*

Réponse : Après une ouverture discutable, vous avez touché un flop fantastique. Un seul inconvénient : les deux piques au flop. Avec trois adversaires, il y a une chance raisonnable pour que l'un deux ait le tirage couleur.

Vous avez maintenant deux objectifs. Vous possédez certainement le meilleur jeu pour l'instant, vous voulez donc ajouter de l'argent dans le pot. Mais par ailleurs, vous ne voulez pas miser trop peu sinon les mains à tirage auront la cote nécessaire pour rester dans le coup. Une mise du montant du pot atteint généralement ces deux objectifs. C'est suffisant pour chasser les mains faibles et les mains à tirages, mais pas pour qu'un joueur ayant suivi avec As-x ou ayant touché une paire de Dix ne puisse pas envisager de vous suivre. Vous devez miser entre \$170 et \$200.

L'action : Vous misez en réalité \$300. Le joueur E paye. Le joueur G et la grosse blind passent. Le pot est maintenant de \$770.

Vous avez trop misé, mais la décision que vous avez prise a fonctionné parce que vous avez un seul suiveur.

A propos, le joueur E a probablement commis une erreur. Il aurait dû soit passer, soit relancer à tapis. En suivant, il se met dans la position de n'avoir plus devant lui que \$490 pour un pot de \$770. S'il avait un jeu suffisamment bon pour continuer à jouer, la cote du pot lui est désormais si favorable que si vous deviez miser au tour prochain, il serait obligé de rester dans le coup et de pousser finalement tous ses jetons. Si c'est le cas, il aurait mieux fait de relancer dés maintenant, car cette action lui donnait une chance de vous chasser du coup. (Souvenez-vous que de son point de vue vous êtes peut-être en train de bluffer.)

Vous entendrez parfois parler autour de la table d'un joueur "qui prend une décision impliquant tous ses jetons." Payer dans ce cas est exactement ce genre de décision. Quand vous envisagez de suivre au milieu d'un coup, comparez toujours le montant de votre tapis au montant du pot. Plus votre tapis est petit par rapport au pot, plus cela indique que le choix que vous devez véritablement prendre n'est pas "soit payer soit passer" mais "soit passer soit faire tapis".

La quatrième carte : A♠T♥5♠7♦

Question : *Que faites-vous ?*

Réponse : C'est une bonne carte pour vous. Ce n'est pas une carte à pique, elle est inférieure à votre Dix, donc un joueur avec As-Sept en main perd encore contre vous. Et il serait fou qu'un joueur ait suivi votre dernière mise avec une paire de Sept. Cette carte ne peut donc pas avoir aidé votre adversaire – par conséquent elle vous aide par défaut.

Vous devez miser maintenant, et vous devez miser un montant suffisamment important pour chasser un tirage couleur. Il vous reste $730 et le joueur E n'a plus que $490. Je dirais que la relance minimum est d'environ $300. Vous pourriez également faire tapis – il n'y aurait aucun mal à ça. Vous êtes engagé sur ce coup de toute façon.

L'action : Vous misez $320. Le joueur E fait tapis, ce qui vous relance de $170. Le pot est maintenant de $1.580. *Est-ce que vous suivez ?*

Réponse : Evidemment. Il peut avoir un brelan mais il peut avoir un As que vous pouvez battre. Quoi qu'il en soit, la cote est irrésistible.

L'action : Vous suivez. Il montre A♦J♣. La river est un 6♥. Vous gagnez.

Vos seules véritables erreurs sur ce coup ont été tout d'abord de décider de le jouer, et ensuite de miser avec un peu trop d'enthousiasme au flop. Mais un flop fantastique vous a mis à l'abri des ennuis et vous a permis de remporter un beau pot.

Coup 6-16

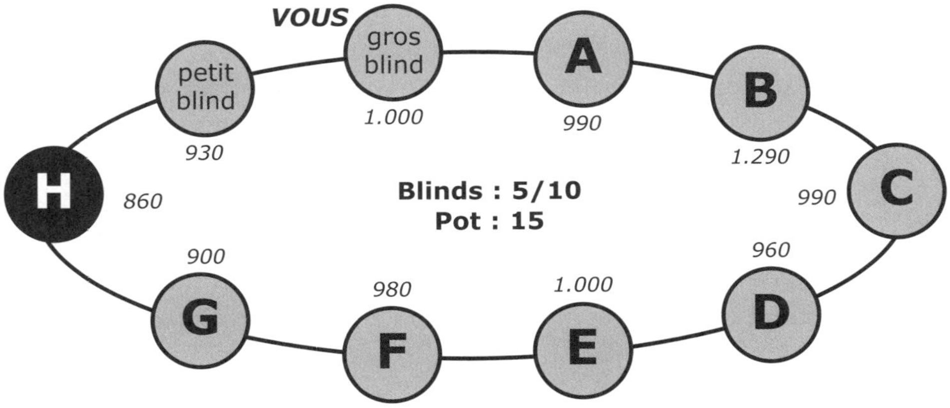

Votre main

Enchères avant vous

Le joueur A relance à $20. Les joueurs B et C passent. Les joueurs D et E suivent à $20. Le joueur F passe. Le joueur G suit à $20. Le bouton et la petite blind passent.
Le pot est de $95. Suivre vous coûte $10.

La situation : Au début d'un tournoi à une table, en ligne. Vous n'avez encore aucune information solide sur les autres joueurs.

Question : *Est-ce que vous passez, suivez, relancez ou relancez à tapis ?*

Réponse : Vous avez la même main que dans le problème précédent mais la situation est quelque peu différente. As-Dix dépareillés dans une mauvaise position n'est pas une main forte. Ici, personne n'a montré de force particulière et le pot vous offre une cote fantastique de 9,5 contre 1. Donc vous suivez.

N'oubliez pas que vous allez le plus souvent checker et jeter votre main après le flop, à moins qu'il ne vous soit exceptionnellement favorable.

Comme vous êtes contre quatre suiveurs, que vous jetterez probablement votre jeu le tour d'enchères suivant, ne commettez pas l'erreur de faire une petite relance. Cela ne chasserait personne du coup et vous devrez la plupart du temps abandonner cet argent.

Relancer à tapis est également une erreur, mais un peu plus intéressante. Cette manière de jouer vous permettrait de remporter le pot tout de suite dans la plupart des cas, mais s'il y avait un joueur assis quelque part avec As-Roi ou As-Dame ou une grosse paire en train de jouer en embuscade, vous seriez grand favori pour perdre tous vos jetons. C'est simplement trop coûteux. Il y a un temps pour jouer de cette manière, mais plus tard dans le tournoi, quand vos adversaires jouent moins et qu'ils protègent davantage leurs jetons.

L'action : Vous suivez pour $10 supplémentaires. Le pot est maintenant de $105.

Le flop : A♦T♣6♠

Question : *Que faites-vous ?*

Réponse : C'est un flop fantastique : vous avez touché les deux paires max du flop ! Votre but est maintenant de gagner le plus d'argent possible sur ce coup. S'il y avait juste eu un seul joueur après vous, vous auriez dû effectuer une petite mise, juste pour commencer à faire grossir le pot. (Si votre adversaire passait face à cette mise, vous n'auriez rien gagné sur le coup de toute façon.) Mais avec quatre joueurs actifs après vous, la bonne manière de jouer est habituellement de checker, dans l'intention de faire un check-raise.

L'action : Vous checkez. Le joueur A mise $35. Les joueurs D et E passent. Le joueur G paye $35. Le pot est maintenant de $175.

Question : *Que faites-vous ?*

Réponse : Votre plan a très bien marché, vous allez certainement relancer. La seule question est : quel est le bon montant ? Dans un tournoi live, ou plus tardivement dans un tournoi en ligne serré, vous devriez probablement choisir un montant entre $140 et $150 – légèrement moins que le pot, mais pas trop peu. Vous voulez des suiveurs mais vous voulez miser suffisamment pour obtenir une somme substantielle dans le pot. C'est souvent difficile de trouver le bon équilibre, mais le montant optimal se situe selon moi entre $140 et $150 – environ 80% du pot.

Les petits tournois en ligne ont cependant tendance à jouer plus large, donc dans ce cas, vous devriez miser davantage, disons $200. Vous voulez vendre le pot le plus cher possible. La seule main que vous pouvez craindre maintenant est le brelan de Six.

L'action : Vous relancez à $200. Les joueurs A et G suivent tous les deux. Le pot est maintenant de $775.

La turn : A♦T♣6♠7♠

Question : *Est-ce que vous suivez, misez $250 ou faites tapis ?*

Réponse : Lors d'un tournoi en ligne, vous devriez être ravi de ce résultat. Vous avez pris au piège deux andouilles, probablement avec une paire chacun et vous allez les raser. Vous ne voulez pas faire tapis avec les $780 qui vous restent parce que vous risqueriez de faire fuir l'un des deux, voire les deux. A ce moment-là, il reste au joueur A $735 et au joueur B $645, et vous voulez leur en prendre autant que possible. Une mise de $250 dans un pot de $775 devrait séduire au moins l'un des joueurs en lui offrant une cote du pot intéressante.

En revanche, dans un tournoi live, et tout particulièrement si vous savez que le joueur A est un bon joueur solide, c'est une tout autre histoire. Il a fait une modeste mise après le flop, puis il a suivi votre relance à $200 tout en sachant qu'il y avait encore trois joueurs actifs après lui. Quel type de main permet à un joueur de faire cette séquence de mise ? Soit un brelan soit deux paires. Sans couleur ni quinte au tableau, il n'y a pas grand-chose d'autre.

Cela doit-il modifier votre jeu ? Non. Vous devriez quand même miser. En tournoi, vous êtes sous la sévère pression du temps qui vous pousse à agir et à accumuler des jetons. Vous devez écarter l'hypothèse qu'il ait un brelan de Six parce que vous avez une bonne main ici, avec la possibilité de doubler ou de tripler votre tapis. Ces situations sont trop rares pour les laisser passer.

L'action : En réalité, vous faites tapis. Le joueur A suit et le joueur G passe. Le joueur A montre 6♦6♣. La dernière carte est la Q♥. Le joueur A gagne avec son brelan de Six.

Il y avait deux vilains piègeurs sur ce coup ! Le joueur A l'a joué parfaitement. Avec un brelan en milieu de parole, vous avez intérêt à simplement suivre et laisser l'action venir jusqu'à vous. En ligne, je noterais que le joueur A est un joueur sérieux et solide, et je le jouerais en en tenant compte lors des prochains tournois.

Coup 6-17

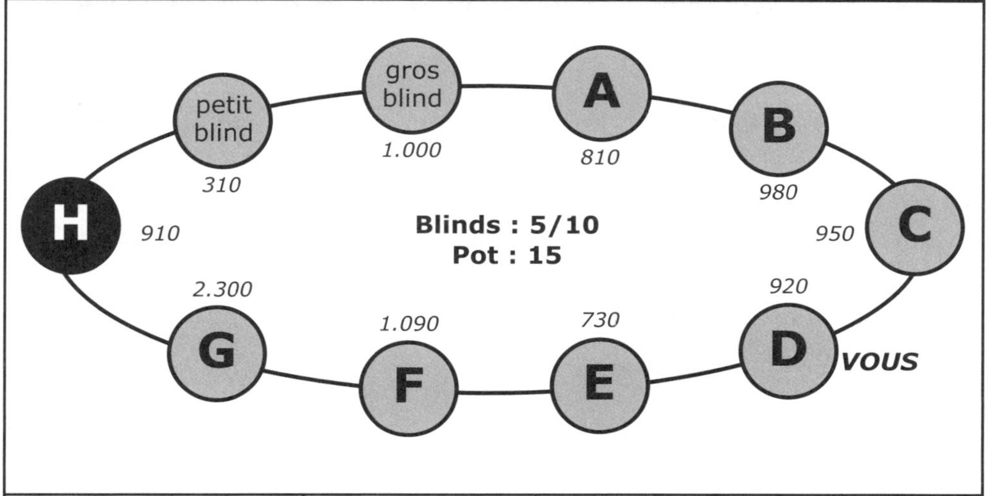

Votre main	Enchères avant vous
	Le joueur A suit à $10. Les joueurs B et C passent. Le pot est de $25.

La situation : Au début d'un tournoi en ligne.

Question : *Quelle est votre mise ?*

Réponse : As-Roi assortis est la plus forte des mains sans paire combinant deux grosses cartes. Cette main peut être jouée de différentes manières, en misant de manière agressive ou en suivant parfois simplement. Si personne n'a montré de force, vous pouvez certainement relancer mais vous ne voulez pas trop relancer au risque de décourager l'action.

Dans cette situation, avec déjà un joueur qui a suivi, une relance entre quatre et six fois la grosse blind représente un bon montant. Misez donc environ $50.

L'action : Vous relancez en fait à $90 et les joueurs E et F jettent leurs cartes. Le joueur G, le gros tapis, suit. Le bouton et les blinds passent. Le joueur A, le suiveur initial, ajoute $80 pour suivre. Le pot est maintenant de $285.

Vous avez trop misé, mais vous avez pourtant été suivi par deux joueurs. Ce n'est pas un résultat vraiment surprenant en ligne, où la plupart des mises sont plutôt hasardeuses comparées au jeu du monde réel. Le joueur A, par exemple, a suivi $10 en première position puis a suivi une forte relance. Si sa main était suffisamment forte pour suivre, elle était certainement assez forte pour ouvrir le pot de manière agressive.

Le flop : J♣7♦2♥

L'action : Le joueur A checke. *Quelle est votre action ?*

Réponse : Un continuation bet standard de la moitié du pot est correct ici. Vous avez toujours deux cartes supérieures à celles du flop plus deux tirages encore possibles, et il n'est pas garanti qu'un joueur ait touché une paire avec le Valet. Bien que votre mise soit plus un bluff qu'un semi-bluff (vous n'avez qu'hauteur As pour le moment), miser la moitié du pot vous donne une cote du pot de 2 contre 1 sur votre bluff, ce qui est très bon, étant donné qu'un joueur a déjà checké.

L'action : Vous checkez, le joueur G mise $20, et le joueur A suit. Le pot est maintenant de $325. *Que faites-vous ?*

Réponse : La cote du pot est maintenant de 16 contre 1, et vous avez six outs avec deux cartes encore à venir. Vous suivez donc sans aucune hésitation. Dès lors que vous avez renoncé au continuation bet initial, il n'est pas nécessaire de faire autre chose que suivre. En fait, vous allez voir une carte gratuite, ce qui est un bon résultat pour vous étant donné que vous n'avez encore rien.

L'action : Vous relancez en réalité à $50, et les deux joueurs vous suivent. Le pot est maintenant de $475.

Le coup prend maintenant une tournure encore plus étrange. Faire un check-raise indique en général une forte main, mais ici, vous avez surrelancé d'un montant si faible que la cote du pot pousse les deux joueurs à vous suivre quelle que soit leur main. Avec une séquence de mises plutôt aléatoires, vous êtes parvenu à constituer un gros pot en n'apprenant presque rien sur le niveau des mains de vos adversaires !

Lorsque vous jouez au poker, votre véritable objectif est de faire exactement l'opposé de ce qui vient d'être fait ici. Vous voulez miser suffisamment pour obtenir des informations cruciales. Une fois que vous êtes presque sûr de ce qu'ils ont en main, c'est là que vous pouvez frapper fort.

La turn : J♣7♦2♥4♦

L'action : Le joueur A checke. *Que faites-vous ?*

Réponse : Vous devriez simplement checker. Vous n'avez toujours rien, bien qu'ayant touché le tirage à couleur max. Il sera maintenant difficile de chasser quiconque sans mettre tous vos jetons en péril. Espérez voir une carte gratuite.

L'action : Vous checkez et le joueur G checke.

La river : J♣7♦2♥4♦K♣

L'action : Le joueur A checke. *Et maintenant ?*

Réponse : Un coup de chance. Sans quinte ni couleur au tableau, vous avez probablement le meilleur jeu. Comme personne n'a misé, une relance importante ou à tapis risquerait de chasser vos adversaires. Il est temps d'essayer d'extraire un peu plus d'argent avec une mise suffisamment petite pour être payée. $100 paraît correct.

L'action : Vous misez $100, et le joueur G vous suit. Il jouait avec J♥T♥ et sa paire de Valets est battue par votre paire de Rois.

Il arrive parfois qu'une succession de mises hasardeuses produise un bon résultat. Ici, notre forte relance pré-flop, ajoutée à l'étrange check-raise, a probablement dissuadé le joueur G de miser ou de relancer au moment où sa paire de Valets était gagnante.

Une fois encore, constatez le danger qu'il y a à donner une carte gratuite à votre adversaire. C'est parce que le joueur G vous a laissé rester dans le coup à moindre frais que vous avez pu toucher votre jeu à la dernière et gagner un joli pot.

Coup 6-18

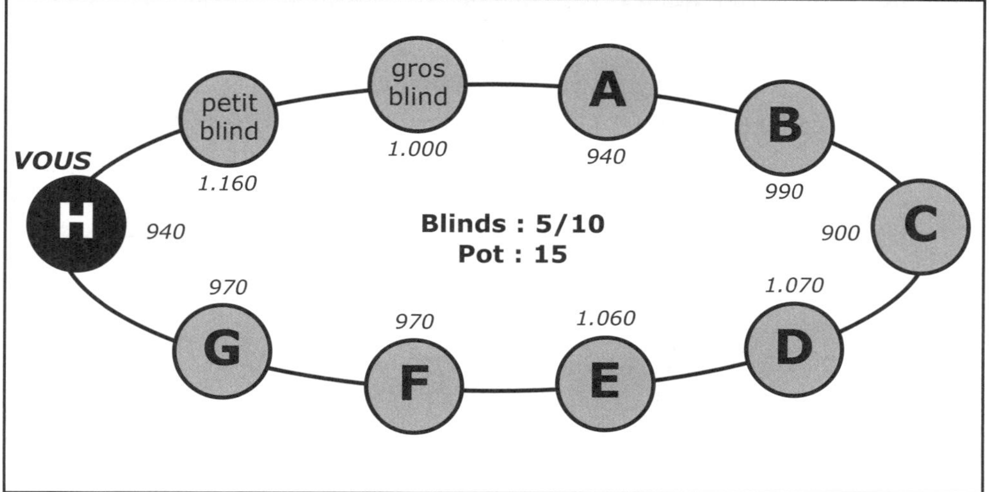

Votre main	Enchères avant vous
	Les joueurs A, B, C, D et E suivent tous. Les joueurs F et G passent. Le pot est maintenant de $65.

La situation : Premier niveau d'un tournoi satellite en ligne.

Question : *Est-ce que vous relancez, suivez ou passez ?*

Réponse : L'action a été jusque-là quasiment parfaite pour votre main médiocre. Ici, vous êtes censé mettre $10 et essayer de voir le flop. Vous n'avez certainement pas la meilleure main pour l'instant mais vous êtes au bouton, vous avez la position et votre main a un certain potentiel de développement au flop. Misez donc $10, voyez le flop à moindres frais et vous verrez bien ce qui se passera.

Le joueur que nous sommes en train d'observer décide de miser $50 pour voler le pot. Qu'est- ce qui pose problème dans cette démarche ?

Le premier problème est simple : lors des tournois en ligne, cette mise ne va tout simplement pas fonctionner. Dans les tournois live, où chaque mise est prise très au sérieux, il y a des chances que vous puissiez vous en sortir avec ce jeu (mais pas assez pour que j'essaye moi-même). Dans les tournois en ligne, la plupart des joueurs qui ont suivi à $10 vont volontiers payer votre relance à $50 également. Ce qui est en train de se passer, c'est que vous construisez un gros pot avec une mauvaise main. Si vous voulez vraiment tenter de voler le coup et chasser les joueurs quand vous êtes sur Internet, une relance à $100 ou $200 jetons est nécessaire.

Le second problème est encore pire : l'un des premiers joueurs à avoir suivi, qui a presque certainement une meilleure main que la vôtre, peut décider de relancer. Si c'est le cas, que ferez-vous ? (J'insinue que vous devrez passer.) En relançant au lieu de suivre, vous prenez le risque de subir une sur-relance de la part des joueurs qui avaient juste suivi en début de parole.

En réalité, ce que vous avez fait avec cette relance est une action que les joueurs de poker appellent un "*pot-sweetener*". C'est une petite relance qui ne poussera personne à passer, mais qui a pour but d'agrémenter le pot, d'y mettre plus d'argent quand vous pensez que votre position vous donnera un avantage après le flop. Sur Internet, une relance de ce montant n'est pas suffisante pour chasser les joueurs et fonctionne uniquement comme *pot-sweetener*.

L'action : Vous relancez à $50. Les blinds passent. Les joueurs A, B, C, D et E payent tous $40 supplémentaires. Le pot est maintenant de $315.

Le flop : J♣6♥5♦

L'action : Les joueurs A et B checkent. Le joueur C mise $300. Les joueurs D et E passent.

Question : *Que faites-vous ?*

Réponse : Un très bon flop pour vous : vous avez touché la paire max du flop et les trois couleurs différentes signifient que le tirage couleur est impossible. (Avec cinq joueurs, il est probable qu'il y en ait deux ou trois en train de jouer deux cartes assorties.) Comme votre main n'était de toute façon pas assez forte au départ, vous pourriez toujours avoir des ennuis. Vous devez donc agir prudemment.

La mise de $300 du joueur C signifie qu'il a quelque chose. Votre problème est que la majorité des mains qui justifieraient sa mise vous battent. Il a pu payer avant le flop avec As-Valet, Roi-Valet, une paire de Six ou de Cinq, toutes étant supérieures à votre jeu. Il peut également avoir suivi avec Valet-Dix, Valet-Neuf, deux Neuf ou deux Huit, toutes ces mains justifient sa mise et vous les battez. C'est une décision difficile mais je payerais dans ce cas.

L'action : Vous décidez en fait de relancer à tapis avec les $890 qui vous restent. Le joueur C vous suit avec ses dernier $550. Les joueurs A et B passent. Le joueur C montre J♥T♥.

Dénouement : La quatrième et la cinquième cartes sont le 3♣ et la Q♥, et vos deux paires Dames Valets battent sa paire de Valets.

Votre relance à tapis était une erreur parce que vous n'avez pas pris en considération les joueurs A et B, qui étaient encore dans le coup. Si vous aviez simplement suivi et si ces deux joueurs avaient passé, vous auriez probablement misé tous vos jetons dans le pot à la quatrième ou à la cinquième. Mais supposez que l'un de ces joueurs ait fait tapis après que vous avez suivi ? Dans ce cas, vous auriez eu l'occasion de réaliser que vous étiez probablement battu et de jeter votre main. En misant votre tapis, vous vous enleviez cette option, une erreur coûteuse. *N'oubliez jamais qu'un joueur qui a checké est toujours dans le coup et doit être pris en compte !*

Un débutant serait ravi d'avoir gagné ce gros pot mais un joueur occasionnel reconnaîtrait que c'était un coup très dangereux dont il a eu la chance de sortir indemne. La tentative de vol avant le flop a entraîné une décision difficile après le flop, avec une forte mise avant vous et des joueurs actifs après.

L'une des marques du bon poker est de jouer de telle sorte que vous n'ayez pas de décisions difficiles à prendre pour lesquelles tous vos jetons seraient en jeu. Laissez à vos adversaires ce genre de décisions. Autant que possible, essayez de faire en sorte de n'avoir que des décisions faciles à prendre avec des stratégies bien planifiées ainsi que des portes de sortie.

A la turn ou à la river, votre jeu dépend moins de principes généraux que de tactiques spécifiques à la situation. Vous devez étudier la force de votre main, la force que vos adversaires ont laissé paraître, votre position, leur style et leur perception de votre style, le montant des tapis, et plus que cela encore.

Septième partie

Septième partie

Miser à la turn

r à la turn

et à la river

et à la river

INTRODUCTION

A la turn ou à la river, votre jeu dépend moins de principes généraux que de tactiques spécifiques à la situation. Vous devez étudier la force de votre main, la force que vos adversaires ont laissé paraître, votre position, leur style et leur perception de votre style, le montant des tapis, et plus que cela encore.

Néanmoins, quelques idées s'appliquent spécifiquement au jeu à la turn et à la river. Passons-les en revue.

36 JOUER POUR GAGNER LE PLUS POSSIBLE D'ARGENT

Supposez que je vous dise qu'il y a un type de problèmes au hold'em no-limit qui obnubile les bons joueurs, mais auquel les débutants ne pensent que très rarement. Seriez-vous intéressé de savoir de quel problème il s'agit ? Vraiment ? Bon, puisque vous insistez.

Vous êtes à la turn en tête à tête et vous pensez avoir le meilleur jeu. Il vous reste deux occasions de miser. A la turn, et, si votre adversaire est toujours là, à la river. Vous souhaiteriez gagner deux mises au lieu d'une seule, ou bien sûr, une mise au lieu de zéro. Quelle est la meilleure manière de jouer afin d'arracher une mise de plus à votre adversaire ?

Pour la plupart des débutants comme pour beaucoup de joueurs de niveau intermédiaire, cette question semble incroyablement dénuée d'imagination. Leur idée de la manière de bien jouer au hold'em no-limit se résume à agir faiblement lorsqu'ils sont forts et de miser tous leurs jetons quand ils touchent le jeu max au flop pour être payé et doubler leur tapis. Qui cela peut-t-il bien intéresser de remporter une misérable mise supplémentaire ?

Pourtant, vous devriez vous y intéresser car sur la durée d'un long tournoi, ces mises supplémentaires prises ici ou là, additionnées les unes aux autres, représentent finalement beaucoup de jetons. Jetons qui aideront à rester en vie dans le tournoi pendant que vos adversaires se débattront péniblement. Si j'ai réussi à vous convaincre de l'importance de cette question, voyons quelle réponse y apporter.

Exemple n°1
Vous avez

Vous avez relancé avant le flop en milieu de parole et avez été payé par un joueur après vous. Vous avez tous deux de gros tapis. Le flop est

Vous misez et êtes de nouveau payé. D'après ce que vous savez de cet adversaire, qui est un joueur relativement faible, vous pensez à ce moment-là qu'il a probablement en main une Dame accompagnée d'une petite carte. Un Deux arrive à la turn. *De quelle manière devez-vous miser pour retirer le plus d'argent possible de ce coup ?*

Réponse : Notez avant tout que si votre adversaire avait été un bon joueur, il n'aurait probablement pas joué le coup de cette manière. Avec, disons, Dame-Dix, vous ne voulez pas suivre au flop pour la bonne raison que si vous vous retrouvez face à une autre relance à la turn, vous ne saurez pas quoi faire. Vous avez la paire max du flop mais est-ce suffisant ou êtes-vous battu ? Vous ne pourrez pas le savoir. Un meilleur jeu est d'essayer d'obtenir des informations en relançant au flop. Si cela vous fait remporter le pot, parfait. Si ce n'est pas le cas, vous savez que vous êtes probablement battu. Quoi qu'il en soit, la question serait réglée, et vous ne perdrez pas davantage d'argent dans le coup.

Or votre adversaire n'est pas un bon joueur, il a juste suivi et nous nous retrouvons au point de départ. Il est temps de se demander "Quelle est la somme maximum que nous pouvons raisonnablement espérer gagner sur ce coup ?" La bonne réponse est : deux modestes mises. Il n'y a pas de raison de penser que votre adversaire va suivre une grosse mise avec sa main, que ce soit maintenant ou à la river. Vous avez montré de la force avant le flop et au flop, tout ce qu'il a vraisemblablement, c'est la paire max avec un petit kicker. A moins qu'il ne soit un très mauvais joueur, il ne devrait pas perdre beaucoup de jetons avec son jeu.

La meilleure manière de procéder est de faire simplement une mise modeste à la turn, une mise d'un montant qui d'après vous sera payé. Un bon montant est quelque chose entre 30% et 40% du pot. Avec la forte cote du pot que vous lui offrez, il serait difficile pour quiconque ayant la paire max de jeter sa main, quel que soit son kicker. Renouvelez la même action à la river. Essayer de tendre un piège en checkant à la turn serait trop dangereux parce que les chances sont trop grandes que votre adversaire checke après vous pour voir une carte gratuite.

Exemple n°2

Une autre situation se produit où vous pensez qu'il a une paire inférieure à votre paire de Dames. Supposons que vous ayez de nouveau A♦Q♣ **et que le flop soit** Q♥7♣3♠. **Vous voyez votre adversaire avec une paire de Dix. Vous avez misé avant le flop et vous misez au flop, et vous êtes payé à chaque fois.** ***Quelle est la bonne manière de jouer à la turn ?***

Réponse : C'est une situation plus compliquée que dans l'exemple précèdent. Trois différentes manières de jouer s'offrent à vous :

1. **Faire une grosse mise entre les trois quarts et la totalité du pot.** Ce jeu conservateur me semble très raisonnable. Vous éliminez la carte gratuite et cela vous donne la meilleure chance de remporter le pot tout de suite, mais moins de chance de gagner une autre mise à la fin. J'aime cette approche si le tableau est modérément dangereux.

2. **Checker.** C'est une bonne stratégie si le tableau est soit très dangereux, soit très faible (comme dans cet exemple). Si le tableau est dangereux, vous ne voulez pas nécessairement investir d'avantage d'argent dans le pot. Si le flop est faible,

checker pourrait apparaître comme un signe de faiblesse et vous pouvez donc vous permettre de tendre un piège. C'est la stratégie qui marche le mieux quand vous pensez qu'une mise à la turn poussera votre adversaire à passer, mais qu'en checkant, et en traduisant ainsi de la faiblesse ou de l'incertitude, vous lui offrez une occasion de suivre à la river, car votre mise sera à ce moment-là interprétée comme un tentative de vol. Ce jeu fonctionne également mieux quand vous avez la position sur votre adversaire. Lorsqu'il checke et que vous checkez ensuite, vous laissez passer votre seule chance de miser. C'est la preuve irréfutable d'une vraie faiblesse. Si vous parlez en premier et si vous checkez, il peut checker et avoir le sentiment d'avoir évité un check-raise ! Dans ce cas, il y a beaucoup moins de chance qu'il en déduise une certaine faiblesse de votre part.

3. Miser juste la moitié du pot est un jeu optimal. Dès lors que vous avez une idée claire de la main de votre adversaire, vous voulez habituellement faire une forte mise ou checker. Dans l'optique d'adopter une stratégie équilibrée, il est essentiel de jouer ainsi de temps en temps. Souvenez-vous qu'empêcher votre adversaire de lire vos habitudes de mises est aussi important que de faire de bonnes mises.

37 Le continuation bet à la turn

Très souvent, vous vous retrouverez à la turn dans la même position qu'au flop. Vous avez du jeu, peut-être le meilleur, mais peut-être pas. Vous prenez l'initiative de miser soit avant le flop, soit au flop, soit aux deux. Votre adversaire peut passer si vous misez mais vous ne pouvez pas en avoir la certitude. Vous pouvez donc tenter un continuation bet à la turn. Prenez l'initiative avec une mise d'environ la moitié du pot. Comme précédemment, vous ne risquez pas beaucoup d'argent et vous avez une cote très favorable. Si votre mise vous permet de remporter le pot une fois sur trois, vous êtes au moins à jeu. Et peu importe la manière dont votre adversaire répond à cette action, vous aurez appris quelque chose sur la force de sa main.

Il est important d'adopter différentes approches pour parvenir au même but, tout comme il est important de varier le montant de vos mises afin que les joueurs ne puissent pas facilement comprendre le sens de vos actions. Supposons que vous ayez pris l'initiative avant le flop et que vous vous retrouviez au flop avec une paire et un kicker relativement faible. Votre action normale serait de faire un continuation bet pour définir votre jeu. Une fois de temps en temps, cependant, vous devriez simplement checker. Si le tour d'enchères est checké après vous, faites un continuation bet à la turn. Cette approche vous permettra également d'obtenir des informations tout en laissant croire à vos adversaires que la quatrième carte vous a aidé d'une quelconque manière.

Essayez toujours d'innover en tentant de nouvelles actions qui vous permettront d'obtenir des informations tout en restant impénétrable.

38

JOUER LES TIRAGES

Voici une situation très habituelle à la turn. Vous avez une vraie main et vous pensez que c'est probablement le meilleur jeu pour l'instant. Vous pensez que votre adversaire est à tirage. S'il touche son jeu, il vous bat. Que devriez-vous faire ? Que devrait-il faire ?

Le premier point à noter est très simple : si vous suspectez que vous êtes contre une main à tirage, vous devez miser à la turn, pas à la river. Checker à la turn et miser à la river est une énorme erreur. En checkant, vous donnez à votre adversaire une carte gratuite qui lui permettra peut-être de vous battre, ce qui est la plus colossale des erreurs que vous puissiez faire au poker.

Autre point tout aussi important : si vous attendez la cinquième carte pour agir, votre adversaire saura à ce moment-là s'il a touché son jeu ou non. S'il ne l'a pas touché, il ne payera pas votre mise. Vous pouvez donc gagner de l'argent *uniquement* à la turn.

Supposez cependant que vous soyez le joueur avec la main à tirage. A la turn, votre adversaire mise. De quelle cote du pot avez-vous besoin pour suivre ?

Prenons le cas le plus simple : vous êtes sur un tirage couleur à trêfle, avec deux trêfles dans votre main et deux au tableau. Vous avez pour l'instant vu six cartes du paquet, avec deux trêfles et deux cartes qui ne sont pas à trêfle. Les 46 cartes restantes contiennent les neufs derniers trêfles et 37 autres cartes qui ne sont pas à trêfle. La cote pour toucher votre couleur à la river est de 37 contre 9 ou, disons, d'un peu plus de 4 contre 1.

Si vous êtes presque certain qu'en touchant la couleur vous remporterez le pot (ce qui est habituellement le cas), alors aussi longtemps que vous avez une cote du pot de 4 contre 1 vous devez suivre une mise à la turn. En fait, 4 contre 1 est une cote supérieure à celle dont vous avez réellement besoin, ceci pour deux raisons :

1. Lorsque vous touchez votre couleur, vous pouvez gagner une autre mise importante à la river. Il s'agit de la cote implicite dont nous avons discuté dans la Quatrième Partie. Elle ne peut pas être estimée avec précision parce que vous ne savez pas si une mise sera suivie, ni le montant de la mise susceptible d'être payé. Mais cette éventualité vaut évidemment quelque chose.

2. Vous pouvez ne pas avoir besoin de toucher la couleur pour gagner. Toucher simplement une deuxième paire pourrait être suffisant et votre adversaire peut également être en bluff (bluff qu'il abandonnera à la river) et vous êtes déjà gagnant.

Ce sont des impondérables, certes, mais ils ont tous deux le même effet, qui est de réduire la cote dont vous avez réellement besoin. Visiblement, une cote de 4 contre 1 est suffisante. En pratique, j'ai tendance à payer ces mises avec une cote légèrement inférieure à 3 contre 1 mais cela peut varier. Tout dépend de l'estimation que j'ai en tête du montant de la mise que mon adversaire pourrait suivre.

Pour connaître les cotes de toucher d'autres tirages fréquents, référez-vous à notre table des outs dans la Quatrième Partie.

39

CONTRER LES TIRAGES

Si j'ai un jeu fait et si mon adversaire est sur un tirage couleur, je suis dans une situation inverse à celle du problème de la discussion précédente. Mon principal souci est de découvrir combien miser. D'après le Théorème Fondamental du Poker de Sklansky (cf. *Poker Théorie*, à paraître dans la même collection), il convient de miser suffisamment dans l'unique but de pousser mon adversaire à payer ma mise s'il est sur un tirage couleur et de lui faire commettre ainsi une erreur. Du moment que je le pousse à l'erreur, j'ai fait ma part du boulot, peu importe qu'il me batte ensuite en touchant son tirage ou non.

En ajustant ma mise au montant du pot, je peux contrôler la cote que j'offre à mon adversaire. Voici un petit tableau qui montre de quelle manière ma mise affecte sa cote :

Si je mise...	**... j'offre cette cote à mon adversaire**
Deux fois le pot	3 contre 2 = 1,5 contre 1
Le pot	2 contre 1
Les trois quarts du pot	7 contre 3 = 2,3 contre 1
Les deux tiers du pot	5 contre 2 = 2,5 contre 1
La moitié du pot	3 contre 1
Un tiers du pot	4 contre 1
Un quart du pot	5 contre 1

Adv à tirage : - quinte 2 bouts : 8/46 -> 38 contre 8 -> 4,7 c1
- quinte ventrale : 4/46 -> 42 contre 4 -> 10 c1
- couleur : 9/46 -> 37 contre 9 -> 4,1 c1

J'aime miser entre les deux tiers et les trois quarts du pot dans ces circonstances. D'après la section précédente, nous savons qu'il est raisonnable pour lui de suivre avec son tirage couleur s'il a une cote d'environ 3 contre 1. Miser la moitié du pot dans ce cas serait un peu léger. D'un autre côté, je ne veux pas trop miser par rapport au pot. Souvenez-vous : *si je mise trop et s'il passe,* il n'aura pas commis d'erreur, et n'oubliez pas que votre véritable objectif ici est de le pousser à la faute.

Dans la pratique, des mises des deux tiers ou des trois quarts du pot sont fréquemment payées dans ces situations, et c'est justement ce que je veux.

Si je le vois sur un tirage quinte plutôt que sur un tirage couleur, mon problème n'en sera que très légèrement différent. Disons qu'un joueur a dans sa main

et que le tableau est

Il peut toucher sa quinte grâce à un Sept ou une Dame, soit un total de huit cartes. Donc sur les 46 cartes du paquet qu'il n'a pas encore vues, huit lui permettent de toucher sa quinte alors que 38 ne le lui permettent pas. Sa cote est de 38 contre 8, ou un peu plus de 4,5 contre 1.

Dans ce cas je n'ai pas besoin de miser autant. Une mise de la moitié du pot lui offre une cote de 3 contre 1, moins que ce dont il a besoin même en tenant compte de ses futures cotes implicites.

40

QUAND ARRIVE LA CARTE MAUDITE

Vous jouez une main solide et vous pensez que votre adversaire est sur un tirage. Une carte vient à la river qui donne une couleur possible ou semble aider une main qui serait sur un tirage quinte. Votre adversaire mise. Que faites-vous ?

Il n'y pas de réponse facile à des questions comme celles-ci, mais voici quelques indications :

1. S'il mise face à deux ou plusieurs adversaires, passez. Les probabilités que l'un de vous le suive sont trop importantes et il le sait, donc sa mise représente une force réelle.

2. S'il est connu pour être un bluffeur, suivez. Il aura parfois la main qu'il prétendait avoir et vous vous sentirez stupide, mais vous découvrirez suffisamment de bluffs pour qu'il soit rentable pour vous de suivre.

3. S'il n'est pas connu pour être un bluffeur, faites attention à la cote du pot. Avec une cote de 1 contre 1 ou de 1,5 contre 1, vous devriez plutôt passer. Avec une cote du pot supérieure à 2 contre 1, vous devriez plutôt suivre.

41 Misez seulement pour gagner de l'argent

Une erreur habituelle chez les débutants est de faire une mise à la fin, mise dont ils ne pourront retirer aucun profit parce qu'elle sera uniquement payée par un jeu qui peut les battre. Vous devez faire la différence entre faire un value bet à la river, lequel a de grandes chances de vous rapporter un profit, et faire une mise qui ne présente aucun avantage mais un énorme inconvénient.

Etudiez ces deux exemples attentivement.

Exemple n°1

1. Vous avez Q♠J♠ et avez relancé en fin de parole avant le flop. Le bouton vous a suivi.

2. Le flop est Q♦7♣2♥, vous misez de nouveau et de nouveau vous êtes suivi.

3. La turn est le 6♠. Vous misez encore et vous êtes toujours suivi.

4. La river est le K♦. *Devriez-vous miser ?*

Réponse : La réponse est oui. Il n'y a pas de possibilités de quinte ou de couleur mais votre adversaire vous a payé tout au long du coup. Il a du jeu mais vous ne savez pas exactement quoi. Le Roi ne l'a sûrement pas aidé. S'il avait deux Rois ou Roi-Dame dans sa main vous étiez battu de toute façon, et s'il avait K-x, vous suivre n'avait aucun sens parce qu il n'avait pas suffisamment d'outs pour le faire. Il vous a probablement suivi avec une Dame moins bien accompagnée ou une petite paire que vous battez. Donnez-lui donc une occasion de mettre un peu plus d'argent à la fin.

Exemple n°2

1. Vous avez Q♦J♣ et faites une relance en fin de parole avant le flop. Comme précédemment, le bouton vous suit.

2. Le flop est Q♠7♣6♥. Vous faites une autre mise et vous êtes encore payé.

3. La turn est le 8♥. Vous misez encore et êtes toujours suivi.

4. La river est le 9♥. *Devriez-vous miser ?*

Réponse : Maintenant la réponse est clairement non (sauf dans les rares cas d'un bluff possible). De la manière dont le coup s'est joué, il y a une grande possibilité pour que votre adversaire ait été sur un tirage quinte ou couleur, ou même les deux, et qu'il ait maintenant touché son jeu. S'il était à tirage et s'il n'a pas amélioré, il ne payera pas votre mise. S'il a touché son jeu, il vous relancera. Il est très improbable qu'il vous suive et abatte ensuite un jeu que vous puissiez battre. Vous devez donc checker. S'il mise, vous jetterez votre main à moins que la cote du pot ne soit vraiment trop tentante.

42 Faire all-in à la turn et à la river

Les bons joueurs ne font tapis que rarement, sauf quand ils n'ont plus beaucoup de jetons. La raison en est très simple. Quand vous faites tapis, vous risquez l'intégralité du tournoi. Les bons joueurs n'aiment pas faire cela. Ils ont confiance en leur talent pour dominer par leur jeu leurs adversaires en accumulant des jetons et pensent avoir le temps pour y parvenir.

Cependant, un certain nombre de nouveaux venus ou d'amateurs aiment pousser tous leurs jetons dans le pot. Ces joueurs voient le hold'em no-limit comme un jeu de gros bluffs et de fortes relances. Ils sont impatients de toucher une belle main et de miser tous leurs jetons. Le premier jour d'un tournoi majeur, beaucoup jouent de cette manière et lorsque plusieurs d'entre eux s'affrontent à la même table, attention ! Non seulement il y en a plusieurs d'éliminés mais les survivants ont de très gros tapis. Hélas pour eux, ces "fantomatiques chip leaders" ne survivront pas longtemps dans le tournoi. De 1983 à 2003, le plus gros tapis à la fin de la première journée des World Series of Poker n'a jamais gagné le tournoi ! [13]

Comparez les mérites d'une mise à tapis avec ceux de miser juste le montant du pot. Si vous avez une forte main et si votre adversaire a une main faible, les deux mises le chasseront du coup et vous permettront de remporter le pot. Si vous avez une main forte et si votre adversaire a une

[13] Pour une discussion détaillée sur le sujet, reportez-vous au livre de David Sklansky *Poker de Tournoi Plus*, même éditeur, même collection.

main plus faible, mais une main qu'il a envie de jouer, une mise du montant du pot aura une meilleure probabilité de vous rapporter plus qu'une mise à tapis. En outre, si vous avez un bon jeu mais si votre adversaire dissimule une bombe en main, une mise du montant du pot vous donnera au moins une chance supplémentaire de reconsidérer la situation avant de perdre tous vos jetons.

Cela étant dit, il existe certaines circonstances où je miserais mon tapis. En général, trois conditions doivent être remplies :

1. Je suis un peu léger en jetons mais pas encore désespéré.

2. J'ai une bonne main qui, sans être fantastique, risque d'être la meilleure main à la table à ce moment-là. Un exemple typique pourrait être

dans ma main, avec le tableau

(sans tirage couleur évident).

3. Je ne cherche pas à ce qu'il y ait plus d'action, je suis heureux de remporter le pot tout de suite.

Dans ces circonstances, une relance à tapis n'est pas une mauvaise stratégie.

PROBLÈMES

Miser à la fin d'un coup pose des problèmes à toutes sortes de joueurs. Ne faites pas de mises qui seraient payées uniquement si vous êtes battu. Les problèmes 7-1 et 7-2 traitent de ce sujet épineux.

Le problème 7-3 explique comment décider de relancer à la quatrième ou à la cinquième carte du tableau.

Le problème 7-4 montre le danger de sous-jouer une très bonne main.

Les problèmes 7-5 à 7-7 sont des exemples d'interprétation de l'action autour de la table.

Coup 7-1

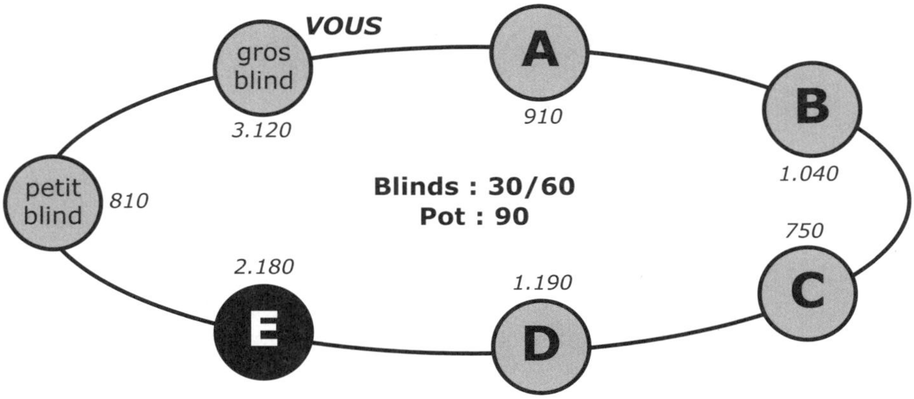

Votre main	Enchères avant vous
	Les joueurs A, B et C passent tous. Le joueur D relance à \$120. Le joueur E et la petite blind passent. Le pot est maintenant de \$210.

La situation : Au début d'un satellite à une table. Le joueur D est un joueur solide qui a déjà fait des continuation bets.

Question : *Est-ce que vous passez, suivez ou relancez ?*

Réponse : Suivre est raisonnable. Votre main n'est pas si forte que ça, vous n'avez pas la position, mais la cote du pot (3,5 contre 1) est plutôt bonne et vous êtes le dernier joueur à parler.

L'action : Vous suivez en ajoutant \$60. Le pot est maintenant de \$270.

Le flop : J♣5♠2♠

Question : Vous êtes premier de parole. *Que devriez-vous faire ?*

Réponse : Vous avez flopé la paire max avec un bon kicker. C'est certainement un bon jeu et vous voulez qu'il y ait davantage d'argent dans le pot. Quel est le meilleur moyen d'y parvenir ?

Si vous ne saviez rien de vos adversaires, vous voudriez prendre l'initiative avec une forte mise. Mais ici, vous disposez d'un peu plus d'informations. Vous avez remarqué que le joueur D fait des continuation bets quand il a déjà relancé en premier lors du tour d'enchères précédent. Sachant cela, vous devriez jouer les pourcentages, attendre en espérant qu'il mise pour pouvoir alors faire une sur-relance. Donc vous devriez checker.

L'action : Vous checkez. Il mise \$120. Le pot est maintenant de \$390. *Que devriez-vous faire ?*

Réponse : Votre plan a bien fonctionné. Vous voulez maintenant relancer et relancer d'un montant important, disons du pot. Au cas où il serait sur le tirage couleur à pique, vous ne voulez pas lui donner la bonne cote pour vous suivre.

L'action : Vous relancez mais seulement à \$240 et il paye. Le pot est maintenant de \$750.

Trop peu. Le pot était de \$630 et cela lui coûtait \$120 pour suivre. Il avait une cote du pot légèrement supérieure à 5 contre 1, ce qui signifie qu'il avait tout à fait raison de vous suivre avec un tirage couleur, même s'il avait su ce que vous avez en main.

La turn : J♣5♠2♠4♦

Question : *Que faites-vous maintenant ?*

Réponse : Le Quatre ne l'a probablement pas aidé et vous avez toujours la paire max avec un bon kicker. Je miserais de nouveau, disons de \$350. Si vous êtes battu, vous êtes battu.

L'action : En fait, vous checkez, il mise \$110 et vous payez. Le pot est maintenant de \$970. Vous avez encore \$2.650 en jetons devant vous, il lui reste \$720.

La river : J♣5♠2♠4♦7♠

Question : *Devriez-vous miser à la fin ?*

Réponse : Le troisième pique est venu, donc s'il était sur un tirage couleur, il vient de toucher son jeu. Cependant, il n'a pas misé aussi fortement qu'il aurait dû avec un tirage couleur. (Il a misé au flop, puis à la turn quand il aurait pu checker et voir ainsi une carte gratuite.) Si vous avez le sentiment qu'il est en train de bluffer, vous devez checker pour le pousser à tenter un dernier bluff. (S'il bluffe, cela va être sa dernière chance de remporter le pot.) Si vous ne pensez pas qu'il est en train de bluffer, vous devez checker et prendre votre décision finale s'il mise. Dans tous les cas, checker est probablement la bonne chose à faire.

C'est une situation qui permet aux très bons joueurs de remporter beaucoup d'argent alors que les moins bons n'y parviennent pas. Tous les très bons joueurs ont une bonne intuition dans ces situations. Cette intuition nécessite de nombreuses années de pratique pour se développer, même si quelques jeunes As du poker disposent déjà d'un instinct de joueur chevronné alors qu'ils sont encore des nouveaux venus sur le circuit. [14]

L'action : Vous checkez et il mise $190. Vous payez. Il montre K♥9♠ et vous remportez le pot avec votre paire de Valets.

Votre stratégie du Rope-a-Dope a marché à la perfection, le poussant à tenter un dernier bluff à la fin. Le fait que vous checkiez au flop et à la turn l'a convaincu que vous aviez essayé de voler le pot avec votre check-raise, c'est pourquoi il a continué son bluff. Ses mises étaient de toute façon si faibles que vous n'auriez jamais pu considérer sérieusement de passer.

---

[14] Certaines de ces situations peuvent être appréhendées par la simple logique. Voir à ce sujet le chapitre "Le Duel final" de *Poker Théorie,* de David Sklansky, ainsi que *Poker Duel*, de François Montmirel, même éditeur, même collection.

Coup 7-2

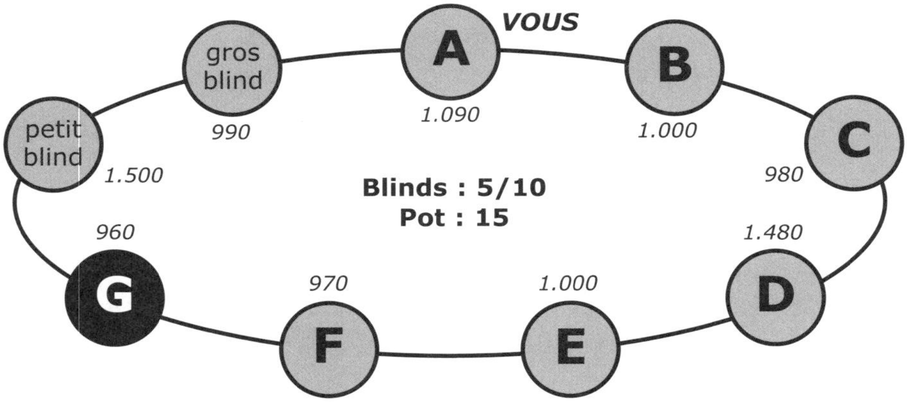

Votre main	Enchères avant vous
	Vous êtes le premier à parler.

La situation : Quatrième coup d'un tournoi satellite à une table. Un joueur a déjà été éliminé. Vous manquez d'informations sur les autres.

Question : *Est-ce que vous suivez ou relancez ? Si vous relancez, de combien ?*

Réponse : Suivre est hors de question. Votre main est probablement la meilleure à la table pour l'instant, mais ce ne sera probablement plus le cas si plusieurs joueurs restent dans le coup et si des cartes supérieures au Valet viennent au flop. Votre travail est de chasser le maximum de joueurs du coup et de vous retrouver, avec un peu de chance, contre un seul joueur mais certainement pas plus de deux. En même temps, il n'est pas nécessaire de trop miser. Vous devriez relancer entre trois et quatre fois la grosse blind.

L'action : Vous relancez à $30. Les joueurs B, C, D, E et F passent tous. Le bouton et la petite blind payent et la grosse blind passe. Le pot est maintenant de $100 et vous êtes au milieu, entre deux joueurs.

Le flop : 7♠6♥4♥

L'action : La petite blind checke.

Question : *Que faites-vous ?*

Réponse : C'est un très bon flop pour vous. Il est peu probable que quiconque ait payé votre relance avec Huit-Cinq ou Cinq-Trois, aucun joueur n'a montré de force particulière, vous devriez donc avoir la meilleure main. Une mise du pot devrait être suffisante pour chasser les mains à tirage. Je miserais donc $100.

L'action : Vous misez $100. Le bouton passe mais la petite blind suit. Le pot est maintenant de $300. La quatrième carte est le 5♦. La petite blind checke.

Question : *Est-ce que vous checkez ou misez ?*

Réponse : La plupart des joueurs checkeraient dans ce cas parce que le 5♦ est une carte très inquiétante – il y a maintenant un tirage quinte ouvert au tableau. Souvenez-vous cependant de ceci : si votre adversaire a joué pour la quinte, *il est supposé avoir déjà le Cinq dans sa main.* Il ne vous a certainement pas suivi dans l'espoir de toucher une quinte ventrale, c'est un tirage trop hasardeux même pour la plupart des débutants. Il n'y a que deux mains que le Cinq aide réellement. La première est Neuf-Huit, assortis ou dépareillés, et il serait très étonnant qu'il ait payé deux mises avec cette main. L'autre, la plus probable, est Huit-Sept. Il a pu payer avant le flop avec cette main, puis à nouveau payer au flop avec la paire max du flop et un tirage quinte ventral.

Pourrait-il avoir d'autres cartes en main ? Bien sûr. Deux gros cœurs auraient un sens. Dans ce cas, le fait qu'il ait suivi avant le flop est compréhensible, ainsi qu'au flop, avec un tirage couleur. Il pourrait également avoir quelque chose comme As-Sept, avec la paire max au flop et le meilleur kicker. Moins probable, mais toujours possible, serait qu'il ait suivi avec Six-Cinq ou Cinq-Quatre.

Alors que faire ? Vous ne devez pas checker et laisser passer l'opportunité de pouvoir remporter le pot tout de suite – après tout, il peut penser que vous venez de toucher votre quinte. S'il était en fait sur un tirage couleur, vous lui donneriez une carte gratuite, ce qui est une grave erreur. Vous devez donc miser, mais pas trop fort. Vous voulez pouvoir jeter votre main s'il venait à faire une forte sur-relance. Miser la moitié du pot est un peu léger s'il a un tirage couleur à cœur car vous lui offrez alors une cote de 3 contre 1, ce qui, combiné à la cote implicite s'il touche sa couleur, en espérant un peu d'action à la dernière, le pousserait raisonnablement à suivre. Il me semble préférable de miser les deux tiers du pot pour réduire un tant soit peu la cote que le pot lui offrira. N'oubliez pas que vous ne voulez pas trop miser au cas où il vous sur-relancerait. Les deux tiers du pot me semble suffisants pour arriver à vos fins.

L'action : En fait, vous checkez. Le pot est toujours de $300. A la river vient le 2♦. La petite blind fait tapis pour les $960 qui vous restent.

Question : *Est-ce que vous payez ou passez ?*

Réponse : Quand votre adversaire fait une mise qui ne ressemble en rien à la manière dont le coup s'est joué, c'est le moment de prendre une grande respiration et de bien étudier la situation. Cela peut être le tournant décisif du tournoi pour vous, soyez donc certain de ne pas agir à la légère. Résistez à l'envie de jeter votre pauvre paire de Valets face à sa quinte évidente et considérez la situation.

Quand vous avez une bombe en main, l'idée est de l'utiliser pour gagner un peu d'argent, pas d'éjecter tout le monde du coup. Un parfait débutant fait tapis quand il touche une quinte parce qu'il est si excité qu'il ne sait pas quoi faire de mieux. "J'ai touché un super jeu ! Je peux miser tous mes jetons ! Youpi !" Puis il regarde dépité tous les joueurs passer. Un joueur plus évolué penserait "J'ai le jeu max, je dois faire quelque chose pour gagner plus sur ce coup. Je mise $150, peut-être que la cote du pot de 3 contre 1 poussera quelqu'un à suivre. C'est mieux que rien."

Si ce type est juste un débutant, pourquoi a-t-il checké à la turn ? Après tout, il n'a pas touché sa quinte grâce au Deux (à moins qu'il ait A-Trois, auquel cas le fait qu'il ait suivi deux fois n'aurait aucun sens). S'il a une quinte, il l'a touchée à la turn, où il a checké. Prévoyait-il de faire un check-raise ? Ce n'est pas la marque d'un débutant excité qui n'arrive pas à se contrôler. Il n'y a pas de logique dans ces mises. Il me semble qu'il y a de grandes chances pour que cette dernière mise soit juste un bluff pour voler le pot. Vous devriez sérieusement songer à payer.

Dernière chose : un joueur de classe mondiale est tout à fait capable de pousser tous ses jetons dans le pot avec une quinte dans une situation similaire, en espérant que son adversaire suivra après avoir tenu le même raisonnement que celui que je viens de faire. Quand vous êtes face à quelqu'un de très bon, faites attention et ne considérez rien comme acquis !

Dénouement : Vous suivez, la petite blind montre A♥7♥. Votre paire de Valets gagne le pot de $2.220.

Livrons-nous à quelques observations concernant le jeu de votre adversaire.

Sa mise à la fin était une grosse erreur – un exemple typique d'une mise absolument pas rentable. Il avait seulement la paire max et presque personne n'aurait été capable de suivre sa mise avec la possibilité de quinte au tableau, à moins de battre au moins la paire max. Comme il a la paire max, il n'avait pas besoin de pousser tous ses jetons pour vous éliminer du coup. Elle aurait suffit pour battre votre jeu, il aurait donc dû se satisfaire d'abattre sa main.

Sa main lui permettait également d'agir au flop. A ce moment-là, il avait la paire max du flop (une paire de Sept) plus un As, plus quatre cartes pour un tirage couleur. Il avait 14 outs (neuf cœurs, trois As, deux Sept) et était donc légèrement favori. Une mise à ce moment-là aurait pu lui permettre de remporter le pot. Checker était une erreur.

Coup 7-3

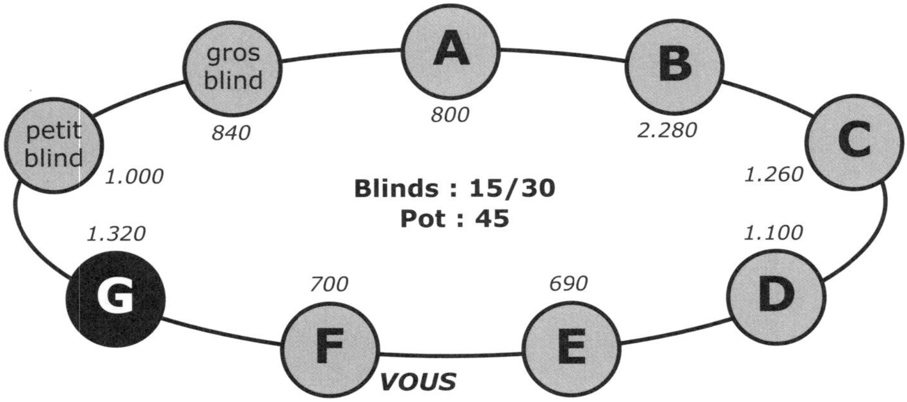

Votre main

Enchères avant vous

Le joueur A relance à $60. Les joueurs B, C, D et E passent tous.
Le pot est maintenant de $105.

La situation : Au début d'un satellite à une table. La table joue globalement serré.

Question : *Est-ce que vous passez ou relancez ?*

Réponse : Payez. À une table pleine et qui joue serré, vous devez comprendre que les mises représentent beaucoup plus que ce qu'elles sont supposées représenter. Le joueur en première position a relancé, il est donc supposé avoir une bonne main – une paire ou peut-être As-Roi ou As-Dame. Selon le Gap Concept*, vous avez

[2] (NdE) Voir le livre fondamental de David Sklansky *Poker de Tournoi Plus*, même éditeur, même collection.

besoin d'une main au moins aussi bonne que celles-ci pour jouer. C'est ce que vous avez, vous devez donc jouer. Mais vous ne devez pas trop vous emballer pour l'instant. Vous avez une bonne main, mais pas une super-main. En limites fixes, vous jetteriez fréquemment As-Dame dans cette position. En no-limit, la position est beaucoup plus importante qu'en limites fixes car il y a la possibilité de gagner la totalité du tapis d'un joueur, plutôt que juste quelques mises. Votre position vous permet ici de suivre.

L'action : Vous payez. Le bouton et la petite blind passent et la grosse blind suit pour $30 de plus. Le pot est maintenant de $195.

Le flop : T♠T♥9♣

L'action : La grosse blind checke et le joueur A mise $100. *Quelle est votre décision ?*

Réponse : Passez. Voici un exemple de l'Effet Sandwich. Vous n'avez pas amélioré au flop mais sa mise de la moitié du pot pourrait être un continuation bet standard. Si vous n'étiez que deux joueurs dans le coup, vous pourriez suivre, mais ici, il y a un autre joueur à parler après vous et c'est un de trop.

Ne soyez pas séduit par le fait que la grosse blind ait simplement checké. Bien sûr, il peut être faible, mais les joueurs qui touchent un brelan au flop checkent aussi habituellement. Vous ne pouvez pas considérer qu'un joueur est hors du coup avant qu'il n'ait réellement jeté ses cartes.

L'action : En réalité vous suivez et la grosse blind passe. Le pot est maintenant de $395.

La turn : T♠T♥9♣J♣

L'action : Le joueur A checke. Vous avez un tirage quinte ouvert et pensez que vous pouvez voler le pot. *Pensez-vous que vous devez essayer de voler le pot, et si oui, devez-vous miser $200 ou faire tapis à $540 ?*

Réponse : Vous ne devez pas essayer de voler le pot. Une meilleure approche serait de voir une carte gratuite afin de savoir si vous pouvez améliorer. Jusqu'à présent vous n'avez investi que $160, si vous pouvez sortir du coup sans investir davantage, vous aurez toujours une chance (bien que pas très grande) dans le tournoi. En revanche, une action de votre part pourrait se conclure par votre élimination du tournoi.

Si vous tenez vraiment à voler ce pot, vous devriez probablement miser $200 au lieu de $540. Si votre adversaire n'a rien, cette mise le chassera du coup. Si vous misez $200 et s'il vous relance à tapis, vous pourrez toujours décider quoi faire. Faire tapis vous prive d'une certaine flexibilité sans présenter de réel avantage.

L'action : Vous faites tapis et le joueur A vous paye. Il montre J♦J♠, et vous êtes tué par son full. Le fait qu'il ait checké à la turn était un piège.

Il y a un autre point technique à noter dans ce coup. Si vous aviez misé $200, votre adversaire aurait eu le choix entre vous relancer à tapis tout de suite, ou suivre et espérer vous prendre à la river les $340 qui vous restaient.

La deuxième stratégie semble plus intelligente et plus sophistiquée, mais c'est en fait une erreur élémentaire. Avec Valet-Dix-Neuf dont deux trêfles au tableau, il pouvait penser que vous aviez un tirage quelconque, soit quinte, soit couleur. S'il avait fait tapis à ce moment-là, vos tirages vous poussaient à suivre. S'il avait attendu la cinquième et si vous n'aviez pas amélioré (ce qui est probable), vous n'auriez pas payé sa mise. Donc avec un très bon jeu en main et s'il y a un tirage au tableau, misez à la turn pour gagner tous les jetons de votre adversaire.

Coup 7-4

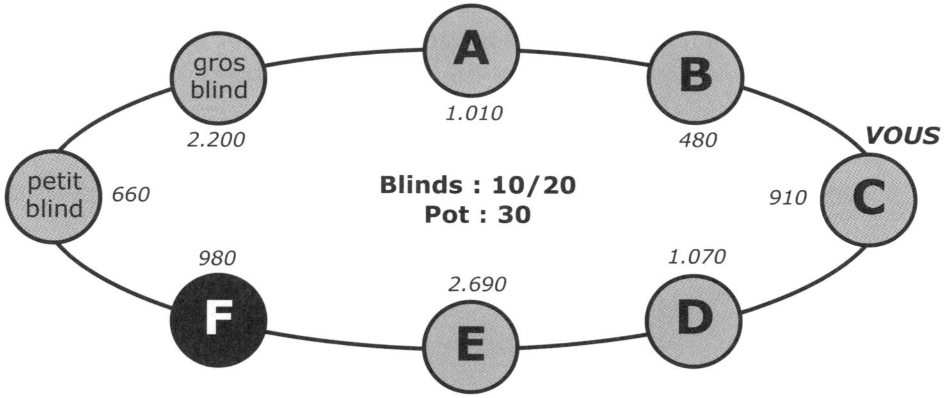

Votre main	Enchères avant vous
	Les joueurs A et B passent.

La situation : Au début d'un tournoi en ligne. La grosse blind est un joueur imprévisible et agressif qui aime entrer dans les coups pour relancer avec n'importe quoi. Le joueur F semble solide et serré.

Question : *Est-ce que vous suivez ou relancez ?*

Réponse : Vous ne pouvez pas juste suivre parce que votre main est probablement la meilleure pour le moment. Mais elle pourrait bien ne plus l'être si plusieurs joueurs entrent dans le pot et si une ou deux cartes supérieures au Dix viennent au flop. Vous devez donc relancer pour dissuader les joueurs de suivre.

J'aime avoir un éventail de possibilités de relance pour une main comme celle-ci afin que mes adversaires ne puissent pas facilement lire la signification de mes mises. Dans cette situation, mon éventail de mises se situe entre trois et quatre fois la grosse blind et je varie mes mises dans cette fourchette au hasard, ou je peux également laisser la situation guider mon choix.

Ici, vous savez que le joueur de grosse blind est un joueur fantasque et imprévisible qui aime jouer beaucoup de coups et relancer de manière agressive. Vous ne devriez pas craindre de le chasser avec une forte mise et vous voulez qu'il mette autant d'argent que possible dans le pot. Misez donc le maximum de votre éventail de mises et relancez à $100.

L'action : Vous relancez en réalité à $60. Les joueurs D et E passent, mais le bouton (le joueur F) paye. La petite blind passe et la grosse blind suit en ajoutant $40. Le pot est maintenant de $190.

Le flop : 8♣7♠6♣

L'action : La grosse blind checke. *Que faites-vous ?*

Réponse : Ce flop est bon mais pas fantastique pour vous – trois cartes toutes inférieures à votre paire, mais avec une quinte possible et un tirage couleur. Vous devriez maintenant miser quelque chose comme les trois quarts du pot. Si vous êtes relancé, soyez prêt à aller jusqu'au bout. Comme vous avez deux Dix, il est peu probable que vous soyez face à un joueur avec la quinte supérieure, et il est très peu probable que quiconque ait suivi avant le flop avec Cinq-Quatre.

L'action : Vous misez $160. Le joueur F suit et la grosse blind passe. Le pot est maintenant de $510.

La quatrième carte : 8♣7♠6♣T♦

Question : *Que faites-vous ?*

Réponse : Vous devriez miser un gros montant. Si le joueur F a un Neuf, vous êtes battu, mais il est peu probable qu'il en ait un. C'est un joueur solide et serré qui ne payerait probablement pas une relance avec As-Neuf ou Roi-Neuf. Dans ces petits satellites et dans les tournois en ligne, vous avez très peu de temps pour accumuler des jetons sans devoir en plus vous occuper des hurluberlus qui auraient un Neuf en main. Si vous êtes relancé, prévoyez de suivre.

L'action : Vous misez $200 et le joueur F paye. Le pot est maintenant de $910.

La river : 8♣7♠6♣T♦4♦

Question : *Que faites-vous ?*

Réponse : Voici maintenant un tirage quinte par l'autre bout ! Oui, il est possible qu'il vous ait payé tout du long et que maintenant vous soyez battu. Mais il ne vous reste plus que $490 et si vous perdez le tournoi avec votre brelan de Dix, eh bien qu'il en soit ainsi ! C'est peut être le meilleur jeu que vous toucherez avant longtemps, et vous devriez être prêt à miser tout vos jetons. Mais il est peu vraisemblable qu'il ait un Quatre ou un Neuf d'après la manière dont le coup s'est joué.

L'action : Vous faites tapis à $490, et il paye en montrant une paire d'As. Vous gagnez le pot.

Le mystère est levé – il jouait en embuscade une paire d'As et il a perdu le coup à la turn. C'était un jeu dangereux, mais qui vaut occasionnellement la peine d'être joué pour laisser vos adversaires se poser des questions.

Coup 7-5

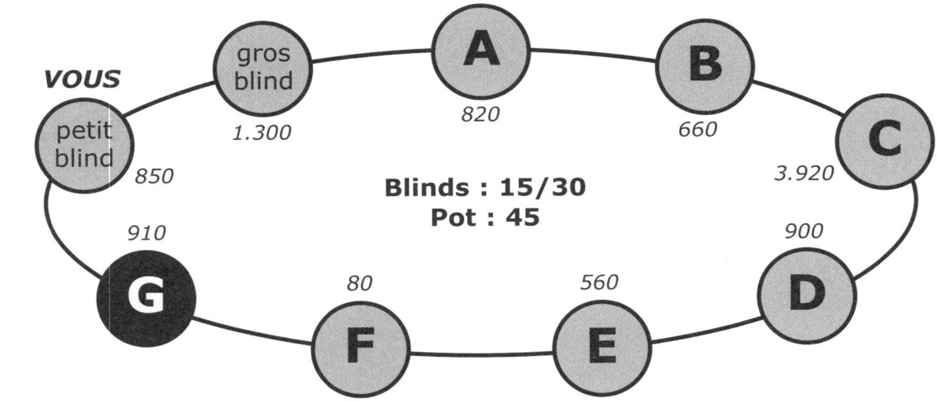

Votre main

Enchères avant vous

Les joueurs A et B passent. Le joueur C paye. Les joueurs D, E et F passent. Le joueur G suit.
Le pot est maintenant de $105.

La situation : Au début d'un tournoi satellite à une table. Le joueur C est quelqu'un de fantasque qui joue la majorité des pots et fait de grosses relances. Le joueur G et la grosse blind semblent être des joueurs solides.

Question : *Que faites vous ?*

Réponse : Comme vous êtes de petite blind, cela ne vous coûte que $15 pour suivre cette mise. Malgré votre mauvaise position lors des tours d'enchères suivants, la cote du pot de 7 contre 1 vous a bien évidement convaincu de suivre. N'oubliez pas que votre but avec des connecteurs assortis est de voir un flop à moindres frais.

La présence d'un joueur très actif avec beaucoup de jetons devant lui devrait vous préoccuper. S'il avait parlé après vous, vous auriez dû jeter vos cartes. Mais, comme ici il a déjà parlé, vous êtes libre de suivre.

L'action : Vous suivez pour $15 de plus et la grosse blind checke. Le pot est maintenant de $120.

Le flop : J♣3♠2♠

Question : Vous êtes le premier à parler. *Que faites-vous ?*

Réponse : Vous avez touché la paire max et vous avez quatre piques. Les deux petites cartes vous donnent le tirage couleur tout en n'ayant probablement pas permis à vos adversaires d'améliorer.

La question maintenant n'est pas de savoir si vous allez miser mais combien vous allez miser : suffisamment pour gagner un peu d'argent, mais pas trop pour ne pas chasser les joueurs. C'est un coup sur lequel la présence d'un tirage couleur ne vous incite pas pour autant à dissuader les joueurs de vous payer.

Je recommanderais une mise d'environ les trois quart du pot, entre $80 et $90. Votre seule crainte est d'être contre une main comme Dame-Valet ou une très petite paire qui aurait touché son brelan, mais pour l'instant ce ne sont que des hypothèses.

Checker (avec l'idée de faire un check-raise) n'est pas une très bonne idée. Souvenez-vous, vous devez miser quand vous avez un bon jeu dans l'idée de poursuivre une stratégie équilibrée. Vous allez faire des bluffs et des continuation bets, et ces mises ne peuvent pas fonctionner si elles ne sont pas accompagnées de mises légitimes.

L'action : Vous misez en fait le pot, $130. La grosse blind suit mais les deux autres joueurs passent. Le pot est maintenant de $380.

La turn : J♣3♠2♠K♥

Question : *Et maintenant ?*

Réponse : Le Roi ne vous a pas aidé mais il est possible qu'il n'ait pas aidé votre adversaire non plus. C'est le problème quand vous avez une mauvaise position. Vous devez encore miser alors que vous agissez en aveugle. Si vous checkez, vous devrez toujours payer une mise, miser en premier vous donne au moins une chance de pouvoir remporter le pot tout de suite. Je recommanderais un continuation bet à la turn, d'un peu plus de la moitié du pot, entre $150 et $200. Avec juste une paire de Valets, vous n'êtes pas assez fort pour faire un check-raise. Faites donc juste un value bet et voyez ce qui se passera ensuite.

L'action : Vous misez en fait $50 et la grosse blind paye. Le pot est maintenant de $480.

Le montant de la mise est mal choisi. Souvenez-vous que le poker est d'abord et avant tout un jeu d'informations. Parfois une mise plus importante est en réalité une action défensive, une manière de protéger l'intégralité de votre tapis, en sacrifiant quelques jetons supplémentaires pour obtenir plus d'informations.

La river : J♣3♠2♠K♥5♣

Question : *Qu'allez-vous jouer maintenant ?*

Réponse : Tout ce que vous avez maintenant est la deuxième paire du flop. C'est ce que votre jeu dénote depuis le début. Donc si vous faites une forte mise, il payera seulement s'il peut au moins battre la deuxième paire du flop. Si en revanche vous faites un probe bet, vous pouvez l'empêcher de faire une plus grosse mise que vous seriez alors forcé de suivre. Vos choix sont donc soit checker soit faire une petite mise. Je préfèrerais checker, mais je n'argumenterais pas face à quelqu'un qui choisirait de miser.

L'action : Vous checkez et il mise $200. *Est-ce que vous suivez ou passez ?*

Réponse : Vous devez suivre. Il y a maintenant $680 dans le pot et cela vous coûte $200 pour suivre, votre cote du pot est donc de 3,5 contre 1. Si vous étiez sûr d'être battu, vous pourriez passer. Mais ici vous ne pouvez pas en être certain car il n'a montré aucune force particulière avant cette dernière mise.

L'action : Vous suivez, il montre A♠4♠ et remporte le pot avec sa petite quinte.

Il était donc sur le tirage couleur max et à quinte ventral avec un As en main. Il avait 15 outs au flop (neuf piques, trois Cinq – ne comptez pas le Cinq de pique deux fois – et trois As) et il avait encore 15 outs au turn. Il était justifié à vous payer et à miser $200 à la fin. C'était juste le bon montant à miser pour vous pousser à ajouter encore un peu d'argent dans le pot, et pas trop non plus pour ne pas vous chasser du coup. C'est du bon poker.

Soyez content de ne pas avoir touché votre couleur, vous auriez perdu tout votre argent !

Coup 7-6

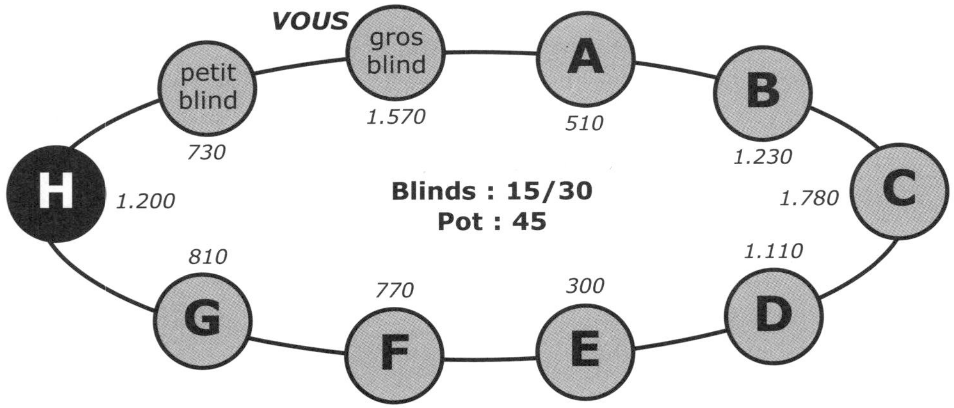

Votre main

Enchères avant vous

Le joueur A paye. Le joueur B passe. Le joueur C paye. Les joueurs D, E et F passent. Le joueur G paye. Le joueur H passe. La petite blind passe. Le pot est maintenant de $135.

La situation : Au début d'un tournoi à une table, en ligne.

Question : *Est-ce que vous checkez ou relancez ?*

Réponse : C'est une main que vous jetteriez habituellement, mais vous êtes content de voir un flop gratuitement. Vous serez peut-être très chanceux et toucherez une quinte ou une couleur. Vous devriez checker.

L'action : Vous checkez. Le pot est toujours de $135.

Flop : A♣2♣5♣

Question : Vous êtes premier à parler. *Que faites-vous ?*

Réponse : Vous avez touché une quinte mais il y a trois trèfles au flop. Certains joueurs ont peur d'agir dans cette situation, mais vous ne devriez pas. Souvenez-vous, vous avez touché un très bon jeu. Il est possible que vous soyez déjà battu. Il est néanmoins beaucoup plus probable qu'il y ait des joueurs avec des tirages en main et qu'ils toucheront un meilleur jeu que le vôtre si vous les laissez tirer. Si vous ne misez pas, ils miseront et vous n'aurez aucune idée de ce qu'ils peuvent avoir en main.

Si quelqu'un a quatre trèfles à ce moment-là, la cote qu'il touche sa couleur à la turn est de 4 contre 1. Vous devez faire une forte mise afin qu'il n'ait pas la cote du pot nécessaire pour vous suivre.

L'action : Vous avez peur de miser et checkez simplement. Les joueurs A et C checkent. Maintenant le joueur G mise $170. *Que faites-vous ?*

Réponse : Vous pouvez bien sûr suivre parce que vous avez la quinte. Malheureusement, comme vous n'avez pas misé au tour précédent, vous ne savez rien sur la main du joueur G. Il peut avoir touché sa couleur. Il peut avoir une grosse carte à trèfle dans sa main et essayer de rafler le pot maintenant. Il a toujours son tirage s'il est payé. Il peut aussi, comme personne d'autre n'a misé, posséder un As ou tenter simplement de voler le pot. Vous devez maintenant obtenir des informations sur son jeu.

Une meilleure stratégie est de relancer à $350. Si le joueur C, le gros tapis, pousse tous ses jetons, vous pourrez jeter votre main. Sinon, vous feriez aussi bien de suivre. Si quelqu'un a deux trèfles en main, vous perdrez quoi qu'il arrive. Si quelqu'un a un trèfle en main, vous gagnerez au lieu de perdre. Et si personne n'a de trèfles, vous gagnerez un plus gros pot.

L'action : Vous payez. Les joueurs A et C passent. Le pot est maintenant de $475.

La turn : A♣2♣5♣Q♥

Question : *Que faites-vous ?*

Réponse : Vous devez miser. S'il est toujours sur son tirage couleur et si vous checkez, il checkera après vous et verra une carte gratuite. Ce serait un désastre pour vous. S'il n'a pas encore touché sa couleur, sa cote de la toucher à la dernière est de 4 contre 1. Misez donc suffisamment afin qu'il commette une erreur s'il vous suivait. Une mise de $200 est suffisante.

L'action : Vous ne misez pas, mais checkez. Il mise $200. *Que faites-vous ?*

Réponse : Relancez-le à tapis. Il n'est pas en train d'agir comme un type qui a touché le jeu max au flop. Au lieu d'ajouter de l'argent dans le pot, il essaye de chasser les joueurs avec de fortes mises. Pensez-y. Est-ce de cette manière que vous joueriez avec le jeu max ? N'oubliez pas également qu'une quinte est un jeu très fort. Vous êtes probablement toujours gagnant pour l'instant, donc faites-le payer.

L'action : Vous passez. Il ramasse le pot sans montrer sa main.

Vous avez fait trois grosses erreurs. Vous n'avez pas pris l'initiative de miser avec un très bon jeu, vous ne saviez donc pas où vous situer quand il a misé. Vous avez ensuite répété cette erreur. Vous avez enfin jeté ce qui était probablement la main gagnante. Tout cela aurait très bien pu être évité avec une mise au flop.

Souvenez-vous qu'en misant en premier, vous achetez des informations et diminuez votre volatilité en forçant vos adversaires à révéler la force de leurs jeux. Faire un check-raise vous permet d'acheter plus d'informations à un prix plus élevé et augmente votre volatilité.

Coup 7-7

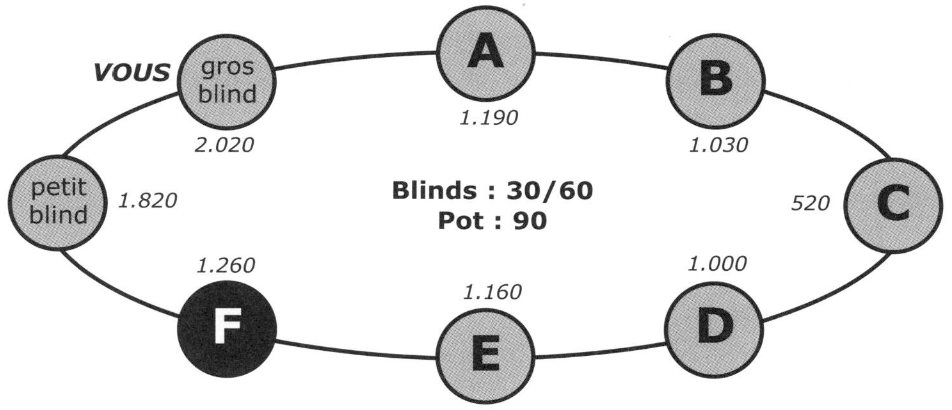

Votre main

Enchères avant vous

Les joueurs A et B passent, le joueur C suit à $60. Le joueur D passe. Le joueur E paye. Le joueur F suit. La petite blind suit pour $30 de plus.
Le pot est maintenant de $300.

La situation : Au milieu d'un tournoi en ligne.

Question : *Est-ce que vous checkez ou relancez ?*

Réponse : Vous êtes plutôt content de pouvoir checker. Vous êtes dans une mauvaise position et vous n'avez pas grand-chose en main, donc voir un flop gratuitement est parfait.

L'action : Vous checkez.

Le flop : T♠9♠2♦

L'action : La petite blind mise $130. Le pot est de $430. *Que faites-vous ?*

Réponse : Vous avez touché la paire max du flop avec un kicker acceptable. Si la petite blind avait checké, vous auriez dû miser environ les deux tiers du pot, disons $200.

La mise de la petite blind vous met dans une situation beaucoup plus délicate. Vous êtes pris en sandwich et il n'y a pas d'issue vraiment satisfaisante. Vous ne voulez pas maintenir dans le coup les joueurs assis après vous pour si peu cher, dès lors qu'ils ont aisément la cote pour suivre avec un tirage en main. Vous ne voulez pas non plus trop relancer car vous ne savez pas ce que vaut votre jeu et il y a encore beaucoup de joueurs actifs.

Bien que cela ne soulève pas notre enthousiasme, le meilleur rapport risque/rentabilité serait de suivre simplement.

L'action : Vous suivez les $130. Le joueur C suit. Le joueur E passe. Le joueur F suit. Le pot est maintenant de $820.

La turn : T♠9♠2♦T♦

L'action : La petite blind checke. *Que faites-vous ?*

Réponse : Vous avez un brelan de Dix. Il y a maintenant deux piques et deux carreaux au tableau, il y a donc beaucoup de tirages possibles. Vous avez probablement la meilleure main à ce moment-là, mais décider combien vous allez miser reste un problème. Vous avez deux objectifs : faire une assez petite mise pour qu'elle soit suivie mais qu'elle soit également suffisante pour chasser les mains à tirage.

Pour l'instant, le pot est assez gros pour que la priorité soit plus de remporter ce qu'il y a déjà au milieu que de faire grossir le pot. Vous devriez miser environ les trois quarts du pot, soit $600. Quiconque avec un tirage couleur n'aurait alors pas la cote du pot nécessaire pour vous suivre (ils ont besoin d'une cote de 4 contre 1 et vous ne leur offrez qu'une cote d'un peu plus de 2 contre 1.) Si quelqu'un veut vous suivre, alors soit.

Notez bien qu'il n'est pas nécessaire de faire tapis car une telle mise chasserait les mains faibles que vous souhaitez garder dans le coup.

L'action : Vous misez en fait seulement $320. Le joueur C passe. Le joueur F suit. La petite blind suit. Le pot est maintenant de $1.780.

La river : T♠9♠2♦T♦A♠

L'action : La petite blind fait tapis $1310. *Que faites-vous ?*

Réponse : Vous pouvez pleurer. Vous avez fait une mise trop faible au tour d'enchères précédent, ce qui n'a chassé qu'un seul joueur. Remarquez ce qui s'est passé. Le pot était de $820, vous avez misé $320 puis le joueur F a suivi les $320. Le montant du pot était alors de $1.460. La petite blind a donc misé $320 pour tenter de remporter un pot de $1.460, ce qui signifie qu'il avait *plus* que la cote de 4 contre 1 dont il avait besoin pour suivre avec son tirage couleur. La carte lui donnant la couleur est venu à la dernière.

Vous devez passer ici. Son jeu dénoté un tirage couleur tout au long du coup et le troisième pique est venu. Sa mise annonce maintenant qu'il a touché sa couleur. Plus important, il n'a pas fait tapis contre un seul joueur, mais deux. Il est donc peu probable qu'il bluffe. Il a probablement joué quelque chose comme K♠J♠, avec le tirage couleur et deux cartes supérieures à celles du tableau. C'est difficile de jeter un brelan mais soyez content qu'il vous reste encore des jetons.

Dénouement : Vous passez et le joueur F passe.

CONCLUSION

Nous avons traité un large éventail de questions dans ce Tome I. Même si vous n'avez jamais participé à un tournoi majeur, vous devriez maintenant avoir une idée de tout ce à quoi les bons joueurs de hold'em no-limit pensent au fur et à mesure qu'ils progressent dans un tournoi.

Les trois idées essentielles que vous devriez retirer de ce livre sont les suivantes :

1. Le no-limit hold'em est un jeu très complexe. Il ne s'agit pas uniquement de faire d'énormes bluffs ou d'interpréter les tics de vos adversaires (même si les deux se produisent de temps en temps). C'est plutôt un jeu de mémoire, de position, de calcul, de vigilance et de patience, dans lequel vous devez constamment vous adapter par rapport à votre position à la table, aux changements de blinds, aux montants des tapis, aux habitudes de vos adversaires et à la force réelle de vos cartes.

2. La cote du pot est primordiale. Comme tout parieur ou investisseur, un joueur de hold'em no-limit est constamment en train d'essayer de faire de bonnes mises à des cotes favorables. Sans connaître la cote du pot, vous ne pouvez même pas faire une supposition éclairée du bien-fondé de pousser vos jetons dans ce pot en particulier. Calculer la cote du pot doit être automatique et routinier.

3. Il y a différents styles de jeu au hold'em no-limit mais pas de style "correct". Tous les styles peuvent permettre à un joueur de gagner pourvu qu'il soit habile. Vous devez adopter un style qui convient à votre tempérament et à votre niveau d'énergie. Les conseils donnés dans ce livre, tout particulièrement la sélection des mains de départ avant le flop, reflètent essentiellement un style de jeu conservateur, d'une part parce que c'est comme cela que je joue et d'autre part parce que c'est le style le plus facile à apprendre si vous êtes un débutant.

Après avoir traité dans le Tome I des bases de la stratégie du hold'em no-limit, j'examinerai dans le Tome II des sujets plus avancés, dont voici un aperçu :

Les moves. Le Tome I s'est concentré essentiellement sur ce que l'on appelle les *value bets*, que vous faites soit parce que vous pensez avoir le meilleur jeu et que vous voulez qu'il y ait plus d'argent dans le pot, soit parce qu'il est possible que vous ayez la meilleure main et que vous pensez que la cote du pot justifie votre participation.

Il existe en revanche toute une autre catégorie de coups appelés "*moves*", grâce auxquels vous espérez gagner le pot (ou un pot beaucoup plus gros) en jouant comme si vous aviez une autre main. Dans cette section, nous verrons tous les types de *moves* qui sont à votre disposition et les conditions requises pour appliquer certains d'entre eux avec le plus grand succès.

Les points d'inflexion. Quand vous avez un gros tapis par rapport aux blinds et aux antes, vous êtes assez libre de jouer comme vous le voulez. Mais au fur et à mesure que les blinds et les antes augmentent par rapport à votre tapis, votre approche doit évoluer.

Ce que j'appelle *points d'inflexion,* ce sont ces moments où la stratégie bascule. L'aptitude la plus importante dans un tournoi de poker de hold'em no-limit consiste à bien les comprendre et bien les ajuster à son jeu.

Le jeu en short-handed. Au fur et à mesure que le nombre de joueurs à votre table diminue, votre stratégie évolue également. J'expliquerai comment jouer à des tables où il y a peu de joueurs (5-6 joueurs), très peu de joueurs (3-4 joueurs) et en tête à tête.

Si vous pensez que vous avez beaucoup appris dans le Tome I, vous allez adorer le Tome II. D'ici là, bonne chance !

INDEX

TABLE DES MATIÈRES

Plus d'infos en page 443.

Collection

Poker Expert

dirigée par François Montmirel

Titres déjà parus :

– n°1 : *Poker de Tournoi*	F. Montmirel & T. McEvoy
– n°2 : *Poker Cadillac*	François Montmirel
– n°3 : *Poker Code*	François Montmirel
– n°4 : *Poker : Passer Pro*	M. Bevand
– n°5 : *Poker Harrington 1*	D. Harrington & B. Robertie
– n°6 : *Poker Harrington 2*	D. Harrington & B. Robertie
– n°7 : *Poker Harrington 3*	D. Harrington & B. Robertie
– n°8 : *Poker Théorie*	David Sklansky
– n°9 : *Poker 50/50*	Doyle Brunson
– n°10 : *Poker Super System*	Doyle Brunson
– n°11 : *Poker Cash 1*	D. Harrington & B. Robertie
– n°12 : *Poker Cash 2*	D. Harrington & B. Robertie
– n°13 : *Poker Sit & Go*	Jean-Paul "Jupiter" Renoux
– n°14 : *Poker de Tournoi Plus*	David Sklansky
– n°15 : *Poker Duel*	François Montmirel
– n°16 : *Poker Power*	Daniel Negreanu
– n°17 : *Poker Tao*	Larry W. Phillips
– n°18 : *Poker Arsenal*	Mike Caro
– n°19 : *Poker Mentor*	Daniel Negreanu
– n°20 : *Poker Cash 3 Online*	D. Harrington & B. Robertie
– n°21 : *Poker Omaha*	Sam Farha
– n°22 : *Poker No Stress*	Pascale & Marc Polizzi

LES LIVRES DE POKER DES

CHAMPIONS

Poker Cadillac :
les lecteurs unanimes

Monney (Suisse), 11 décembre 2007 :
Je tiens à vous remercier pour les précieuses informations que j'ai trouvées dans *Poker Cadillac*. Ce livre m'a permis de devenir un joueur avec toutes les bases pour progresse.
Léa Fanfan, 19 novembre 2007 :
Merci pour le livre, j'ai gagné 2 tournois (1er sur 650) grâce à vous. Je suis à 1.000 $ de gain pour 50 $ investis.
Stevos60, 18 octobre 2007 :
J'en profite pour aussi dire merci à Mr Montmirel, qui a fait de moi un joueur gagnant depuis que j'ai lu *Poker Cadillac* et *Poker de Tournoi*. Et pas de modestie il est complètement responsable. J'ai fait bankrool x10 on-line (essentiellement en tournoi), et arrivé une fois en table final à L'ACF sur 5 participations.
Owarl, 13 octobre 2007 :
Je profite pour dire que moi aussi depuis que j'ai lu *Poker Cadillac* et inscrit aux Master class, ça m'a bien aidé à gagner. J'ai aussi eu un bon bénéfice et des bons résultats sur les sit and go à 50$ à 10 joueurs. Je me suis aussi aventuré sur un sit and go a 100$ ou j'ai fini 2e. C'est vraiment grâce à vos conseils que j'ai pu progresser aussi rapidement.
Claude14, 23 septembre 2007 :
Je voulais vous remercier pour la qualité de votre livre qui est un condensé à la fois clair et synthétique de beaucoup de stratégies employées par les pros. Quant à la partie sur les probalités endogènes et exogènes, elle m'a éclairé sur pas mal d'aspects des erreurs de mon jeu.
SiqualCoeurDeLion78, 14 septembre 2007 :
Je voudrais vous dire que votre livre est tout simplement "La Bible" du poker. Tout d'abord, par sa richesse, au point de vue des techniques abordées dans le détail. Puis par son coté visuel, qui donne vraiment envie de se plonger à fond dedans. Enfin, la simplicité des explications qui font que même le plus débutant peut comprendre et commencer a savourer le poker.
TripleAix, le 9 septembre 2007 :
Je joue au poker depuis peu (surtout en ligne) et j'ai lu plusieurs fois votre livre *Poker Cadillac*. J'ai pu développer une méthode de jeu au poker que j'ai affinée à ma personnalité dont les bases sont celles que vous avez si bien développées. Pour l'instant, je sors plus souvent gagnant que perdant et quand je perds, j'analyse mes erreurs en regardant l'historique des mains. Merci donc pour cette pédagogie et ce goût du poker que vous savez si bien transmettre.
Alain B, 13 août 2007 :
Poker Cadillac : très bon bouquin, sans doute le meilleur disponible en langue française sur le sujet. Convient aussi bien aux débutants qu'aux joueurs comme moi disposant d'un peu de théorie mais désirant la compléter. Très bon rapport poids / prix aussi ;-)
DJ Syner, 27 juillet 2007 :
Simplement vous dire que grâce a vous, le monde du poker voit une avancée admirable, grâce à *Poker Cadillac* (que j'ai devoré) et *Poker de Tournoi* (que je lis actuellement).
David, 25 juillet 2007
Poker Cadillac est un livre passionnant, illustrant tous les concepts présentés par des exemples concrets voire réellement vécus, ce qui en rend la lecture très vivante... Je suis bluffé :)... *Poker cadillac* est décidemment la Rolls des livres sur le Holdem no-limit.
Géraud D., 13 juin 2007 :
D'abord merci. Grâce au *Poker pour les nuls* et *Poker Cadillac* je gagne de 400 à 500 euros par mois, en jouant aux cash-games en limites fixes ($1-$2 ou $2-$4). Mais surtout, j'ai découvert un jeu passionnant. Je suis vos conseils quasiment à la lettre !
Alex, 11 juin 2007 :
Super référence qui est votre *Poker Cadillac.* Comme la plupart des gens, grâce à ce bouquin, j'ai pu affûter mon niveau de jeu... Bref une référence à lire d'urgence pour les amateurs du Hold'em NL...
Boris V., 4 juin 2007 :
Mon coté « mauvais perdant » dirait : « n'achetez pas ce livre ». Pourquoi ? parce qu'il est formidablement bien écrit et permet une amélioration vraiment rapide et visible, donc à tout mes compagnons de table, je dirais « à bannir », pour tous les autres c'est un achat indispensable. Pour info, sur les 4 derniers tournois en ligne (+160 joueurs) que je viens de faire suite à la lecture de cette référence : 3 tables finales dont une première place et un total de gains de plus de 300€. C'est pas encore les WSOP mais vu mon niveau, 2 mois de pratique sur le net et seulement quelques lives entre potes et potes de potes c'est motivant. Merci François
AlexD, 5 mai 2007 :
Je tiens à vous remercier pour vos publications et vos conseils a travers vos livres et autres magazines qui ont très largement contribué à l'amélioration de mon niveau de jeu... Je n'ai que 24 ans, il y a 6 mois j'avais peur de rentrer sur les tables de l'Aviation Club de France avec 50 euros. Maintenant les grosses tables ne me font plus peur, j'y joue même nettement mieux... Désormais mes gains sont nettement supérieurs à mes pertes et je prends encore plus de plaisir a jouer. (...) A propos des stats sur les parties en ligne, j'ai suivi vos conseils et mes résultats sont surprenants. Par exemple, hier, sur 400 mains distribuées, j'en ai joué 60, gagné 40 (15 preflop et 25 sans abattage), j'en étais très fier...
Danvincent, 1er mai 2007 :
J'ai fait l'acquisition de votre ouvrage *Poker Cadillac* et je vous félicite pour sa teneur (...) tellement riche de leçons pour nous jeunes joueurs... J'en ai fait mon ouvrage de référence.
Lukasko, 4 avril 2007 :
Merci de m'accorder de votre temps et pour votre fabuleux ouvrage *Poker Cadillac.* Même si à première vue il m'a paru cher, j'ai vite réalisé que c'était la véritable bible du poker.
Ricopok, 31 mars 2007 :
Bonjour François, un très grand MERCI pour avoir réalisé ce petit bijou. Une halte de 2 semaines afin de dévorer *Poker Cadillac* et je me suis remis à rejouer au Poker sur le net et avec des amis. Et franchement j'ai vu s'améliorer mes performances, un plaisir encore plus immense qu'auparavant. Tout y est clair et bien illustré, c'est le top du top depuis le temps que je cherchais un tel ouvrage.
G3rald, 31 mars 2007 :
Grâce à la lecture de votre ouvrage, j'ai réussi a obtenir quelques résultats, dont un gain de 140$ avec une 3eme place sur 425 joueurs avec une entrée à quelques dollars, dont je ne suis pas peu fier...
Etc., etc.

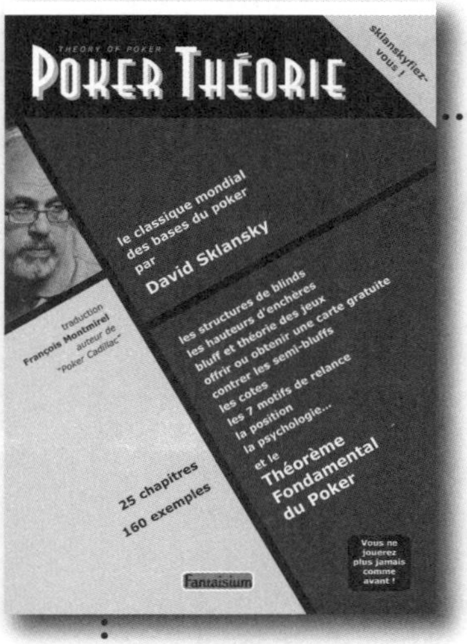

POKER THÉORIE

PAR DAVID SKLANSKY

11e MILLE

Poker Théorie vous entraîne dans la tête des plus grands champions mondiaux et vous montre comment ils fonctionnent mentalement. Le poker est un jeu de décisions qui comporte tellement de variables qu'il faut savoir les définir, les reconnaître, les analyser sans s'embrouiller l'esprit.

Poker Théorie est le livre qui met en lumière ces variables, les explique et les analyse grâce aux concepts de base qui sous-tendent toutes les variantes du poker. Le plus important étant le **Théorème Fondamental du Poker**, énoncé dans un des premiers chapitres, auquel il est fait référence tout au long du livre.

320 pages
25 chapitres - 160 exemples

"*Poker Théorie* de Sklansky est l'un des premiers livres que j'ai achetés. Il m'a appris tous les concepts de base applicables à toutes les variantes. Encore aujourd'hui, j'estime que ce livre est le plus important que l'on doit lire si l'on veut progresser."

Greg Raymer, champion du monde 2004

Au fil des **25 chapitres**, Sklansky explique avec une rare pédagogie, et à l'aide de nombreux exemples, ce qu'est le bluff, la théorie des jeux appliquée au poker, l'importance de la position, comment trouver la fréquence optimale de bluff, comment trouver ses meilleures cotes, comment exploiter les faiblesses adverses, comment savoir si une partie est rentable ou non, comment se défendre contre le semi-bluff, comment exploiter à son plus grand profit la structure des blinds, comment juger sa manière de jouer, comment inciter l'adversaire à bluffer, etc. C'est un livre fondamental qui a servi à des milliers de professionnels pour le devenir enfin.

David Sklansky est un des auteurs les plus éminents en matière de jeu d'argent. Il est américain, diplomé des sciences et pratique le jeu en professionnel depuis le début des années 1970. C'est un véritable champion qui obtient toujours des résultats en tournoi et dont les livres sont tous devenus des références en la matière.

320 pages. Traduction François Montmirel. Couverture pelliculée. Imprimé en France. Prix public éditeur : 35 €

http://www.over-pair.com

POKER SUPER SYSTEM

736 pages
14 chapitres
11 auteurs

Crandell Addington
L'histoire du Hold'em no-limit

Bobby Baldwin
L'Omaha high-low

Lyle Berman
L'Omaha pot-limit

Doyle Brunson
Le Texas hold'em no-limit
Le poker en ligne
Le poker de tournoi

Todd Brunson
Le Stud à 7 cartes high-low

Mike Caro
43 conseils exclusifs de la MCU

Johnny Chan - Préface

Jennifer Harman
Le Hold'em en limites fixes

Steve Lipscomb
Le World Poker Tour

Daniel Negreanu
Le triple draw

Steve Zolotov
Faut-il se spécialiser ?

Quand il a été publié pour la première fois en 1978, ***Poker Super System*** portait le titre *Comment j'ai ramassé un million de dollars en jouant au poker*. Il a soulevé un tollé général auprès des professionnels, au point que son auteur, Doyle Brunson, a dû le retirer du marché... pour revenir quelques mois plus tard sous un autre titre.

Cette nouvelle version entièrement revue de 2004 garde le niveau exceptionnel de l'original, avec des auteurs encore plus nombreux, tous professionnels qui ont fait leurs preuves dans les plus grandes compétitions.

Chacun des ces intervenants de luxe traite d'un sujet particulier, en profondeur, ce qui fait toute la valeur de cet ouvrage. ***Poker Super System*** est sans doute le livre de poker qui réunit à la fois autant de stratégie et d'expérience. Beaucoup le considèrent comme la "Bible" du poker, le livre qu'il faut avoir lu pour briller dans le "roi des jeux".

Doyle Brunson est professionnel du poker depuis 1957. C'est un ancien "rounder" texan et une légende vivante du poker. Toujours présent dans les plus grandes compétitions internationales, c'est aussi un homme d'affaires avisé qui a créé son propre site de poker en ligne. Il est également l'auteur de ***Poker 50/50,*** dans la même collection.

736 pages. Traduction François Montmirel et alii. Couverture pelliculée. Imprimé en France. Prix public éditeur : 50 €

Préface de Thomas Fougeron "Fougan"

http://www.over-pair.com

Collection
Poker Expert 11 12 20

POKER CASH

Ouvrage en 3 tomes

TRIOMPHER DANS LES CASH-GAMES DE POKER HOLD'EM NO-LIMIT

PAR BILL ROBERTIE ET DAN HARRINGTON

CHAMPION DU MONDE WSOP 1995
TRADUCTION XAVIER ULMANN
ADAPTATION FRANÇOIS MONTMIREL

20e mille

Les techniques gagnantes du cash-game diffèrent profondément des techniques gagnantes de tournoi. Certains joueurs se limitent à quelques ajustements. Eh bien non ! C'est toute l'intelligence de ce livre que de mettre en lumière les facteurs gagnants du jeu d'argent au poker. **Pour la première fois**, avec force détails et exemples, un champion du monde explore le cash-game et en délivre tous les secrets.

Des **milliers** de joueurs se plaignent de perdre en cash-games. Pour y gagner enfin, la première chose qu'ils ont à faire dorénavant est de lire *Poker Cash*.

Tome 1. *496 pages. 41 chapitres. 51 problèmes. Couverture pelliculée. Imprimé en France. Prix public éditeur : 35 €*

Contient : Idées de base - Les composants des parties d'argent - Jeu serré-agressif avant le flop - Jeu serré-agressif en duel au flop - Jeu serré-agressif multi-joueurs au flop

Tome 2. *448 pages. 38 chapitres. 39 problèmes. Couverture pelliculée. Imprimé en France. Prix public éditeur : 35 €*

Contient : Le jeu serré-agressif à la turn - Le jeu serré-agressif à la river - Indices comportementaux et observation - Jouer le style large-agressif - Dominer les parties faibles - Gestion du capital et autres sujets - Entretien avec Bobby Hoff, 50 ans de cash

Tome 3 Online. *544 pages. 62 chapitres. 31 problèmes. Couverture pelliculée. Imprimé en France. Prix public éditeur : 35 €*

Contient : Les outils pour mieux jouer en ligne - Comment utiliser les éventails de mains adverses pour prendre les meilleures décisions d'attaque et de défense - Spécificités propres à la table NL2 à NL25 - Spécificités propres à la table NL50 à NL200.

http://www.over-pair.com

POKER SIT&GO

PAR JEAN-PAUL "JUPITER" RENOUX

Les "Sit&Go" sont les tournois de poker les plus populaires sur internet.
Le principe est ultra-simple : un tournoi est proposé par le site, vous vous y inscrivez, et dès que le nombre d'inscrits a atteint le nombre prévu, il démarre. En ce sens, il s'oppose au tournoi « scheduled » dont la date et l'heure ont été fixés à l'avance.

352 pages - 33 chapitres

L'offre de Sit&Go est ultra diversifiée. Tous les sites de poker en ligne en proposent, en argent virtuel ou réel. En 2009, à l'instant « t », environ 50.000 personnes jouaient aux Sit&Go payants sur internet. Mais plus nombreuses encore sont celles qui pratiquent les Sit&Go avec argent virtuel.

Mais seuls 25% environ des joueurs dégagent un gain, et pour la majorité c'est un gain minuscule. Parmi ces gagnants, 5% seulement concentrent 85% des gains ! Ce qui veut dire qu'une petite frange de joueurs de Sit&Go ont développé les compétences pour rafler l'essentiel de l'argent. Le Sit&Go est une discipline de plus en plus pointue, qui fait appel à des concepts avancés... d'où ce livre, premier en français à traiter de ce sujet.

C'est un livre concret, bourré d'exemples et qui traite de façon approfondie les choix gagnants au Sit&Go. Certains de ces choix contredisent frontalement des concepts connus par ailleurs.

Jean-Paul "Jupiter" Renoux a déposé une seule fois $10 sur un site de poker, en 2005, et n'a joué ensuite que des Sit&Go, sans jamais recaver. Son capital-jeu est monté ainsi à plusieurs dizaines de milliers de dollars. Il est professeur près l'Ecole Francaise de Poker et membre de la Team Pro EFP.

352 pages. Couverture pelliculée avec rabat. Imprimé en France. Prix public éditeur : 25 €

http://www.over-pair.com

Collection
Poker Expert 16

POKER POWER

PAR DANIEL NEGREANU

Le n°1 mondial dévoile les secrets du "Small Ball", sa stratégie gagnante

Dans ce livre qui est déjà un best-seller, le champion planétaire Daniel Negreanu vous dévoile sa redoutable stratégie "small ball". Le champion canadien y explique sur 200 pages comment voir le plus de flops possible tout en engageant le moins de jetons possible. Cela crée des situations déroutantes pour les adversaires, qui sont poussés à la faute. On pourrait résumer par : **miser moins pour gagner plus !** Un vrai must.

Daniel s'est entouré de 5 grands pros pour compléter ce livre. Ensemble, ces champions représentent une trentaine de millions de dollars de gains en tournois et des dizaines de titres enviés. Chacun traite d'un sujet bien précis :

- **Evelyn Ng** : stratégie simple et efficace pour les tournois
- **Todd Brunson** (fils de Doyle) : réussir dans les cash-games chers
- **Erick Lindgren** : rentabiliser votre jeu sur internet
- **Paul Wasicka** : le jeu short-handed en ligne (jeu à 5 ou 6 joueurs)
- **David Williams** : varier intelligemment son jeu

496 pages - 50 chapitres
6 champions internationaux

1. Tournois chers de hold'em no-limit : stratégie pour joueurs novices (Evelyn Ng)

2. Gagner aux grosses parties d'argent (Todd Brunson)

3. Jouer en ligne au hold'em no-limit (Erick Lindgren)

4. Les cash-games en ligne et en short-handed (Paul Wasicka)

5. Varier son jeu (David Williams)

6. Small Ball (Daniel Negreanu)

Un livre complet sur le poker d'aujourd'hui, une énorme quantité d'expérience qui vous fera progresser nettement.

Daniel Negreanu, véritable star du poker télévisé, est canadien. Professionnel depuis 1997, il a accumulé les victoires en tournoi au point de devenir « joueur de l'année » en 2004. Il a initié une nouvelle manière de jouer en tournoi connue sous le nom de "small ball". Il est, à la sortie de ce livre, le n°1 mondial toutes catégories des gains en compétition. *Poker Power* est son premier livre en français. *Poker Power* a été salué aux Etats-Unis à sa sortie comme étant l'un des meilleurs livres jamais publiés depuis *Poker Super System*, en 1978.

496 pages. Couverture pelliculée. Imprimé en France. Prix public éditeur : 35 €

http://www.over-pair.com

POKER MENTOR

PAR DANIEL NEGREANU

100 idées-force pour bétonner votre Hold'em

Ce livre est le recueil de deux livres à l'origine : *Hold'em Wisdom for all players* et *More Hold'em Wisdom for all players*. Il vous donne l'occasion unique d'approcher un immense champion de poker : le Canadien Daniel Negreanu, n°1 mondial des gains cumulés en tournoi !

Daniel aborde 100 sujets stratégiques, en courts chapitres, sans s'étendre en longues théories. C'est comme si vous discutiez avec lui. Le temps de la lecture, ce génie du poker devient votre Mentor personnel ! Daniel a cette capacité unique à vous focaliser sur les choses importantes. Ne ratez pas cette opportunité !

A qui s'adresse ce livre ? Aux joueurs intermédiaires avant tout, c'est-à-dire à ceux qui peinent à donner un second souffle à leur jeu. A ceux qui souhaitent devenir semi-pro. Et, d'une manière plus générale,n à tout joueur prêt à entendre une professionnel lui parler des tactiques les plus diverses pour enrichir son propre arsenal !

352 pages - 100 chapitres

0. Fondations du jeu
1. Gagner des tournois en jouant finement
2. Jouez vos adversaires, votre position et (ah oui) vos cartes
3. Misez et bluffez sans crainte
4. La meilleure façon de jouer ? La sagesse comme guide

Exemples :
- Que faut-il rechercher dans les matches en tête-à-tête ?
- Vendre une main au poker, c'est comme vendre une voiture
- Deux astuces pour monter des jetons
- Trois stratégies-clés pour la table finale
- Envoyer le tapis dès le début
- Le all-in "kamikaze"
- Suivre avec la plus mauvaise main
- Lecture et short-stack
- Jouer des mains-poubelles au bouton
- Pourquoi les pros détestent A-Q
- Contrôler la table avec un gros tapis. Etc.

Daniel Negreanu, véritable star du poker télévisé, est canadien. Professionnel depuis 1997, il a accumulé les victoires en tournoi au point de devenir « joueur de l'année » en 2004. Il a initié une nouvelle manière de jouer en tournoi connue sous le nom de "small ball". Il est, à la sortie de ce livre, le n°1 mondial toutes catégories des gains en compétition. *Poker Power* est son premier livre en français. *Poker Power* a été salué aux Etats-Unis à sa sortie comme étant l'un des meilleurs livres jamais publiés depuis *Poker Super System*, en 1978.

352 pages.Reliure cousue et collée. Couverture pelliculée. Imprimé en France. Traduction : Bruno « LeScribe » Taccia. Prix public éditeur: 25 €

http://www.over-pair.com

Ouvrage hors collection

L'Essentiel des Probabilités au Poker

les secrets des cotes financières et comment en tirer le meilleur profit

par François Montmirel

L'auteur le dit dans sa préface : *"Parmi les cours collectifs que je dispense depuis 2005, il en est un qui est toujours plus demandé que les autres. C'est celui consacré aux "Cotes et probabilités". [...] C'est parce qu'il manquait un mémorandum des probabilités au poker que j'ai décidé de l'écrire, à la lumière de ce que j'ai glané comme informations pédagogiques au fil de mes cours."*

Table des matières

Ce livre d'une centaine de pages est donc le résultats d'années d'enseignement des probabilités aux élèves désireux de devenir champions.

Le sont-ils devenus ? Nous n'avons pas l'information. Mais nous savons à coup sûr que, pour pouvoir développer son génie tactique au poker, le joueur doit d'abord maîtriser les cotes et probabilités du poker. Exactement comme un peintre doit d'abord maîtriser les techniques de peinture, les qualités de pinceau, les couleurs avant de donner libre court à son génie pictural.

Mais pas de panique ! Avec ses moyens mnémotechniques, ses exemples, ses explications simples et pédagogiques, ce grand auteur qu'est François Montmirel présente ces chiffres de manière claire. Il l'écrit lui-même : *"Le niveau requis pour maîtriser les cotes et probabilités du poker est à peu près celui de la classe de troisième."*

Pour optimiser vos décisions en matière de rentabilité, pour en finir avec vos doutes et vos erreurs de cotes récurrentes, ce livre est VOTRE livre !

96 pages. Format 17 x 17 cm. Reliure cousue et collée. Prix public éditeur : 10 €

http://www.over-pair.com

Ouvrage hors collection

150 problèmes à résoudre

A qui s'adresse ce livre ?

Aux joueurs qui ont un minimum d'expérience en tournois et en cash. Les problèmes sélectionnés couvrent à peu près tous les domaines stratégiques. La bonne réponse est justifiée… et les mauvaises réponses sont analysées elles aussi, pour savoir pourquoi elles n'étaient pas pertinentes !

Avis éclairés

"Un cahier de révision qui tombe à pic pour vous accompagner pendant [les] vacances."

(PokerBastards.com)

"Un livre à méditer sérieusement pour tous les profanes du poker."

(Poker777.com)

"Vraiment intéressant. Efficace pour travailler son jeu et reste accessible niveau tarif."

(o-poker.net)

POKER techno QUIZ

Tome 1 : niveau intermédiaire
Par François Montmirel et les experts de fr.PokerListings.com

Jouez comme les pros !
Pour la première fois, un livre entier vous propose de résoudre 150 problèmes de Texas hold'em no-limit… et vous explique ensuite comment un professionnel aurait joué le coup.

2 pages par problème : une organisation simple qui fait mouche.
Chaque problème est présenté sur deux pages. En page de droite, la situation avec tous les détails du coup et les différentes décisions possibles. Au verso, la solution et l'analyse des erreurs.

Testez votre niveau de poker !
Quand vous aurez terminé les 150 problèmes, d'après vos réponses le livre fera un **diagnostic** de votre jeu. Il repérera vos lacunes, les domaines stratégiques où vous avez des progrès à faire !

Sommaire :
1. Problèmes préflop - 40 problèmes
2. Problèmes au flop - 48 problèmes
3. Problèmes à la turn - 30 problèmes
4. Problèmes à la river - 32 problèmes
5. Diagnostic final : quel joueur êtes-vous ?

***Poker Techno Quiz* : un moyen à la fois simple, ludique et efficace de progresser au Texas hold'em no-limit !**

320 pages. Format 17 x 17 cm. Reliure cousue et collée. Prix public éditeur : 16 €

http://www.over-pair.com